Walker Die spirituellen Rituale der Frauen

SPHINX

Barbara G. Walker

# Die spirituellen Rituale der Frauen

## Zeremonien und Meditationen für eine neue Weiblichkeit

Aus dem Amerikanischen von
Marita Böhm

Die Originalausgabe erschien unter dem Titel
*Women's Rituals*
bei HarperSanFrancisco, einer Tochter von HarperCollins Publishers, Inc., New York.


Die Deutsche Bibliothek – CIP-Einheitsaufnahme
**Walker, Barbara G.:**
Die spirituellen Rituale der Frauen : Zeremonien und Meditationen für eine neue Weiblichkeit / Barbara G. Walker. Aus dem Amerikan. von Marita Böhm. – München : Hugendubel, 1998
(Sphinx)
Einheitssacht.: Women's rituals <dt.>
ISBN 3-89631-203-0



Lektorat: Barbara Imgrund, München
Produktion: Tillmann Roeder, München
Satz: Typodata GmbH, München
Druck und Bindung: Huber, Dießen
Printed in Germany

ISBN 3-89631-203-0

# Inhalt

# Einführung

Verfechterinnen der aufstrebenden weiblichen Spiritualitätsbewegung haben viele Bücher verfaßt, um ihren Anhängerinnen Orientierungshilfen zu geben. Sie haben Themen behandelt wie zum Beispiel Hexenwesen, Heidentum und Göttinanbetung; das Zelebrieren der Tagundnachtgleichen, Sonnenwenden und Jahreszeitenfeste im Stil der alten Religionen; neu erschaffene Wege, um Initiationen, Hochzeiten, Leichenbegräbnisse, Rituale für die Menarche und Menopause feierlich zu begehen; Sprechgesänge, Tänze, Anrufungen, Trance-Meditationen und viele Formen von Magie. Es sind nützliche Bücher mit faszinierenden Ideen. Aber eine große Mehrheit von gemäßigten Frauen schreckt vor dieser Literatur zurück. Sie wollen sich nicht als Hexen bezeichnen. Sie glauben nicht an die Wirksamkeit von Magie, und sie sind abgestoßen von manchen der überdimensionalen Ansprüche, die an diese gestellt werden. Vielleicht befürchten sie, daß gewisse Aspekte des »Hexenwesens« ihr Schamgefühl verletzen oder zu tief in ihre Privatsphäre eingreifen könnten. Kurzum, es gibt zahlreiche gewöhnliche, normale, intelligente Frauen, die sich um ihre eigenen Dinge kümmern und kaum einen Gedanken an das verschwenden, was auch immer sie über weibliche Spiritualität gehört haben mögen, weil sie ihnen nichts anzubieten scheint, was sie speziell gebrauchen können.

Doch zugleich sind das dieselben Frauen, die sich von der patriarchalischen Religion abgewandt haben, weil sie ihrer Meinung nach unpassend oder unglaubwürdig ist oder ihre weibliche Persönlichkeit beleidigt. Viele lehnen den Vatergott der Theologen insgeheim für sich als irrelevant ab, auch wenn sie möglicherweise um der Verwandten und Freunde willen regelmäßig in die Kirche oder Synagoge gehen, weil es ihrer sozialen Gewohnheit entspricht und ein wichtiger Weg ist, soziale Bindungen aufrechtzuerhalten. Ihre Einstellung zur traditionellen Gott-Theologie mag agnostisch oder einfach gleichgültig sein – und, um die Wahrheit zu sagen, das ist die Einstellung der meisten Kirchgänger heutzutage –, aber ihnen gefallen die Rituale, die Musik, das Beisammensein mit anderen Menschen. Sie spüren, daß Religion etwas Gutes sein muß, weil das alle sagen, selbst wenn sie keine große Verbindung zum Alltagsleben zu haben scheint.

Trotzdem finden viele, daß diese Art, einer Religion anzugehören, ganz und gar zu passiv ist. Sie wollen direkter beteiligt sein. Viele Frauen äußern ein Interesse für die Erforschung neuer Formen von spirituellen Beziehungen, die das weibliche Bild in höherem Maße bestärken. Aber sie wissen nicht, wo sie anfangen sollen. Ihnen behagt die Vorstellung nicht, einer »Hexensekte« beizutreten – auch in dem unwahrscheinlichen Fall, daß sich bequemerweise eine in der Nähe findet. Sie können auch keine Gruppe von Freundinnen zusammenbringen und einfach plötzlich aufspringen und sagen: »Jetzt sind wir Göttinnenanbeterinnen!« Was nun? Wie geht man vor? Wie bringt man eine »alternative« Religion oder die Suche nach neuen, unorthodoxen spirituellen Ideen zum Ausdruck? In Anbetracht dessen, daß die religiösen Bräuche der Frauen vor einigen tausend Jahren entweder unterdrückt oder vom Patriarchat übernommen wurden – was bleibt den Frauen noch zu entdecken?

Dieses Buch bietet Antworten auf diese Fragen. Es richtet sich an solche Frauen, die sich mit dem Gedanken tragen, eine spirituelle Gruppe zu gründen, sich aber nicht recht vorstellen können, mit welchen Aktivitäten sich eine solche Gruppe beschäftigen könnte. Es richtet sich an solche Frauen, deren praktische Intelligenz sie von den extrem Leichtgläubigen und Hyperenthusiasten fernhält, Frauen, die keine irrationalen oder unwahrscheinlichen Theorien billigen, die fanatische Kreise meiden wollen, die sich nicht besonders für das Okkulte interessieren oder sich von den unangenehmeren Begleiterscheinungen von Sektenphänomenen abgestoßen fühlen. Es richtet sich an gewöhnliche gebildete Frauen, die sich einer nagenden Leere in ihrem spirituellen Erleben bewußt sind, aber nicht glauben, sie mit den zur Verfügung stehenden Alternativen füllen zu können.

Um die Anregungen in diesem Buch auszuprobieren, müssen Sie überhaupt nichts glauben.

Alles, was Sie brauchen, ist eine Gruppe von etwa fünf bis fünfzehn interessierten Frauen, die vereinbaren, sich regelmäßig an einem geeigneten Ort zu treffen und einige Rituale zu vollziehen, um herauszufinden, wie sie sich dabei fühlen. Es existiert keine vorgeschriebene Reihenfolge von Ereignissen, keine starre Gestaltung, kein einziger, »richtiger« Weg. Die Rituale in diesem Buch sind Vorschläge, dargeboten im Geist des Experimentierens und stets kreativen Abänderungen unterworfen.

Eine solche Frauengruppe kann zusammenwachsen und auf wohltuende Weise allmählich vom Anfängerstadium zu einem schärferen Bewußtsein dessen gelangen, was spirituelle Wechselbeziehungen von Frauen bedeuten können, zu einem unfehlbareren Weg auf das stark vernachlässigte, innere feminine Ideal hin und in der Folge zu einem selbstbewußteren Selbstbild.

Im metaphorischen Sinne wurde viel über Selbstbestärkung und emotionale Selbstheilung geschrieben. Im Gegensatz dazu ist dieses Buch in sehr geringem Maße metaphorisch. Es regt dazu an, Dinge zu tun. Das Tun mag zu metaphorischen Interpretationen führen oder erstaunlich tiefe Gefühle wachrufen, aber die Resultate sind nicht Teil des Rezepts. Jede Gruppe ist anders. Was bei einer Gruppe funktioniert, muß nicht unbedingt für eine andere gelten. Es gibt immer eine Wahl.

Seit vielen Jahrhunderten ersinnen Männer die religiösen Rituale für unsere Zivilisation. Sie verfassen formale Gebete, Anrufungen und andere liturgische Reden. Sie komponieren Choräle, Loblieder und Prozessionshymnen. Sie erfinden zeremonielle Gesten und Abläufe. Sie entwerfen und bauen Ritualräume und nutzen dabei das Talent der besten verfügbaren Architekten, Künstler und Handwerker. Sie haben umfassende, komplexe Strukturen von priesterlichen Handlungsweisen aufgestellt, die keinem anderen Zweck dienen als dem formalen Zelebrieren männlich-zentrierter religiöser Glaubensvorstellungen. In einem sehr realen Sinn rufen diese Handlungen die Glaubensvorstellungen hervor. Die Ausübung von Religion ist ein Ritual, und jedes Ritual ist eine menschliche Erfindung.

In unserer westlichen Kultur nehmen Männer für sich allein das Recht in Anspruch, religiöse Rituale zu erfinden, zu lehren und zu leiten. Von diesen Aktivitäten sind Frauen fast gänzlich ausgeschlossen. Selbst als patriarchale religiöse Autoritäten ältere Zeremonien übernahmen, die einst die Göttin feierten und ursprünglich von ihren Priesterinnen ins Leben gerufen wurden, radierten Männer die Spuren weiblicher Urheberschaft aus und änderten das Geschlecht der Zelebrierenden. Selbst als Priester Frauenkleider zum Zeichen spiritueller Macht einführten, gaben sie vor, dies wäre von Anfang an ihr Brauch gewesen. Selbst als Männer uralte, von Frauen verfaßte Schriften plagiierten, ersetzten sie »Göttin« durch »Gott« und behaupteten, daß ihre Rituale auf Weisungen von »Ihm« beruhten.

Als Frauen ihre eigenen uralten Zeremonien außerhalb des Systems der männlichen Orthodoxie heimlich weiterpflegten, wurden sie zu Hexen gestempelt und auf gesetzlichem Wege der Folter und dem Mord durch das männliche Establishment ausgesetzt. Auf derartige primitive, brutale Weise haben Männer ein Alleinrecht auf die Ausübung ihrer eigenen Religion durch ritualistische Verhaltensmuster erzwungen.

Doch im Gegensatz zu den sexistischen Behauptungen unserer Priesterschaften ist die Fähigkeit, Rituale zu erfinden und sich an ihnen zu erfreuen, nicht geschlechtsspezifisch. Das Ersinnen und Durchführen von Ritualen ist ein universaler menschlicher Impuls. (In der Tat ist er auch bei Tieren zu finden.) Wir alle tun und sagen Dinge ohne merkliche praktische Gründe, abgesehen davon, daß wir uns mit bestärkenden oder wiederholten Gedanken und Verhaltensweisen beruhigen wollen. Die wohltuende Beruhigung, die von der Wiederholung ausgeht, ist das wahre Geheimnis der Anziehungskraft jeder formalisierten Religion.

Als ihnen ihre rechtmäßige Rolle beim schöpferischen Ersinnen von Ritualen verweigert wurde, waren die Frauen gezwungen, das zu übernehmen, was auch immer die Männer hervorbrachten, und ihre emotionalen Reaktionen entsprechend auszurichten. Die heutigen Kirchen und Tempel werden durch den uneingestandenen Beitrag von Frauen unermeßlich bereichert, die in aller Ergebenheit dekorieren, unterstützen, Anhänger gewinnen, Geld sammeln, Erfrischungen reichen, den Chor des liturgischen Gesanges anschwellen lassen und zugleich unterwürfig ihren zweitklassigen Status als »unkreative« Säulen der Kirche akzeptieren. Doch die Rituale dieser Kirchen sind nicht das Werk von Frauen. Sie basieren nicht auf den wahren spirituellen Bedürfnissen von Frauen. Sie harmonisieren nicht mit den tiefsten Gedanken von Frauen, denn sie haben die ihren sogenannten Mysterien zugrundeliegende weibliche Symbolik verkleidet oder begraben. Sie beuten zynisch die großen, in Frauen kollektiv verkörperten spirituellen Kräfte aus, auf deren Verwendung sie keinen Anspruch haben, weil ihr patriarchalisches System die Urquelle der weiblichen Unterdrückung ist.

Aus diesen Gründen zieht die moderne Spiritualitätsbewegung der Frauen männliche Ansprüche auf Maßgeblichkeit bei der Schaffung von Ritualen wie auch bei allen anderen theologischen Belangen in Zweifel. Viele Frauen haben in sich selbst die Fähigkeit entdeckt, schöne, befriedigende Zeremonien für den individuellen oder gemeinschaftlichen Gebrauch zu erfinden, die ihnen mehr zusagen als das traditionelle Posieren geistiger Väter von eigenen Gnaden. Diese Form von Kreativität entströmt nun mit enormer Vitalität den Frauen, die ihre innere Urquelle wiederentdeckt haben, die den Mut gefunden haben, patriarchale Gewohnheiten zugunsten ihrer eigenen emotionalen und ästhetischen Instinke zu verwerfen.

Aus den Göttinnenreligionen der Vorzeit schöpfend, aus der aufrichtigen Mutteranbetung der Heiden oder der Primitiven und aus ihrem persönlichen Sinn dafür, was sowohl spirituell als auch grundlegend weiblich ist, haben Frauen angefangen, ihre eigenen Sammlungen von zeremoniellen Abläufen anzulegen. Diese können zukünftigen Generationen als durchführbare Alternativen zu jenen patriarchalischen Praktiken dienen, die arrogant den Titel »Religion« für sich allein in Anspruch genommen und dabei alle anderen – besonders weibliche – zu Hexerei und Teufelsanbetung herabgesetzt haben.

Die Göttin ist kein Teufel. Sie stellt nun für viele Frauen einen Brennpunkt ihrer seit langem unterdrückten Intuitionen und ein Hauptsymbol ihrer Selbstbestärkung dar. Sie ist die Mutter, die ihre weibliche Persönlichkeit akzeptiert, im Gegensatz zu dem sie ablehnenden Vater. Ihr Bild vermittelt ihnen ein besseres Gefühl als das Gottesbild. Daher finden Rituale, die auf diesem Göttinnenbild basieren, starke Verbreitung. Durch solche Rituale können Frauen auf eine neue, aufregende Weise sowohl zu sich selbst als auch zueinander finden.

Am wichtigsten von allem ist, daß Frauen anfangen, die Konsolidierung neuer moralischer Grundsätze in die Hände zu nehmen. Diese könnten sich als die einzig wahre Rettung der menschlichen Rasse erweisen, die sich am Rande einer von Männern verursachten Apokalypse bewegt. In Anbetracht der Tatsache, daß kaum irgendeine menschliche Bemühung wesentlicher sein kann als diese, spricht alles dafür, den spirituellen Einsichten, Gefühlen und Praktiken von Frauen Aufmerksamkeit zu schenken. Wenn die traditionelle Religion langweilig, nichtssagend oder unmaßgeblich in der heutigen Welt erscheint, die von Männern in einer bedrohlichen Weise dominiert wird, so kann ein neuer und vitaler Geist in den Samen gefunden werden, die Frauen in der Hoffnung auf eine zukünftige Ernte des Friedens gegenwärtig zu säen lernen. In dieser Hinsicht hat uns das historische Patriarchat enttäuscht. Den Frauen, die heute spirituelle Werte neu überdenken, scheint es, daß nichts anderes übrigbleibt, als etwas anderes auszuprobieren.

Offenbar liebt die menschliche Psyche das Ritual und lebt nur ungern ohne es. Kinder denken sich automatisch Rituale für sich aus, bis sie lernen, ihre eigenen schöpferischen Tätigkeiten durch gesellschaftlich »akzeptierte« zu ersetzen. In diesem Augenblick wird das Ritual ausgeklügelter, aber irgendein Funke geht dabei verloren. Ein gewisser Geist des Staunens verschwindet, um nicht mehr zurückzukehren.

Bei vielen Frauen verschwindet dieser Geist des Staunens, wenn ihnen allmählich bewußt wird, daß ihre jüdisch-christliche religiöse Erziehung vorrangig und selektiv mit Männern zu tun hat und das weibliche Bild wenig oder keine theologische Zustimmung erfährt, wenn man einmal von sehr eingeschränkten Gesichtspunkten absieht. Frauen können Gattin des Fleisches sein, Mutter des Fleisches, Versucherin insbesondere des (männlichen) Fleisches oder dem Fleisch entsagende gereinigte Jungfrau; aber sie ist nicht »nach dem Bilde der Göttin geschaffen«. Sie ist nicht die Tochter der Göttin. Sie vermag kein göttliches Gegenstück ihrer selbst zu sehen. Christliche Frauen werden ermuntert, ein Vater-Sohn-Bild zu verehren und ihm zu dienen, das in der Hauptsache eine Vergöttlichung der ödipalen Eifersucht der Männer ist: Der Vater befiehlt den qualvollen Tod des Sohnes, und der Sohn gehorcht folgsam, so wie ein guter Soldat die Anordnungen seiner Vorgesetzten (Pseudoväter) in der Befehlskette befolgt. Eben dadurch, daß Männer dazu ausgebildet werden können, wird Krieg erst möglich. Die Geschichte bestätigt, daß die patriarchalische Religion schon immer ein Ausbildungslager für den Krieg war. Die meisten kriegerischen Gesellschaften waren (und sind) solche, in denen das Patriarchat als göttlich bezeichnet wird.

Feministinnen lehnen die Rituale einer patriarchalischen Gesellschaft oder einer männlich dominierten Religion ab. Trotzdem verfliegt der menschliche Wunsch nach dem Ritual nicht, nur weil die »akzeptierten« Rituale als untragbar empfunden werden. Ein ansprechenderer Ersatz kann aus den echten Ideen und Erfahrungen »echter« Frauen geschöpft werden. Frauen tappen im dunkeln, weil die vergangenen, dem wahren weiblichen Geist entsprungenen Traditionen von patriarchalischen Autoritäten – die sie raubten und das, was für den Dienst an der Göttin erfunden worden war, zu einer neuen Interpretation umformten, um ihrem Gott zu dienen – entweder verschüttet oder bis zur Unkenntlichkeit verfälscht wurden.

Nebenbei ist festzustellen, daß gewisse Elemente innerhalb des Systems der etablierten Religion versuchen, dies immer wieder zu tun. In dem Bestreben, die Anbetung des männlichen Gottes neu zu beleben, probieren gewisse Kirchen die Ritualpraktiken der neuheidnischen, feministischen Spiritualität aus, weil die Leute offenbar Gefallen an ihr finden. Wie immer will die Kirche herausfinden, was sich verkauft, um mehr Kunden anzuziehen. Feministinnen müssen sich dieses zynischerweise ausbeuterischen Trends bewußt sein, um ihre spirituellen Entdeckungen (oder Wiederentdeckungen) von der patriarchalischen Maschinerie fernzuhalten.

Ein wichtiges Element, das während der Unterdrückung des weiblichen Geistes verlorenging, war der dem Ritual innewohnende Sinn für das Spiel: das Gefühl, daß es Spaß machen kann und sollte, daß Witze und Lachen eine reale Funktion bei der Bildung zwischenmenschlicher Bindungen haben und daß gemeinsames Vergnügen ein lebenswichtiger – wenn auch oft nicht anerkannter – Bestandteil jeglichen Praktizierens von Liebe ist. Männer nehmen Rituale oft übermäßig ernst, selbst wenn sie lächerliche Hüte aufsetzen und sich als Mitglieder weltlicher Bruderschaften ausweisen. Frauen tendieren dazu, beim Vollziehen eines Rituals verspielter zu sein, bereit, ein gutes Gefühl dabei zu haben, bereit, zu lachen. Das ist nicht oberflächlich oder leichtfertig. Es kann bei vielen Individuen für das Gefühl der inneren Erlösung notwendig sein, etwa wenn ihnen von Kindheit an beigebracht wurde, daß Lachen in der Kirche ungehörig und unangebracht ist, während man ruhig weinen darf. Wir wurden darauf gedrillt, an religiöse Bräuche mit übertriebener körperlicher und geistiger Kontrolle in der patriarchalischen Manier heranzugehen. Die Wege der uralten Matriarchate waren anders.

Die Vorschläge in diesem Buch sollten weder übertrieben ernst genommen werden noch erfordern sie die Bindung an ein bestimmtes System des Glaubens oder Nichtglaubens. Frauenrituale sind für jede Frau und für alle Frauen da. Selbst wenn das Patriarchat Rituale in erster Linie aus matriarchalen Quellen an sich riß, treten Frauenrituale nicht mit anderen Überzeugungen von Frauen in Konkurrenz, welche es auch immer sein mögen. Es ist eine unerträgliche Anmaßung von jeder Organisation, das ausschließliche Recht, Rituale zu erschaffen, für sich zu beanspruchen oder ihre eigenen Formen als die einzig richtigen auszugeben. Weil das Ritual ein integraler Bestandteil des menschlichen Verhaltens ist, gehört es allen Menschen.

Daher stellt dieses Buch keine Maßregeln, sondern vielmehr Anregungen vor. Es sind vorgeschlagene Antworten auf die Frage, die Frauen sich selbst und einander stellen, wenn ihre

Gruppen sich zu bilden beginnen: Und jetzt? Was sollen wir tun? Wie sollen wir es tun? Was ist »richtig« oder »falsch«? Können wir es wagen, erfinderisch zu sein? Was ist, wenn kreative Ideen ausbleiben?

Anstatt in endlosen Diskussionen über unbedeutende formale Spitzfindigkeiten steckenzubleiben, ist es am besten, die Sache geradewegs in Angriff zu nehmen und einfach einige Rituale durchzuführen, um zu sehen, wie sie funktionieren und wie es allen dabei geht. Ein bestimmtes Ritual mag bei der einen Gruppe auf die Weise funktionieren und bei der anderen Gruppe auf die andere. Flexibilität ist gefragt. Beim Experimentieren sollte man sich frei fühlen, anzugleichen und zu erneuern. Uns wurde beigebracht, daß Rituale etwas *repräsentieren* müssen, aber manchmal funktioniert die Wirklichkeit andersherum.

Man kann ohne weiteres jedes Ritual als eine Art Spiel betrachten und umgekehrt. Ritual und Spiel überschneiden sich in vielerlei Hinsicht. Frauenrituale können als Spiele ohne Wettstreit verstanden werden, bei denen es keine Gewinner oder Verlierer gibt, sondern nur Teilnehmer. Selbst heute veranstalten unzivilisierte Gesellschaften ritualisierte Spiele, bei denen alle Spieler kooperieren, anstatt miteinander zu konkurrieren. Manchmal sind solche Spiele unmißverständlich als Mittel zum Lehren und Praktizieren spiritueller Prinzipien anerkannt, wie das mit dem tantrischen Buddhismus assoziierte Spiel der Wiedergeburt.

Eine wichtige Wiederentdeckung durch die moderne Frauenbewegung ist, daß Spaß aufklärend sein kann und daß Aufklärung Spaß machen kann. Als in der Geschichte die Religionen von Männern übernommen wurden, verloren sie den unbeschwerten Zug und wurden verbissen, ernst, asketisch oder sogar schmerzhaft in den Vorstellungen wie auch in der Praxis. Selbstverleugnung und Leiden, Selbsterniedrigung und Schuld wurden stark hervorgehoben. Freude wurde zur Sünde erklärt. Initiationen wurden oft zu qualvollen Belastungsproben. Allgemein wurde angenommen, daß sich der Geist ohne die Verleugnung des Fleisches nicht entwickeln könne, was in der Regel seine Verletzung bedeutete.

Die Frauenbewegung lehnt solche Doktrinen weitgehend ab. Nach Jahrhunderten der Unterdrückung erhebt sich der weibliche Geist aufs neue, um dafür einzustehen, daß Göttlichkeit durch die Sinne entdeckbar ist, daß Lachen der Spiritualität nicht feindlich gegenübersteht, daß das Spiel tiefgründige Resonanzen in der menschlichen Psyche haben kann und daß Mitglieder einer spirituell orientierten Gruppe nicht führen oder geführt werden, gewinnen oder verlieren müssen, sondern bei der Erzeugung eines Gruppengefühls kooperieren können, auf das sich jeder Teilnehmer auf die ihm eigene Weise beziehen kann.

Bedeutung entwickelt sich aus dem Tun heraus. Diejenigen, die offen für Möglichkeiten sind, werden feststellen, daß jede rituelle Handlung viele Bedeutungsschichten enthalten kann. Frauen in der modernen Welt suchen ihre eigene Bedeutung in Ritualen, die ihnen richtig erscheinen, dem weiblichen Geist nicht schaden und demokratisch geteilt werden können. Viele der spielartigen Vorgehensweisen, die in dem vorliegenden Buch in den kleinsten Einzelheiten beschrieben werden, können Handlungen für die Entwicklung und Festigung neuer, frauenzentrierter Bedeutungen liefern.

Schließlich ist es unumgänglich, den feinen, aber wichtigen Unterschied zwischen Bedeutungen und Glaubensvorstellungen zu verstehen. Seit vielen Jahrhunderten beharren religiöse Autoritäten darauf, daß niemand »spirituell« sein kann, ohne an die buchstäbliche Wahrheit ihrer mehr oder weniger erstaunlichen Konfessionen zu glauben. Unglaube ist ein abschätziger Begriff, fast synonym mit Teufelsanbetung (selbst wenn letztere auch einen Glauben einbezieht). Unglaube wird mit Unmoral oder krassem Materialismus gleichgesetzt, im Gegensatz zur Spiritualität – trotz der augenfälligen Tatsache, daß einige der moralischsten Menschen der Welt nominell Ungläubige sind.

Manche Menschen fallen durch die Maschen traditioneller Glaubenssysteme, weil sie beispielsweise den gewalttätigen Kriegsgott des Alten Testaments ablehnen, den primitiven Schöpfungsmythos, die Geschichte einer jungfräulichen Geburt, die Idee der Transsubstantiation oder irgendeine von

Dutzenden anderen gleichermaßen unwahrscheinlichen Lehren, die von der patriarchalischen Theologie verbreitet wurden. Traditionalisten sind darauf bedacht, solche Menschen als unmoralisch oder materialistisch zu bezeichnen – kurzum, als »unspirituell«. Alternative Anschauungen über Spiritualität neueren Datums können den Glauben in ähnlich wirklichkeitsfremde Vorstellungen treiben: Geister, Horoskope, magische Heilungen, unbekannte Dimensionen, Atlantis, Ufos – als ob Spiritualität tatsächlich mit bedingungsloser Leichtgläubigkeit gleichzusetzen wäre.

Diese Dinge dürfen nicht miteinander verwechselt werden. *Spirituell* bedeutet nicht unbedingt leichtgläubig, oberflächlich oder naiv. Im Gegenteil, die tiefste Spiritualität entspringt dem tiefsten Denken. Ein höchst spirituelles Ritual hat vielleicht überhaupt nichts mit Jenseitigkeit zu tun, sondern kann die Heiligkeit des Wirklichen und Natürlichen zelebrieren: als Frau, Erde, Fleisch, Alltagsleben, menschliche Beziehungen. Das Gefühl für Heiligkeit in alltäglichen Dingen ist ein charakteristisches Merkmal der weiblichen Spiritualität, im Gegensatz zu der typisch patriarchalen Spaltung von Körper und Geist, Erde und Himmel.

Frauen sind bemüht, Mutter Erde nicht zurückzuweisen, sondern sie zu lieben, zu ehren und zu beschützen; nicht das Fleisch zu verabscheuen, sondern es zu ergötzen und zu erfreuen; nicht den gesunden Menschenverstand zu ignorieren, sondern ihn zu gebrauchen. Frauenrituale können diese höchst berechtigten Ziele verfolgen, ohne Zuflucht zu irrationalen Glaubensvorstellungen zu nehmen. Das ist der Grund, warum die neue feministische Spiritualität für jeden da ist, ungeachtet seines Glaubens oder Unglaubens. Sie kann erfolgreich auf traditionelle oder nichttraditionelle Glaubensvorstellungen oder auf gar keine bezogen werden. So wie ein Ritual nicht dasselbe ist wie ein Kirchenbesuch, ist Glaube nicht dasselbe wie Spiritualität.

Die auf den folgenden Seiten vorgeschlagenen Rituale sind direkt, persönlich, integrativ, sinnesorientiert, das Denken provozierend und einer neuen spirituellen Sensibilität gegenüber den wirklichen Welten förderlich: sowohl der äußeren Welt der Natur als auch der inneren Welt der Selbstentdeckung, wo alle Gottheiten ihre wahre Existenz haben. Weibliche Spiritualität kann sich offen dazu bekennen, daß dies die Welten sind, in denen wir leben und letzten Endes alle Rituale stattfinden. Möglicherweise ist es kein bloßer Zufall, daß das Wort *Ritual* in *Spiritualität* enthalten ist. Der Sinn für das Heilige ist im menschlichen Geist, in menschlichen Handlungen und in menschlichen Wünschen enthalten. Wenn Rituale diese Dinge deutlich machen, ist eines ihrer größten Ziele erreicht.

# Die Umgebung

Frauentreffen finden an allen möglichen Orten statt: draußen und drinnen, in privaten Häusern und öffentlichen Gebäuden, in tiefen Wäldern und Stadtwohnungen. Es gibt keine offizielle Umgebung. Jede Gruppe kommt mit dem aus, was zur Verfügung steht. Die folgenden Anmerkungen über die Umgebung sind Anleitungen auf so etwas wie ein Ideal hin, um Ziele ebenso wie unmittelbare Möglichkeiten zu umreißen.

Zusammenkünfte, die zu Hause bei Mitgliedern stattfinden, dürfen nicht unterbrochen oder gestört werden: keine Anrufe, kein Türklingeln, keine Besucher, keine Beanspruchungen von seiten der Familie während der Dauer des Treffens. Alle anderen Haushaltsangehörigen, die mit dem Treffen nichts zu tun haben, sollten an einem solchen Abend nicht zu sehen und nicht zu hören, außer Reichweite und, wenn möglich, außer Haus sein. Die Betreuung kleiner Kinder sollte mit Vätern oder anderen Bezugspersonen abgesprochen werden. Mit anderen Worten, nichts sollte die Konzentration der Gruppe stören dürfen.

Bei warmem Wetter können Zusammenkünfte im Freien abgehalten werden: im Hof eines Mitglieds, im Garten, in einer Waldparzelle, auf der Wiese oder dem Feld, falls zugänglich. Öffentliche Plätze wie Parks, Camping- und Picknickplätze sind für gewöhnlich nicht geeignet, weil Ungestörtheit nicht gewährleistet ist. Da ein Treffen im Freien auch im Sommer den Launen des Wetters ausgesetzt ist, sollte im Falle eines plötzlichen Gewitters für eine Ausweichmöglichkeit gesorgt sein.

Eine zufriedenstellende Umgebung findet sich möglicherweise in einem öffentlichen Gebäude, das für alle Mitglieder bequem zu erreichen ist. Zu den Möglichkeiten zählen Allzweckräume in Schulen, Universitäten, Bibliotheken, Kirchen, Rathäusern, Gemeindezentren, Clubs oder Geschäftsgebäuden. Verfügt die Gruppe über finanzielle Mittel, könnte sogar ein Sitzungssaal in einem Hotel gemietet werden, falls kein anderer freier Raum zu bekommen ist. Doch meist findet sich in fast jeder Nachbarschaft etwas.

Reinlichkeit und Komfort sind die Hauptbedingungen für jeden Versammlungsraum. Der Raum sollte groß sein, damit sich die Gruppenmitglieder frei bewegen können. Er sollte vollständig mit Teppichen ausgelegt sein, um sich hinsetzen oder hinlegen zu können. Im Arbeitsbereich sollten keine Möbel stehen, abgesehen von einem zentral gelegenen, etwa kniehohen Altartisch. Ein runder Couchtisch eignet sich recht gut. Auf diesen Tisch können die Mitglieder ihre Kerzen, Kristalle, Talismane, persönlichen Schätze für das Spiel »Zeigen und Beschreiben« und jahreszeitliche Dekorationen wie Frühlingsblumen, Sommerfrüchte, Herbstblätter oder Stechpalmenzweige im Winter plazieren.

Manche Gruppen haben eine spezielle Decke für den Altartisch, so daß alles mögliche in einen Altar umgewandelt werden kann – Bretter auf Ziegelsteinen, eine Truhe, eine Umzugskiste, sogar ein großer Pappkarton. Eine solche Decke kann von den Gruppenmitgliedern handgewebt oder -bestickt sein, oder man kauft ein Tuch, auf das jedes Mitglied seine Initialen oder persönlichen Symbole mit Stoffarben oder wasserfesten Stiften malt, oder es könnte eine schlichte, einfarbige Decke in den Farben Schwarz, Weiß oder Rot (Dreifache Göttinnenfarben) sein. Als Altardecke können ein Umhängetuch, ein Brautschleier, ein Zaubererumhang, ein Wandteppich oder ein handgearbeiteter Läufer dienen. Sie sollte nicht aus synthetischem, sondern organischem Material sein, wie etwa schwere Seide, Leinen, Baumwolle oder Wolle.

Wird eine besondere Altardecke verwendet, so sollten Maßnahmen getroffen werden, um sie vor tropfendem Kerzenwachs und anderen Flecken zu schützen. Schmale Kerzenständer sind in der Regel zu vermeiden zugunsten eines schalenförmigen Kerzenhalters oder eines Kerzenständers mit erweitertem konkavem Unterteil, in dem herabtropfendes Wachs aufgefangen wird. Sind keine Kerzenhalter verfügbar, kann man Kerzen aufrecht in kleine Blechdosen, deren Etiketten vorher entfernt wurden, oder in kleine Saftgläser stellen. Eine Kerze, die auf einen Tropfen geschmolzenen Wachses in die Mitte eines solchen Behälters gestellt wird, brennt genauso hell wie in einem Kerzenleuchter aus Sterlingsilber.

Bei der Altardecke muß es sich nicht um Stoff handeln. Ein großer, flacher Spiegel oder eine Glasplatte geben eine hübsche Tischplatte ab, reflektieren das Kerzenlicht und sind unempfindlich gegen Wachsflecken. Ein besonders schönes Stück Holz, eine Pergamentrolle oder eine Steintafel genügt für einen am Ort verankerten Altar – beispielsweise im Freien. Erinnern Sie sich daran, daß Grabsteine aus Familienaltären hervorgegangen sind, auf denen die Nachkommen den Geistern ihrer verstorbenen Ahnen Opfergaben darbrachten. Im Haus kann ein Sofatisch mit polierter Marmorplatte hervorragend als Altar dienen. Er kann mühelos von einer Stelle zu einer anderen getragen und andererseits nicht angebrannt oder beschmutzt werden und ist leicht zu reinigen.

Wenn die Gruppe keinen Altartisch findet oder errichtet, dann genügt es, ein einfaches Tuch auf den Boden auszubreiten. Im Freien kann ein kleiner flacher Platz glattgestrichen und von einem Steinkreis umgeben werden. Auch ein großer, hochkant gestellter Holzklotz gibt einen schönen Altar ab. Es ist wichtig, flexibel zu sein und zu erkennen, daß alle möglichen Materialien, die zur Hand sind, verwendet werden können. Die Kreativität der Gruppenmitglieder wird automatisch Verbesserungen und Verschönerungen mit sich bringen.

Gruppen, die sich glücklich schätzen, einen eigenen festen Raum zu haben, können einen echten Schrein, der für sie mit persönlichen Bedeutungen behaftet ist, errichten. Sie können ihre Bilder, Fotos oder Mandalas an die Wände hängen. Sie können ihre Gewänder oder andere zeremonielle Kleidungsstücke problemlos aufbewahren. Sie können den Raum mit Girlanden, Vorhängen oder gemeinschaftlichen Webarbeiten dekorieren. Sie können Göttinnenstatuen in die Ecken und Richtungssymbole für die vier Himmelsrichtungen plazieren. Ringsum an den Wänden können sie Bücherregale für feministische Publikationen und Nachschlagewerke aufstellen, Stereoanlagen für meditative Hintergrundmusik, Vitrinen zum Auslegen von Kristallen und anderen Kontemplationsobjekten und Gefäße für jahreszeitliche Blumen, Räucherwerk oder geweihte Lampen. Die Mitte des Fußbodens könnte ein besonderer Teppich einnehmen – eine kreisrunde Form ist sowohl hervorstechend als auch passend – oder ein Pentagramm. Es könnte für weiche indirekte Beleuchtung gesorgt werden für Zeiten, in denen die Kerzen nicht brennen. An einer Stelle könnte man Nahrungsmittel, Werkzeuge, Musikinstrumente oder Aufzeichnungen aufbewahren. Ein schönes, ruhiges, geräumiges Zimmer, mit allem eingerichtet, was für Frauenrituale notwendig ist, steht den meisten von uns nicht zur Verfügung, aber es kann als ein anzusteuerndes Ziel ins Auge gefaßt werden.

Um zu einer idealen Umgebung zu gelangen, sind Geld, Anstrengung und fortwährendes Engagement erforderlich. Heute verlangen Kirchen diese Art von Engagement gewöhnlich Frauen ab, von denen viele ihre spirituelle Erfüllung in freiwilligen Diensten für kirchliche Organisationen suchen, die von Männern geleitet werden. Vor fünfzehn Jahrhunderten wurden viele Göttinnentempel in Europa von Christen zerstört oder angeeignet. Infolgedessen haben Frauen keine Räume mehr, die sie als die eigenen bezeichnen können. Weibliche spirituelle Räume müssen in Anbetracht dessen, was sie früher einmal waren und was sie wieder sein könnten, neu erschaffen und überprüft und berichtigt werden.

Vor zwei- oder dreitausend Jahren hielten Frauen ihre Rituale in prächtigen, ihrer Göttin geweihten Tempeln ab. Heilige Tänze der Frauen wurden auf Marmorböden zwischen wunderbar gemeißelten Säulen aufgeführt, von juwelenbesetzten Lampen beleuchtet, vor herrlichen Statuen der ursprünglichen Königin des Himmels, die sternengekrönt und auf dem Mond thronend Frucht und Blume, Tier und Kind als ihre Gaben anbot. Sie war unbesiegbar, keinem Gott unterworfen. Im Gegenteil, alle Götter schuldeten ihr ergebene Treue und schworen bei ihrem Namen. Priesterinnen pflegten ihren Kult, schlichteten rechtliche und sittliche Probleme durch ihre Autorität, lehrten, erteilten Rat und verwalteten ihre Religion überall in der alten Welt.

Das meiste davon wurde in mehreren Jahrhunderten durch die schonungslosen Angriffe der Frühchristen zerstört, die jede Manifestation der Göttin unerbittlich bekämpften und fest entschlossen waren, eine ganz und gar männlich-identifizierte Religion zu errichten. Christen rissen ihre Tempel nieder, verabschiedeten Gesetze, um ihre Anbetung zu tabuisieren, verfolgten und töteten ihre Priesterinnen, verbrannten die Bücher aus ihren heiligen Bibliotheken, schmolzen ihre Gold- und Silberlampen ein, stahlen die juwelenbesetzten Augen und Verzierungen von ihren Bildnissen und zerschlugen die Überreste zu Staub.

Nach tausend Jahren der offiziellen Herrschaft bekämpften christliche Kirchen sie noch immer, weil das einfache Volk immer und immer wieder versuchte, Spuren der Verehrung seiner geliebten Heiligen Mutter in das allgemeine Bewußtsein zurückzubringen. Als ihm die Jungfrau Maria als Ersatz angeboten wurde, nahm es sie an und verehrte sie, obgleich die Kirche darauf bestand, daß sie nicht göttlich sei. Überreste der wahren, alten, heiligen Göttinnenanbetung wurden als Hexerei verurteilt. Selbst die Erwähnung ihres Namens konnte als Indiz für den Umgang mit Teufeln und Kapitalverbrechen gedeutet werden.

Mit solchen Methoden wurde die weibliche Gottheit aus dem Wissensschatz der Frauen ausradiert. Doch sogar ohne Wissen sehnen sich viele Frauen nach diesem Urbild, das den Müttern, Schwestern, Töchtern, Großmüttern, Richterinnen, Anführerinnen, Künstlerinnen, Denkerinnen, Gebieterinnen über Moral und Sitte der Welt Würde und Heiligkeit verlieh.

Selbst heutzutage spüren viele Frauen stark die Falschheit der männlichen Moral mit ihren strafenden, kriegerischen Göttern, ihren asketischen Sexualängsten, ihrer Konzentration auf den Tod und ihrer Feinseligkeit gegenüber der Natur und dem lebendigen Körper. Männliche Moral zog es vor, die natürliche Umgebung – die lebendige Mutter Erde – als benutzbare und ausbeutbare träge Substanz anzusehen, so wie männliche Theologen offiziell den lebenden Schoß einer Frau zum passiven »Boden« erklärten, in dem der edle männliche Samen heranwachsen könne (vorzugsweise zu einem weiteren Bild des Vaters). Solche Anschauungen setzten sowohl die Frau als auch die Erde soweit herab, daß die grundlegende Tatsache geleugnet wurde, daß selbst die Existenz des »Mannes« ganz und gar von allen beiden abhängt.

In gewissem Sinne wurden also Umgebung und Frau sogar unter dem Patriarchat miteinander gleichgesetzt – was durchaus nicht unlogisch ist, weil die allererste Umgebung eines jeden Mannes eine Frau ist. Frauen werden auch von Frauen geboren und können sich mit der Vorstellung von weiblichen Umgebungen als Erweiterung ihrer Körper ihrem eigenen Gefühl des Einschließens und des Eingeschlossenseins identifizieren. Frauen sind geschickt darin, einen heiligen Raum um sich herum zu schaffen. Von dieser Tatsache wird noch immer nur sehr vage Notiz genommen durch die Art von Gemeinplatz, der besagt, daß ein Heim ohne die liebevolle und ordnende Hand einer Frau nicht gemütlich sein kann. Können wir uns Soldaten vorstellen, die durch Bilder von der Kirche oder der Synagoge zum Kämpfen inspiriert wurden? Nein. Es sind Bilder von Mama und ihrem gedeckten Apfelkuchen: die Wärme ihres häuslichen Herdes, die Wohlgerüche in ihrer Küche.

Frauen in der westlichen Welt werden darin bestärkt, diesen heiligen Raum in erster Linie für andere – Ehemänner und Kinder – und nicht für sich selbst zu schaffen. Aber ein stärker werdendes Bewußtsein für Ritualumgebungen ruft bei vielen Frauen Erinnerungen an den lange unterdrückten Wunsch nach einem persönlichen Heiligtum in der häuslichen Umgebung wach. Christliche Bräuche, das Heim mit Ikonen, Kruzifixen und anderen heiligen Bildern einzurichten, wurden ursprünglich von heidnischen, matriarchalen Gebräuchen der häuslichen Anbetung übernommen. Das Herdfeuer der Clanmutter war einst ein heiliger Platz, vor dem Auge ihrer Göttin plaziert und mit Relikten von Ahnengeistern und Stammesgottheiten bestückt, deren Geister den Familienfesten beiwohnten. Talismane, Amulette, Seelensymbole, divinatorische Objekte und jahreszeitliche Dekorationen wie Frühlingsblumen und Wintergrün wurden von der Frau in das vorchristliche Haus, das ihr unterstand, gebracht.

Frauen erschaffen solche alten Sitten oft neu, indem sie nicht nur eine »häusliche« Umgebung einrichten, in der sie leben und besucht werden und die von anderen gewürdigt wird, sondern auch eine persönliche Umgebung, etwa einen kleinen

Schrein innerhalb des Hauses. Ein solches Heiligtum kann so schlicht sein wie ein einzelnes Regal, ein Tisch oder ein Kommodenaufsatz, oder es kann einen ganzen Raum einnehmen, der ihm gewidmet und mit besonderer Beleuchtung, Kissen, Sitzgelegenheiten, Bildern und Erinnerungen ausgestattet ist. Virginia Woolf nannte es »ein Zimmer für sich allein«. Eine Frau braucht ihre eigene private Ecke, in der sie sich mit den Dingen befassen kann, die ihr wichtig und für sie bedeutungsvoll sind.

An einem solchen Ort kann man einen Hausaltar errichten, auf den eine besondere Decke gelegt oder der mit Kerzen, Weihrauchbehältern, Räucherschalen, Lampen oder Duftgefäßen dekoriert werden kann. Auf den Altar könnte man frische Blumen, Blätter, Kräuter, schöne Steine, Kristalle, Edelsteine, Samen, Nüsse, Tarotkarten, Göttinnenbilder, Fotos, Treibholz, Kunstobjekte, Geschenke, die vor dem Überreichen geweiht werden sollen, Erinnerungen an abwesende Freunde und andere Gegenstände von persönlichem Interesse legen. Der Altar ist ein Fokus – ein lateinisches Wort, mit dem früher die zentrale Feuerstelle einer Hausfrau, ihr Mittelpunkt der Nahrung und Wärme bezeichnet wurde. Der Altar ist ein Platz, an dem man jeden Tag ein paar Minuten lang allein und still sein kann, um seine inneren Ressourcen zu erneuern, um seine eigenen Gedanken zu denken.

Der Hausaltar oder das Heiligtum ist ein Bereich, an dem eine Frau nur sich selbst und niemals einen anderen erfreuen muß. Welche Gegenstände sie auch immer an diesen Platz bringt, sollte ihrer eigenen Wahl und nicht der eines anderen überlassen sein. Die Sammlung kann verändert werden, wann immer und wie immer sie es wünscht. Ähnlich sollte der von einer Frauengruppe benutzte Raum nur die Vorlieben der Gruppenmitglieder zum Ausdruck bringen.

So wie Männer das Recht an sich rissen, Altäre zu ehren, die den von Männern geschaffenen Gott repräsentieren, müssen Frauen ihr Recht zurückgewinnen, einen Platz zu heiligen, der den göttlichen Geist in und aus ihnen darstellt. So wie es Frauen verboten wurde, sich den dem Gott der Männer geweihten Altären zu nähern, muß die spirituelle Umgebung von Frauen frei von männlicher Einmischung sein. Das soll nicht heißen, daß Männer von dem Wissen um den Göttinnengeist oder von Ritualen, die ihnen helfen werden, ausgeschlossen sein sollten. Aber das neue Aufblühen des weiblichen Bewußtseins ist immer noch ein zarter und zaghafter Beginn. Es muß auf seine eigene Weise, ohne männliche Einmischung, wachsen, bis es stark genug ist, um sich die Ethik der Toleranz und die Liebe für das Leben zu schaffen, die der männlich-dominierten Welt seit zweitausend Jahren fehlt.

Frauen müssen für eine Weile ihre eigenen Regeln aufstellen. Frauen müssen für sich selbst die Bedingungen festlegen, unter denen sie sich treffen, wie oft sie sich treffen, was sie tun und welche Ziele sie verfolgen. Frauen müssen sich ihre spirituelle Geschichte wieder aneignen, ihre eigenen Zeremonien praktizieren und dabei ihre eigenen Prioritäten erkennen. Frauen müssen schöpferisch über die Grundlagen von Moral und Ethik in unserer Kultur nachdenken. Die Welt braucht dringend ein stärkeres Verantwortungsgefühl der Menschen für sich selbst, füreinander und für ihren Heimatplaneten. Frauen, sich selbst überlassen, finden vielleicht diesen Sinn durch ihre eigene innere Verbundenheit. Es ist notwendig, daß Frauen jetzt entdecken, wie ihre intuitive Moral in der alltäglichen Welt nach außen verlagert, kodifiziert und aufrichtig gelebt werden kann.

## Schweigen

Die meisten Frauen können sich durchaus Gehör verschaffen. Ihre alltägliche Methode, sozialen Kontakt aufrechtzuerhalten, besteht in einem Redeschwall. Viele glauben, daß eine längere Pause in der Unterhaltung in einem geselligen Rahmen schrecklich und peinlich ist, und sie versuchen zu verhindern, daß so etwas passiert.

Die gewissenhafte Gastgeberin fürchtet sich typischerweise vor einem ausgedehnten Schweigen, das sie dahingehend interpretiert, daß ihre Gäste sich nicht wohl fühlen und sich nicht amüsieren. Ein Chor aus Geplapper und Gelächter ist der Klang einer guten Party. Selbst zwei oder drei Frauen, die zu einem geselligen Anlaß zusammenkommen, werden nur wenige Pausen in ihrer Unterhaltung zulassen. Manche Frauen sind tatsächlich redesüchtig. Zu Hause hören sie überhaupt nicht auf zu reden, ob die anderen Familienmitglieder nun zuhören oder nicht. Sie schwatzen ununterbrochen mit Freunden am Telefon. Sind sie allein, schalten sie sogar das Radio oder den Fernseher ein, einfach um die Illusion einer antwortenden Stimme zu erzeugen. Sie glauben, Schweigen sei ein Zeichen von Mißfallen, die Ablehnung, mit jemandem zu reden, sei eine Beleidigung. Sie bringen wohlwollende Absichten zum Ausdruck, indem sie sagen: »Ich melde mich bald wieder bei dir« oder »Wir sollten uns bald wieder treffen, damit wir uns schön lange unterhalten können«.

Aber es kann so etwas geben wie zuviel Reden. Obwohl die meisten Frauen Unterhaltungen ohne spürbare Schwierigkeit aufrechterhalten, wird dabei eine gewisse Menge an emotionaler Energie verbraucht. Ein Gespräch kann anstrengend sein, auch wenn es anscheinend ohne Mühe geführt wird. Die unverdrossene Sprecherin zehrt ihre inneren Ressourcen auf, ohne es zu merken.

Eine der Funktionen eines Spiritualitätstreffens besteht darin, Frauen zu lehren, daß sie manchmal den Redefluß abstellen und sich trotzdem wohl miteinander fühlen können. Wenn sie das ein wenig geübt haben, stellen sie möglicherweise sogar fest, daß gemeinsames Schweigen entspannender und beruhigender ist als ein Gespräch miteinander. Eine Zeit der stillen Meditation im Kreis kann helfen, ein Gefühl des Friedens, der Zentriertheit und Konzentration in der Gruppe herbeizuführen.

Es ist eine gute Idee, jede Sitzung mit einem fünf- oder zehnminütigen – welcher Zeitraum auch immer angenehm ist – stillen Zusammensein einzuleiten. Das führt dazu, daß sich alle beruhigen und das Bewußtsein für den Platz, für die anderen Teilnehmerinnen und die eigenen inneren Gefühle gesteigert wird.

Während der stillen Meditation beginnen die banalen Sorgen des Tages aus dem Bewußtsein zurückzutreten. Jede Teilnehmerin kann sich in einem für viele Frauen ziemlich ungewöhnlichen Geisteszustand entspannen, da sie weiß, daß der Augenblick keinerlei zwischenmenschliche Verpflichtungen enthält, nicht einmal die stillschweigende Verpflichtung, eine Unterhaltung aufrechtzuerhalten. Niemand erwartet etwas. Man kann einfach atmen und sein.

Wenn eine Gruppe von Frauen so etwas zum ersten Mal versucht, fühlen sich einige vielleicht unwohl. Möglicherweise fühlen sich manche gezwungen, das Schweigen mit nervösen Bemerkungen oder Gekicher zu stören. Es ist nicht einfach, mit lebenslangen Gewohnheiten zu brechen, und manche Gewohnheiten erfordern belangloses Geplauder, um sich in Beziehung zu bringen. Aber diese Gezwungenheit wird vorübergehen. Nach einigen wenigen Sitzungen können selbst die eifrigsten Sprecherinnen feststellen, daß sie sich auf diese Augenblicke des Stillseins im Beisein anderer freuen. Manchmal ist es hilfreich, wenn die Gruppe versucht, übereinstimmend zu atmen, oder wenn die Teilnehmer die Augen schließen. Früher oder später werden alle die wohltuende Qualität des gemeinsamen Schweigens entdecken. Dadurch, daß sie nicht reden, teilt jeder dem anderen mit: Du brauchst mir nichts vorzuspielen. Ich akzeptiere dich so, wie du bist.

Wenn es an der Zeit ist, das Schweigen zu brechen, kann eine anfangen, leise zu summen, zu singen oder langsam die uralte heilige Silbe Om anzustimmen. Die anderen können sich dem anschließen. Weder Worte noch Wohlklänge sind erforderlich. Ein einfaches, stimmliches, die Lungen leerendes Summen genügt. Der Ton kann allmählich zu einem lautstarken Geschrei anschwellen oder gedämpft bleiben, einem kollektiven Stöhnen gleich. Manchmal tut es gut, wenn sich die Teilnehmer im Kreis die Hand geben und langsam die Arme hochheben, während die Töne erzeugt werden. Wichtig dabei ist, daß jede anfängt, einen Ton anzustimmen, wann immer sie sich bereit dazu fühlt, damit fortfährt, irgendeinen Ton, der ihr gefällt, von sich zu geben, und ihren Ton langsam verhallen läßt, wann sie es möchte. Dazu kann man sitzen oder stehen, sich reglos verhalten, sich wiegen oder sich sonst um den Kreis bewegen, wenn Bewegung angebracht zu sein scheint.

Bei der wichtigen Lektion, die aus dem Schweigen oder den unartikulierten Tönen gelernt werden soll, geht es darum, daß von niemandem erwartet wird, einen gesellschaftlichen äußeren Schein zu wahren. Niemand muß sich wie ein guter Gastgeber oder wie ein guter Gast benehmen. Niemand muß »auf der Bühne« stehen und gewissen Normen der Darstellung entsprechen, um von den anderen akzeptiert zu werden. Es ist zulässig, zur Abwechslung einmal an sich zu denken, anstatt sich Gedanken um gesellschaftliche Reaktionen zu machen. Die einzige Verpflichtung, die jeder in der Gegenwart anderer hat, besteht darin, es zu unterlassen, negative Urteile über sie zu fällen.

Es ist erstaunlich, was für eine erfrischende Offenbarung diese Übung für einige Frauen sein kann, besonders für diejenigen, die glauben, daß andere sie nicht mögen, wenn sie es zulassen, daß die Unterhaltung ins Stocken gerät.

## Zentrieren

Eine kurze Schweigeperiode zu Beginn eines Ritualtreffens eignet sich gut dafür, daß alle Teilnehmerinnen eine innere Neuausrichtung praktizieren, die als Zentrieren bekannt ist. Das ist besonders wichtig für Frauen, die dazu neigen, ein fremdbestimmtes Leben zu führen, in dem sie ständig die Bedürfnisse anderer über ihre eigenen stellen müssen. Zentrieren ist eine Methode, um eigene Wahrnehmungen und Kräfte in ihr Zuhause innerhalb des Selbst zurückzurufen, wo sie dazu genutzt werden können, persönliche, kreative Gedanken und Reaktionen zu erhöhen.

Es gibt viele Methoden des Zentrierens. Verschiedene Individuen wählen unterschiedliche Methoden. Bei einer einfachen grundlegenden Technik schließt man die Augen und konzentriert sich auf einen Punkt irgendwo innerhalb des Körpers: tief im Becken vielleicht oder im Solarplexus direkt unter dem Brustbein oder in der geometrischen Mitte des Kopfes. Manche ziehen es vielleicht vor, die Augen offenzuhalten und sich auf einen äußeren Punkt zu konzentrieren, wie etwa eine Kerzenflamme oder eine Ecke des Zimmers. Andere wiederum richten ihre Konzentration gern auf die vielfältigen Schimmer und Reflexionen in einem klaren Kristall. Als bequeme Haltung scheint der Schneidersitz den meisten zuzusagen.

Eine gute Einstiegsmöglichkeit für diese Übung ist, den Puls zu finden, entweder am Handgelenk oder an der Halsschlagader. Fühlen Sie den Puls, bis Sie sich den Herzrhythmus gut eingeprägt haben. Dann beginnen Sie langsam zu atmen, wobei die Atmung durch den Herzschlag bestimmt wird. Atmen Sie sechs Herzschläge lang ein, halten Sie drei Herzschläge lang inne, atmen Sie sechs Herzschläge lang aus, halten Sie drei Herzschläge lang inne, und wiederholen Sie das Ganze. Anfangs scheint dieser Ablauf schwer zu kontrollieren zu sein, aber nach einigen Minuten wird es Ihnen so leichtfallen, daß die Atemzüge bis auf jeweils vier Herzschläge oder noch mehr verlängert werden können. Ferner stellt sich eine synergetische Wirkung auf den Herzschlag selbst ein, der langsamer wird. In Reaktion auf die überlegte, bewußte Verlangsamung der Atmung neigen alle Körperprozesse dazu, sich leicht, aber wahrnehmbar zu entspannen. Man wird sich auch des Herzrhythmus in höherem Maße bewußt. Wird die langsame Atmung fortgesetzt, stellen die meisten fest, daß sie den »inneren Tanz des Lebens« im Herzen spüren können, ohne den Puls mit ihren Fingern zu fühlen.

Während des Zentrierens kann eine Teilnehmerin eine geführte Meditation wie etwa die folgende leiten oder vorlesen:

»Sie atmen langsam ein und aus, und jedesmal, wenn ein Atemzug aus dem Körper entweicht, schicken Sie mit ihm ein wenig körperliche oder geistige Anspannung weg. Schicken Sie Sorgen, Probleme, Erinnerungen, Pflichten weg. Atmen Sie nach und nach alles aus, was Sie belastet, alles, was Ihre Muskeln oder Nerven anspannt. Atmen Sie es aus und lassen Sie es gehen.

Stellen Sie sich Ihre innere Struktur als einen spiralförmigen Weg zu einem kleinen, hellen Licht in der Mitte vor. Bei jedem Einatmen verbreitet sich das Licht ein wenig mehr nach außen entlang des spiralförmigen Weges. Mit jedem Atemzug nimmt das Licht zu und vertreibt die Dunkelheit. Bald wird das Licht Ihr ganzes Sein durchdringen. Stellen Sie sich vor, wie Sie im Licht schwimmen, an der Qualität von Licht teilhaben, sowohl die Quelle als auch die Essenz von Licht werden.

Sehen Sie Ihr inneres Selbst in ein reines weißes Licht getaucht, oder, wenn es Ihnen lieber ist, in strahlende Regenbögen von vielfarbigem Licht. Erlauben Sie sich, in Bilder von Licht zu versinken. Lassen Sie das Licht alle Teile Ihres Geistes erfüllen, so wie alle Teile Ihres Körpers Ihr Blut erfüllt, das von Ihrem Herzen geleitet wird, welches wiederum mit Ihrem Atem verbunden ist.«

Auf ein vorher verabredetes Signal hin (vielleicht ein Gongschlag oder Glockengeläute) können die Teilnehmer mit Hilfe eines einfachen traditionellen Sprechgesangs versuchen, gemeinsam zu atmen. Beim ersten Ausatmen stimmen alle zusammen die Sanskrit-Version des Urwortes oder der »Mutter der Mantras« (*matrikamantra*) an, das Göttinnenwort Om (Ooooo-ohhh-mmmmm). Beim zweiten Ausatmen geben alle zusammen »Ich bin« (Iiiiiiich-biiinnnnnnn) von sich. Die Gruppe kann so lange damit fortfahren, abwechselnd »Om« und »Ich bin« auszuatmen, bis man dessen zufrieden ist. Die Tradition dafür ist viele Tausende von Jahren alt und gilt bei östlichen Weisen als ein allgemeiner Ausdruck der Göttlichkeit im Selbst.

## Anrufung

Gemäß der Wicca-Tradition ist es für Frauengruppen mehr oder weniger üblich geworden, die Elemente als das erste standardisierte Ritual eines jeden Treffens anzurufen. Damit sind nicht die realen Elemente (wie Wasserstoff, Sauerstoff, Phosphor, Eisen, Schwefel, Kohlenstoff usw. aus dem Periodensystem) gemeint, sondern die vier klassischen Pseudoelemente, die alte Völker in der ganzen Welt als die universalen Bausteine der Materie anzusehen pflegten: Erde, Wasser, Feuer und Luft.

Warum eine solche Anrufung? Warum sollten Frauen, die nach verborgenen Wahrheiten über sich selbst und ihre Gesellschaft suchen, sich auf archaische, überholte Anschauungen über die reale Welt rückbesinnen?

Eine Antwort liegt in dem ursprünglichen Gedanken hinter der Auffassung von diesen vier alten Pseudoelementen begründet. Obgleich zum großen Teil in Vergessenheit geraten, ist dieses ursprüngliche Denken in einem metaphorischen Sinne auch noch heutzutage wie vor Tausenden von Jahren gültig.

Die vier Elemente der Vorzeit wurden aufgrund einer ihnen gemeinsamen Funktion gewählt, wie sie von den Menschen begriffen wurde: Jedes repräsentiert einen traditionellen Weg, sich der Toten zu entledigen. Ein toter Körper konnte in der Erde vergraben, im Wasser treiben gelassen, im Feuer verbrannt oder den in der Luft fliegenden Aasvögeln vorgeworfen werden, wie es bei den Parsen oder den amerikanischen Ureinwohnern üblich ist. Sofern die Kultur Kannibalismus nicht stillschweigend duldete, waren dies die einzig möglichen Arten des Umgangs mit einem Leichnam. In jedem Fall symbolisierte die Rückgabe des Toten an ein »Element« die Rückkehr zum universalen Schoß für eine spätere Wiedergeburt. Überall glaubten unsere neolithischen Vorfahren, daß sie buchstäblich aufs neue geboren würden, aus derselben Matrix heraus, die sie nach dem Tod empfing. Da jede Reinkarnation – Geburt oder Wiedergeburt – von dem Wunder der Mutterschaft abhing, bezogen sich Bestattungszeremonien fast immer auf das gewählte Element als einem uterinen Muttergeist.

Man stellte sich die Toten lebend innerhalb des universalen Schoßes vor, auf die Gelegenheit wartend, in eine neue menschliche Mutter zu treten. In Bereitschaft stehende Geister wurden somit zu »Elementargeistern«, was einst Ahnen bedeutete. Sie waren in die Umgebung eingegangen, um ein Teil von ihr zu werden. Die Umgebung war daher eine kollektive lebendige Entität, die personifizierte Große Mutter, die mit allen ihren Kindern aus einer Substanz bestand.

In unserem Jahrhundert existieren noch immer viele Völker, wie etwa die amerikanischen Ureinwohner, die einige wunderschöne Erscheinungsformen dieser Reinkarnationsidee bewahrt haben, welche einst den Mutterplaneten Erde und alle ihre lebendigen Kinder zu einem fast nahtlosen Ganzen machte – das fortwährend individuelle Formen hervorbrachte, aber im Wesen gleichblieb. Die Umgebung wurde respektiert, weil man sie sich in hohem Maße empfindungsfähig vorstellte, erfüllt mit den Seelen der Verschiedenen (ob Mensch oder Tier) sowie mit dem Geist der Mutter selbst. Der ganze Planet wurde als die Göttin personifiziert, deren Knochen Felsen waren, deren Fleisch fruchtbare Erde war, deren Atem lebenspendende Luft war, deren vitale Wärme Feuer war, deren uterines Blut die »lebendigen Wasser« entstehen ließ (die ursprüngliche Idee hinter der Wiedergeburt durch die Taufe im Wasser), die unaufhörlich neue Formen gebar und die alten zurück in ihre Substanz nahm. Irgendeinen Teil dieser unermeßlichen Entität zu verletzen, zu beschmutzen oder achtlos auszubeuten wäre für die vorpatriarchalen Moralsysteme undenkbar gewesen. Selbst die klassischen Götter des patriarchalischen hellenistischen Griechenlands waren ihr unterworfen. Es war Gaia, die sie alle gebar und deren angerufener Name sie völlig und ohne irgendeine Möglichkeit der Täuschung an ihre Gelöbnisse band.

Wie auch immer unsere moderne Philosophie geartet ist, so können wir uns doch alle definitiv auf das immer noch einigermaßen vertraute Konzept von Mutter Erde beziehen, Mutter Natur, die Schönheit und Kraft der natürlichen Welt, die Geheimnisse des Kosmos, die zu erfahren sich überhaupt nur eine starke menschliche Hybris erdreisten könnte. Dahinter verbirgt sich die wahre Bedeutung der Anrufung der Elemente für Frauen von heute. Es ist eine Bezugnahme auf die ur-holistischen Haltungen, die verlorengingen, als das Patriarchat begann, die Welt in Wir und Sie zu unterteilen, in Geist und Materie, in seelenvolle »Menschen« und seelenlose »viehische Schöpfung«, wobei die letztere lediglich existierte, um von den ersteren benutzt zu werden.

Die Elemente in dieser symbolischen Form zu ehren ist auch von einem wissenschaftlichen Standpunkt aus nicht gänzlich unbegründet. Alles, was lebt und stirbt, löst sich in seine atomaren Bestandteile auf. Alles Organische und Anorganische wird fortwährend in den kosmischen Kessel resorbiert und aus derselben Mischung von Atomen erschaffen und wiedererschaffen. In gewissem Sinne trifft es also zu, daß alle unsere Vorfahren und alle Kulturen der Vergangenheit physisch bei uns als ein Teil der lebendigen Umgebung bleiben, so wie das Fleisch von Tieren und Pflanzen, die wir zu uns nehmen, eine Zeitlang wir selbst werden und schließlich wieder zur Erde zurückkehren, um sich dem unaufhörlichen molekularen Austausch erneut anzuschließen. Unsere Vorfahren entwickelten Konzepte von dem endlosen, zeitlosen, zyklischen Tanz der fortwährenden Schöpfung, einem ewigen Jonglieren der Elemente, worin Lebensformen erscheinen und verschwinden, jede entsprechend ihrer zugeteilten Spanne. Unsere Vorfahren hatten im einzelnen unrecht, aber nicht im wesentlichen. Diese »archaische« Ansicht hat tatsächlich mehr wissenschaftliche Gültigkeit in der heutigen Zeit als die primitiven Mythen von einer einmaligen Schöpfung und einem universalen Jüngsten Gericht, die Europas Patriarchat vom zoroastrischen Persien erbte.

Die Anrufung der Elemente ist dann eine Erinnerung an alle, die vor uns gegangen sind, mit ihren kollektiven Hoffnungen, Träumen, Fehlschlägen und Leistungen: ein gewaltiges geistiges Bild, das zu einem einzigen vierfachen Symbol zu komprimieren ist. Dieses Gefühl für unermeßliche Zeiten und Räume wird üblicherweise unter anderem dadurch ritualisiert, daß man jedes Pseudoelement auf eine der vier Himmelsrichtungen bezieht, die stets mit den vier Winden gleichgesetzt wurden, mit den vier »Ecken« der Erde, den vier Wächter-Geistern, den vier Jahresvierteln mit ihren Festen zu den Tagundnachtgleichen und Sonnenwenden, den vier Jahreszeiten, den vier Zeitaltern der Zivilisation und eines jeden Individuums, den vier Grundfarben, den vier »elementaren Körpersäften« des Menschen, den vier Farben des Tarot und so weiter – durch viele andere Konzepte hindurch, die vier Viertel zum Inhalt haben. Manche sagten, daß die Göttin, wie zum Beispiel das Bild der Spinnenfrau bei den amerikanischen Ureinwohnern, die Schöpfung in Gang setzte, indem sie ihre zwei Fäden spann, um sie am Zentrum der Welt kreuzweise übereinander zu schlagen, wodurch alle Dinge in Viertel geteilt wurden. Alte Städte wurden nach dem gleichen Plan entworfen, was der Grund dafür ist, warum verschiedene Stadtbezirke noch immer Viertel genannt werden, ob sie es nun sind oder nicht.

Verschiedene Traditionen weisen den Richtungen verschiedene Elemente zu. Die Erde wird gewöhnlich, aber nicht immer, in den Norden plaziert. Die Luft liegt gewöhnlich, aber nicht immer, im Osten. Feuer und Wasser scheinen abwechselnd dem Westen und dem Süden zugeordnet zu werden. Die tantrische Tradition, die aus Indien mit seinem südlichen Ozean stammt, ordnete den Süden dem Wasser zu, den Westen, wo die Sonne untergeht, dem Feuer. Die Farben der Tarotkarten haben ihre Wurzeln in der tantrischen Weltanschauung und repräsentierten angeblich die Elemente, deren Verschmelzung sich durch das Mischen der Karten widerspiegelte. Die Tarotsymbole der Kelche standen für Wasser, Stäbe für Feuer, Münzen für Erde und Schwerter für Luft. Bei den gewöhnlichen Spielkarten, den modernen Nachkommen des Tarot, entsprechen die Herzfarben den Kelchen, die Kreuzfarben den Stäben, die Karofarben den Münzen und die Pikfarben den Schwertern. Einige Frauengruppen stecken mit Hilfe der Kartenfarben die Grenzen ihres rituellen Raums gemäß diesem System ab.

Aus Achtung vor der Tradition, daß Schwesternschaft nicht hierarchisch aufgebaut sein sollte, können sich vier verschiedene Personen der Reihe nach bereit erklären, die vier Himmelsrichtungen oder Elemente anzurufen. Oder eine einzelne Person kann außen um den Kreis herumgehen, um allen vier Himmelsrichtungen nacheinander gegenüberzustehen; beim nächsten Treffen kann dann jemand anders diesen Part übernehmen.

Bei den Anrufungen kann ein materielles Symbol für das jeweilige Element zur Kontemplation hochgehalten werden. So kann Erde durch eine Topfpflanze, ein Tongefäß, ein Pentagramm, einen Stein, eine geschnitzte Figur, eine Handvoll Erde oder etwas anderes Geeignetes dargestellt werden. Für Wasser wird gewöhnlich ein Kelch mit Leitungs- oder Salzwasser genommen. Feuer wird durch eine brennende Kerze, eine Lampe oder einen Stab, der für die Fackel der Aufklärung steht, repräsentiert. Zur Darstellung von Luft kann eine Vogelfeder, ein Fächer, ein Windrädchen, ein Ballon, Distelwolle oder das dem Tarot-Schwert nachempfundene Ritualmesser dienen.

Es gibt keine festen Regeln, die vorschreiben, mit welcher Richtung man anfangen oder auf welchem Weg die Anrufung um den Kreis herum vor sich gehen soll, obwohl man sie gewöhnlich gegen den Uhrzeigersinn vollzieht. Das ist die lunare, »Widdershins«-Richtung, charakteristisch für die vorchristlichen alten Religionen in Europa. Anrufungsbräuche werden entsprechend den Bedürfnissen und Wünschen einer jeden Gruppe entwickelt, so daß es kein Schema F geben kann, sondern nur Anhaltspunkte.

Ein konkretes Beispiel könnte sich wie folgt abspielen: Die Frau, die Erde repräsentieren möchte, nimmt ihr Symbolobjekt und stellt sich außerhalb des Kreises in die Ecke des Nordens, das Gesicht dem Kreis zu- oder abgewandt, und sagt: »Ich rufe die Göttin (oder den Geist oder die Macht) im Norden an, den goldenen Geist der Erde und der Schöpfung, das Prinzip der Fruchtbarkeit, die Kraft der Regenerierung und Erneuerung. Hilf uns, an die Erde, unsere Mutter, zu denken, ihre Wunden zu heilen, als ihre Kinder in Frieden zusammenzuleben. Hilf uns, die Vorgänge des Lebens und des Sterbens, die Zeit des Säens und des Erntens zu verstehen. Sei mit uns und segne unseren Kreis. Gesegnet seist du.« Die anderen Teilnehmer wiederholen darauf: »Gesegnet seist du.«

Die Frau, die Wasser darstellen möchte, begibt sich dann mit ihrem Becher zur Ecke des Südens und sagt etwa: »Ich rufe die Göttin (den Geist, die Macht) im Süden an, den blauen Geist des Wassers und der Geburt, das Prinzip der Liebe, die alle Dinge erhält, die gibt und durch unsere Körper und durch die ganze lebendige Welt fließt. Hilf uns zu geben und zu empfangen, hilf uns, Ebbe und Flut in der Natur zu spüren, hilf uns, zu erhalten und erhalten zu werden. Sei mit uns und segne unseren Kreis. Gesegnet seist du.« Alle wiederholen: »Gesegnet seist du.«

Als nächstes geht die Frau, die Feuer repräsentieren möchte, mit ihrer Kerze oder einem anderen Symbol in die Ecke des Westens und spricht: »Ich beschwöre die Göttin (den Geist, die Macht) im Westen, den roten Geist des Feuers und der Leidenschaft, von Blut und Wein, Sexualität und vitaler Wärme, die treibenden Mächte des Es, Kräfte des Strebens, der Ambition, der Ekstase, der Wärme und der Freude. Hilf uns, unsere Emotionen zu kreativen Zwecken zu kontrollieren und zu lenken. Hilf uns, in höherem Maße voll und ganz zu leben. Erwärme unsere Herzen und unsere Feuerstellen. Sei mit uns und segne unseren Kreis. Gesegnet seist du.« Alle wiederholen: »Gesegnet seist du.«

Die letzte Frau, die Luft repräsentieren möchte, begibt sich mit ihrem Symbol zur Ecke des Ostens und spricht: »Ich rufe die Göttin (den Geist, die Macht) im Osten an, den weißen Geist des Winters, des Rückgangs, der vorübergehenden Aufhebung und der Kontemplation, die weise und zeitlose Alte, die die Geheimnisse der Ewigkeit kennt. Hilf uns, ungehindert zu atmen, die Winde zu trinken und dennoch die stille Mitte zu finden. Hilf uns, Befreiung zu kennen. Hilf uns, mit kristallener Klarheit zu erkennen, was wir wissen müssen. Hilf uns, schnell zu denken und ohne Verzerrung zu sehen. Sei mit uns und segne unseren Kreis. Gesegnet seist du.« Alle wiederholen: »Gesegnet seist du.«

Schließlich kann der zentrale Altar angerufen und als ein temporärer symbolischer Treffpunkt aller dieser Elemente geweiht werden. Jede Person im Kreis kann der Reihe nach ein paar Worte über ihn sagen oder die Zeit dazu nutzen, einen persönlichen Talisman auf ihn zu legen, der für die Dauer des Treffens dort bleibt. Die Mitte ist der persönliche Raum für jede einzelne und für alle zusammen. Während des Treffens richten sich die Augen auf die angezündeten Kerzen, die Blumen, die Dekorationen oder die persönlichen Gegenstände, die Gruppenmitglieder mitgebracht haben, um sie miteinander zu teilen. Die Mitte zieht alle Blicke auf sich und symbolisiert die Begegnung der Seelen aller Anwesenden.

Das oben Erwähnte dient als Musterreden und -handlungen für Anrufungen. Es ist keineswegs zum Auswendiglernen oder zur buchstäblichen Wiederholung bestimmt. Damit soll Anfängern lediglich eine Vorstellung von der Art von Gedanken vermittelt werden, die eine Anrufung hervorrufen können. So wie verschiedene Menschen ihre Vorstellungen darüber ausdrücken, worüber die Gruppe ihrem Wunsch entsprechend nachdenken sollte, könnte dieselbe Gruppe bei jedem Treffen eine andere Form von Anrufung vollziehen.

Bei der Anrufung können die Gruppenmitglieder um den Altar herumstehen und sich dann, jede für sich, der Himmelsrichtung, die gerade gegrüßt wird, zuwenden. In einigen Gruppen ist es üblich, die rechte Hand in die jeweilige Richtung auszustrecken und entweder mit den beiden ersten Fingern oder mit einem Ritualwerkzeug wie einem Stab oder Messer (Athame) dorthin zu zeigen. Für die Anrufung der Mitte kann man die Arme über der Brust nach »ägyptischer« Art kreuzen, wie es bei altägyptischen Gottheiten zu sehen ist, die Krummstab und Geißel als ihre Symbole in den Händen halten. Mitglieder möchten bei dieser Haltung vielleicht das Messer in die rechte Hand und den Stab in die linke nehmen (siehe Kapitel »Requisiten«, Seite 188).

Ein wichtiges traditionelles Symbol für die fünffache Anrufung ist das Pentagramm, das seit langem mit Göttinnenanbetung assoziiert wird und aus diesem Grund offiziell oft mit abschätzigen Wörtern wie Satanszeichen, Hexenfuß oder Hexenstern belegt wurde. Das Pentagramm ist lediglich ein klassischer fünfeckiger Stern, der durch eine durchgehende ineinandergreifende Linie gebildet wird. Die Fünf ist traditionell eine weibliche Zahl, und von Symbolen mit zusammenhängenden Linien glaubte man früher, daß sie unheilvolle Einflüsse abwehren. Manche Experten weisen darauf hin, daß der christliche Brauch, sich zu bekreuzigen, ursprünglich von Heiden nachgeahmt wurde, die als Schutzzauber ein Pentagramm auf Kopf, Arme und Brust zeichneten.

Werden die Spitzen des Sterns im Uhrzeigersinn von oben, 1, 2, 3, 4, 5, gezählt, dann verläuft die ineinandergreifende Linie von 1 nach 3 nach 5 nach 2 nach 4 und zurück nach 1.

Die Anrufung der Mitte kann elegant durch jedes Paar der vier Anrufer (Norden-Süden, dann Osten-Westen) erfolgen, die sich über Kreuz am zentralen Altar gegenüberstehen und gleichzeitig zwei gegenläufige Pentagramme in die Luft schreiben. Bei Verwendung von Stäben oder Athamen ist die Wirkung noch größer.

Beide Personen beginnen oben (Position 1) mit zusammengeführten Fingern oder Werkzeugen, dann schreiben sie ihre Pentagramme synchron, aber in entgegengesetzte Richtungen, wie es ganz natürlich der Fall ist, wenn man sich gegenübersteht, wobei sie zunächst nach unten zur Rechten weisen. Solche imaginären Pentagramme, die in die Luft auf Armeslänge geschrieben werden, haben gewöhnlich einen Durchmesser von etwa einem Meter.

Eine andere Möglichkeit, das Pentagramm zu zeichnen, ähnelt der katholischen Bekreuzigungsgeste – aus dem guten Grund, weil die Frühkirche diese Geste ursprünglich den heidnischen Religionen nachahmte. Wie es heutzutage vollzogen wird, wiederholt das offizielle »Kreuzzeichen« schlicht die uralte Ziffer 4, das »Zeichen des Hermes«, das von neuplatonischen oder gnostischen Anbetern des Hermes als dem Logos-Gott vor etwa sechzehnhundert Jahren übernommen wurde. Zu der Zeit war die Gefährtin des Hermes die Göttin der Kreuzwege und der Unterwelt, Hekate, die später als Hexenkönigin diabolisiert wurde. Hekates heilige Zahl war die Fünf im Gegensatz zu der Vier des Hermes. Ihr Zeichen war ein Pentagramm. Vermutlich bekreuzigten sich ihre Anbeterinnen mit dem Pentagramm, weswegen mittelalterliche Geistliche darauf beharrten, es das Hexenkreuz zu nennen.

Diese weibliche Version der Selbstsegnung wird wie folgt vollzogen: Mit der rechten Hand wird die Stirn, linke Brust, rechte Schulter, linke Schulter, rechte Brust berührt und abschließend wieder die Stirn, um das Pentagramm zu vervollständigen. Die Teilnehmer können diese Geste zusammen mit einem Sprechgesang vollziehen, wie zum Beispiel: »Meiner Göttin weihe ich Geist, Herz, Handeln, Unterstützung, Wille und die Seele, die sie vereint.«

Die Äußerung von Anrufungen, abgestimmt auf Elementensymbole, lenkt die Aufmerksamkeit der Gruppe auf kollektive Ziele. Freiheit und Flexibilität in der Vorgehensweise sind wichtig für Frauen, von denen viele darauf gedrillt wurden, formalisierten liturgischen Reden von männlichen religiösen Autoritäten zuzuhören, die dem Publikum vorgetragen werden, das mit Ausnahme kurzer formaler Antworten nicht beteiligt ist. Für Frauengruppen können allgemeine Beteiligung und Übereinstimmung einen entscheidenden Unterschied ausmachen. In einem Kreis übernimmt niemand die Position eines Anführers. Jede Frau ist aus eigener Kraft eine Hohepriesterin und eine lebendige Vertreterin der weiblichen göttlichen Energie.

Dieses Bewußtsein zu wecken ist an sich schon ein hervorragender Grund für die Gründung einer weiblichen Spiritualitätsgruppe.

Eine andere Form der Anrufung ist ganz am Ende eines Ritualtreffens gebräuchlich, um den formalen Teil der Handlungen abzuschließen. Dieselben Mitglieder, die anfangs die

Elemente begrüßt haben, können am Ende wieder das Wort an sie richten; diesmal rufen sie sie nicht in den Kreis, sondern bedanken sich bei ihnen und sagen ihnen Lebewohl. Wie zuvor erheben sich die anderen und sehen in die jeweilige Himmelsrichtung. Wahlweise können ein oder zwei Personen um den Kreis herumgehen und das beschützende Zeichen des Pentagramms als ein Wunschsymbol für die Sicherheit und Gesundheit aller in die Luft schreiben.

Eine der wohltuendsten Abschlußzeremonien ist ein traditioneller »Feen«-Sprechgesang, mit dem die Göttin durch die vier Elemente angerufen wird. Alle Mitglieder geben sich im Kreis die Hand und tragen einstimmig den Gesang vor; falls jemand die Worte nicht kennt, kann eine jeweils eine Zeile aufsagen, die die anderen wiederholen:

> Durch die Erde, die Ihr Körper ist,
> durch die Luft, die Ihr Atem ist,
> durch das Feuer, das Ihre helle Seele ist,
> durch die lebendigen Wasser in ihrem Schoß

ist der Kreis offen, doch ungebrochen.
Der Friede der Göttin erfüllt unsere Herzen.
Fröhlich treffen wir uns, fröhlich scheiden wir,
und fröhlich treffen wir uns wieder.
Gesegnet seist du.

Die Teilnehmerinnen heben die gefaßten Hände gewöhnlich hoch in die Luft, wenn das »Gesegnet seist du« am Ende gesprochen wird. Diese Geste wird manchmal »Den Tempel bauen« genannt. Als natürlicher Ausdruck eines Gemeinschaftsgefühls entlockt sie vielen ein Lächeln. Teilnehmerinnen, die sich danach besonders verbunden fühlen, möchten vielleicht zum Abschluß alle anderen umarmen.

## Vorstellung und Segnung

Wenn ein Kreis Neulinge umfaßt oder Personen, die einander nicht kennen, ist eine Vorstellung notwendig. Beim einfachsten Vorstellungsritual nennt eine nach der anderen im Kreis ihren Namen. Damit sich die Namen besser einprägen, kann die ganze Gruppe jeden Namen im Chor wiederholen. Die Gruppe wiederholt jeden Namen vielleicht dreimal oder fügt einige Worte wie »Willkommen, liebe Schwester« oder etwas Ähnliches hinzu. Eine elegante Möglichkeit, sich vorzustellen, besteht darin, daß jede Frau ihren Namen *singt,* wobei sie die einzelnen Silben aufs Geratewohl als melodische Töne wiedergibt; dieses kleine Namenslied wird dann von der Gruppe wiederholt.

Eine Vorstellungstechnik, die auch den Gemeinschaftssinn der Gruppe stärkt, ist der sogenannte *Round-Robin*-Segen, der bei jedem Treffen verwendet werden kann, ob nun Neulinge dabei sind oder nicht. Schön ist es, wenn zu diesem Zweck ein besonderer Kelch oder Trinkbecher zur Verfügung steht. Dieser Kelch kann gefüllt sein mit Rosenwasser, Meerwasser, Quellwasser oder einfachem Leitungswasser, das einen beliebigen Zusatz enthält: Salz, Kräuter, einen Kristall, ein paar

Tropfen Parfum, eine Blume oder etwas pflanzlichen Farbstoff, der der jahreszeitlichen Farbe entspricht.

Wenn sich die Teilnehmer alle kennen, werden Gefäß und Segen gegen den Uhrzeigersinn (dem Lauf des Mondes folgend) weitergegeben. Die erste Frau nimmt den Kelch, taucht ihren Finger hinein und malt mit ihrem feuchten Finger eine Mondsichel auf die Stirn ihrer Nachbarin zu ihrer Rechten und spricht dabei: »Ich segne Euch, Helen (oder wer auch immer), Ihr seid die Göttin.« Dann reicht sie Helen den Kelch, die sich umdreht und ihre rechte Nachbarin auf dieselbe Weise segnet, und so weiter reihum im Kreis, bis jede Frau von ihrer linken Nachbarin gesegnet wurde und der Kelch zu seinem Ausgangsplatz zurückgekehrt ist.

Kennen sich die Teilnehmerinnen nicht alle untereinander, so wird das Gefäß gegen den Uhrzeigersinn gereicht, während der Segen umgekehrt erfolgt, damit er als Vorstellung dienen kann. Die erste Frau nimmt den Kelch, taucht ihren Finger hinein, zeichnet mit ihrem feuchten Finger eine Mondsichel auf die Stirn ihrer Nachbarin zur Linken und spricht dabei: »Ich, Carol, segne Euch, Diane, Ihr seid die Göttin.« Dann reicht sie Helen zu ihrer Rechten den Kelch, die sagt: »Ich, Helen, segne Euch, Carol, Ihr seid die Göttin.« Dann gibt Helen den Kelch an ihre rechte Nachbarin weiter, die ihren Namen nennt und Helen auf die gleiche Weise segnet, und so weiter reihum im Kreis, bis jede Frau von ihrer rechten Nachbarin gesegnet wurde und der Kelch zu seinem Ausgangsplatz zurückkehrt ist. Bei diesem System braucht die erste Frau nur einen Namen im voraus zu wissen, nämlich den ihrer linken Nachbarin. Alle anderen Namen werden im Verlauf der Runde gelernt.

Das Wiederholungssystem kann mit dem Segen kombiniert werden, so daß jeder Name von der gesamten Gruppe wiederholt wird, während seine Trägerin gesegnet wird. Die Frau selbst kann ihren Namen in einer Selbstsegnung wiederholen, etwa: »Ich bin Diane; ich bin die Göttin.« Darauf kann die Gruppe diesen Satz wiederholen. Es gibt viele Möglichkeiten, um ein Treffen mit dem Wiedererkennen und der Begrüßung aller Teilnehmerinnen zu eröffnen, und diese wohltuenden Rituale sollten gepflegt werden. Schließlich ist eines der charakteristischsten Merkmale von Frauenkreisen (im Gegensatz zu den männlichen Kirchen), daß niemand anonym bleibt und alle herzlich in ihrem individuellen Selbst und als ihr individuelles Selbst aufgenommen werden.

Es gibt triftige Gründe für den Gebrauch des Wortes Göttin bei diesen Segnungen. Obwohl viele Menschen heutzutage sich eine Gottheit entweder als androgynen oder als geschlechtslosen »Geist« vorstellen (wenn sie sie sich überhaupt vorstellen), dann bleibt die Tatsache nach wie vor bestehen, daß *Gott* ein männliches Substantiv ist, das immer ausschließlich männliche Konnotationen enthält. Mann, nicht Frau, schuf seinen Gott nach seinem Bilde. Diejenigen, die behaupten, daß jeder Mensch einen Funken Göttlichkeit in sich trägt, könnten dennoch diesen Funkten als Gott beschreiben, was impliziert, daß dieser Funke laut Wörterbuchdefinition selbst in einer Frau maskulin ist.

Das Wort in Göttin umzuändern, ist daher mehr als eine bloße Haarspalterei. Es bedeutet eine grundlegend veränderte Haltung gegenüber dem weiblichen Prinzip: eine Haltung, die zurückgeht auf jene uralten Zeiten, als das göttliche Weibliche so real wie und sogar mächtiger als ihr männlicher Begleiter zu sein schien. Von ihren Priesterinnen glaubte man oft, daß sie den Geist der Göttin besaßen – oder von ihm besessen waren –, in der gleichen Weise, in der Propheten oder Erlöser den Geist Gottes besaßen. Hohepriesterinnen nahmen oft den Namen und die Persona der Göttin an, so daß ihre Handlungen in Mythen und Sagen als die Handlungen der Göttin selbst aufgezeichnet wurden.

Ferner wurde der göttliche Funke in jeder Frau als entschieden weiblich empfunden. Die Römer nannten diesen Funken einer jeden Frau die *Juno*, entsprechend dem *Genius* eines Mannes. Der letztgenannte Begriff ist uns natürlich erhalten geblieben, während die patriarchale Gesellschaft schon dafür sorgte, daß der erste in Vergessenheit geriet.

Denn jede Frau, die sich selbst oder eine andere Frau als Göttin anerkennt, wird die Meinung vertreten, daß Weiblichkeit so ehrenwert, so heilig und so anerkennungswürdig ist wie irgendeine nach dem Bilde des Mannes geschaffene Gottheit und daß diese Qualität Frauen aller Altersstufen, Größen, Hautfarben und Gestalten innewohnt. Wenn eine Frau sich auf das Göttinnenbild beruft, verändert es auf subtile Weise ihre Wahrnehmung von sich selbst und ihren Nächsten. Dieser Wandel ist für eine Ritualgruppe äußerst nützlich, weil er einen Sinn für das Numinose in jeder Frau impliziert – einen Sinn, den das westliche Patriarchat gewöhnlich verneinte. Dadurch wird sie frei, um als ihre eigene Priesterin und spirituelle Bevollmächtigte zu agieren, so daß sie keinen männlichen Vermittler benötigt. Das ist ein fundamentaler Grundsatz weiblicher Ritualabläufe.

### SPRECHGESANG

*(Kann mehrmals wiederholt gesungen oder gesprochen werden, nachdem die Segnungen die Runde gemacht haben.)*

Ich bin die Tochter der Mutter,
Sie kennt mich.
Wir sind unserer Göttin begegnet,
Wir sind sie.

## Räuchern

Räuchern ist die Weihe eines heiligen Raums durch eine Art von wohlriechendem Rauch. Amerikanische Ureinwohner benutzten Tabak und boten ihre entzündete Ritualpfeife allen vier Himmelsrichtungen der Reihe nach an, dann aufwärts zum Vater Himmel, dann abwärts zur Mutter Erde. Alttestamentarische Priester bereiteten Fleisch auf ihren Altären zu, wegen seines »lieblichen Geruchs« und als »ein Feueropfer für den Herrn« (2. Mose 29,25), denn sie glaubten zusammen mit ihren heidnischen Zeitgenossen, daß Götter von den Düften von bratendem Fleisch angezogen und sich sogar von der körperlosen Essenz ernähren würden, die mit dem Rauch in die Luft emporstieg. Ferner war es allgemein gebräuchlich, die Aufmerksamkeit der Gottheiten mit anderen angenehmen Gerüchen auf sich zu ziehen: durch Parfüms, Weihrauch, brennende Gewürze. Alle möglichen gebrannten Extrakte wurden das ganze Mittelalter hindurch verwendet, um die weniger anziehenden Gerüche von ungewaschenen Körpern und aufgrund nachlässiger Haushaltsführung in Kirchen zu überdecken. Folglich wird seit langem geglaubt, daß wohlriechender Rauch den Raum »reinigt«. Genau dieses Prinzip liegt dem Räuchern zugrunde.

Der heutigen Praxis in Frauenkreisen entsprechend bedeutet Räuchern, daß ein kleines Gefäß mit brennendem Räucherwerk oder wohlriechenden Kräutern die Runde macht, so daß jeder Teilnehmer sich beräuchern kann. Er kann den Rauch über seinen Kopf ziehen lassen, seine Hände durch ihn hindurchstrecken, das Gefäß um seinen Körper führen, den Duft einatmen oder von allen diesen Möglichkeiten Gebrauch machen. Das zum Verbrennen verwendete Material kann kommerzielles Räucherwerk sein oder selbstangebaute Kräuter, die getrocknet und entzündet werden. Salbei liefert einen besonders angenehmen Rauch. Zum Verbrennen von Räucherwerk läßt man das Material einige Sekunden lang kräftig brennen, dann bläst man behutsam die Flamme aus, so daß es weiterglüht und eine Rauchsäule erzeugt.

Man kann jederzeit während der Eröffnungszeremonien räuchern, ebenso auch, um die Umgebung mit Wohlgeruch zu erfüllen. Eine Frau kann das Räuchergefäß im Raum herumtragen und es allen anderen Frauen anbieten, damit sie sich beräuchern können. Die Gefäße sollten entsprechend feuerfest und aus Materialien sein, die die Natur symbolisieren, wie zum Beispiel Steingut, Muschel oder ein ausgehöhlter Stein. Das Gefäß sollte getestet werden, um sicherzustellen, daß es beim Halten nicht zu heiß wird.

# Der Sprecherstab

Einige Frauengruppen haben den nützlichen indianischen Brauch des Sprecherstabes übernommen. Bei Ratsversammlungen wurde der heilige Stab oder die heilige Rassel im Kreis herumgereicht. Nur die Person, die diesen Gegenstand hielt, durfte sprechen. Alle kamen an die Reihe, während der Stab die Runde machte. Auf diese Weise hatte jeder die Gelegenheit, das zur Sprache zu bringen, was ihn beschäftigte, und konnte, ohne unterbrochen zu werden, so lange reden, bis er fertig war. Die den Stab nicht hielten, konnten sich in stiller Zurückhaltung üben und ihre Gedanken ordnen, bis sie wieder an der Reihe waren.

Der Sprecherstab ist besonders geeignet für die Gruppenmitglieder, die zu zurückhaltend sind, um sich überhaupt zu äußern, oder denen es schwerfällt, sich in eine lebhafte Unterhaltung von anderen einzumischen, die eher daran gewöhnt sind, das Gespräch zu beherrschen. Stille Menschen haben oft viel zu sagen, wenn ihnen der Sprecherstab – und mit ihm die ungeteilte Aufmerksamkeit der ganzen Gruppe – zuteil wird. Gewohnheitsmäßige Zwischenrufer finden es anfangs vielleicht schwer, sich an die mit dem Sprecherstab einhergehende Disziplin zu halten, aber es kann zweifellos ihre Gesprächsfähigkeiten verbessern; denn die Kunst des geduldigen Zuhörens zählt zu den besten der sozialen Tugenden.

Es ist hilfreich für eine Gruppe, wenn bei allen Treffen ein bestimmtes Objekt als Sprecherstab verwendet wird. Das Objekt kann buchstäblich ein Stab sein: ein interessantes Stück Treibholz, ein Zweig, eine Schnitzerei, ein Stock, ein Stößel, ein Nudelholz oder ein speziell zu diesem Zweck angefertigter und verzierter Stab. Es kann die Länge eines Besenstiels oder eines Holzpflocks haben, in den jedes Mitglied seine Signatur geschnitzt oder sein Symbol gemalt hat. Etwas anderes kann genausogut als Sprecherstab fungieren: ein Stein, ein Kristall, eine Muschel, ein Briefbeschwerer, eine Göttinnenstatuette, eine Rassel, eine Trommel, eine Schale, ein Messer (vorzugsweise in einer Scheide), ein Ornament, eine Puppe oder ein

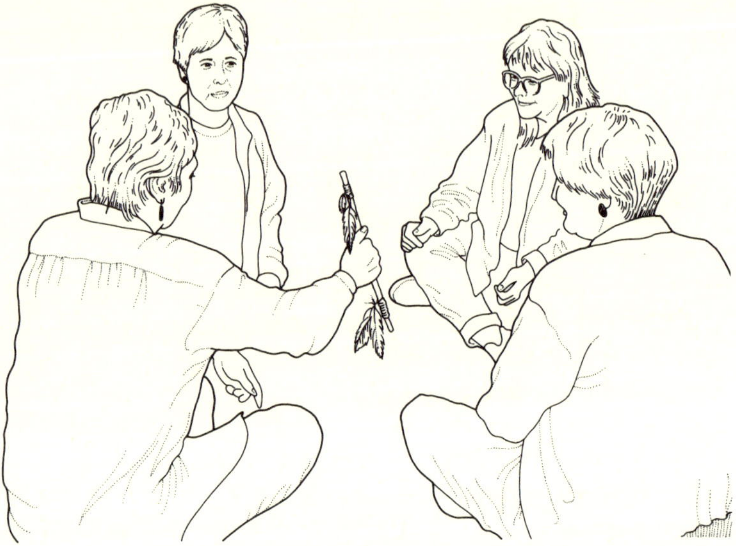

ausgestopftes Tier. Man kann alles mögliche nehmen, aber es sollte etwas wirklich Langlebiges sein. Eine Blume zum Beispiel wäre nicht geeignet. Idealerweise sollte der Sprecherstab ästhetisch ansprechend und schön ausgewogen sein, um ihn in der Hand zu halten, weder zu lang noch zu klein, weder zu leicht noch zu schwer. Er sollte sich angenehm anfühlen, weil Frauen beim Reden gern mit dem Stab spielen, ihn in ihren Händen umdrehen, geistesabwesend streicheln oder betasten. Das scheint dem Denkprozeß förderlich zu sein.

Der Sprecherstab kann einem Mitglied anvertraut werden, das dann die Verantwortung dafür trägt, ihn zu den Treffen mitzubringen; oder er kann zusammen mit anderen Werkzeugen der Gruppe an einem besonderen, allen zugänglichen Platz aufbewahrt werden. Falls er an einem solchen, öffentlichen Ort aufbewahrt wird, sollte er wirklich nicht wertvoll sein.

Einige Treffen können fast gänzlich aus Gesprächen mit dem Sprecherstab bestehen, besonders solche, bei denen Frauen Gedanken über ihre Ziele, Probleme, Hoffnungen und Ängste austauschen oder über ihre Erwartungen diskutieren, welchen Platz die Gruppe in ihrem Leben einnehmen soll. Der Teilnehmer, der den Stab hält, kann alles sagen, was er möchte. Er kann ein Lieblingsgedicht vortragen, einen Überblick über ein Buch geben, eine philosophische Idee präsentieren, einen Traum erzählen oder über eine Einsicht neueren Datums oder eine alltägliche Erfahrung sprechen. Er kann von seinem Sommerurlaub erzählen. Er kann eine Situation beschreiben, die einer Lösung bedarf. Er kann Gefühle der Frustration, der Wut, des Glücks oder der Freude zum Ausdruck bringen. Er kann reden, als würde er ein Selbstgespräch führen. Die Zuhörer sollten einen Ausdruck der Sympathie und der Aufmerksamkeit zeigen und keineswegs kritisieren, was jemand zu sagen hat.

Den Sprecherstab zu halten bedeutet jedoch nicht, daß jemand unbedingt reden muß. Wenn eine Frau meint, sie habe nichts zu sagen, wenn ihr der Stab gereicht wird, gibt sie ihn einfach schweigend an die nächste Person weiter. Wenn jede so viele Male gesprochen hat, wie sie möchte, und der Stab die Runde macht, ohne daß jemand etwas sagt, ist es an der Zeit, ihn wegzulegen und sich anderen Dingen zu widmen. Manchmal schlägt eine Frau bei Sitzungen mit dem Sprecherstab ein Ritual vor, das sie gern ausprobieren möchte, und die Gruppe läßt alles fallen, um sich damit zu beschäftigen.

Der Sprecherstab funktioniert nicht gut in Gruppen von mehr als etwa fünfzehn Frauen, einfach weil es zu lange dauert, bis jede an die Reihe kommt. Wenn der Sprecherstab in größeren Gruppen benutzt werden soll, könnte man kleinere Kreise bilden, die jeweils mit einem eigenen Stab ausgestattet sind. Dies funktioniert am besten, wenn ein bestimmtes Projekt oder Gesprächsthema festgelegt wird, so daß die Untergruppen sich später wieder dem gesamten Kreis anschließen und ihre Gruppenschlußfolgerungen mit allen anderen teilen können. Um das Problem einer größeren Gruppe in den Griff zu bekommen, könnte man auch den Sprecherstab nur einmal im Kreis herumgehen lassen und jeder eine Gelegenheit geben, über ihre aktuellen Ziele, Gefühle oder Ansichten zu reden oder vielleicht ihre Empfindung über die gegenwärtigen oder zukünftigen Tendenzen und Ziele der Gruppe zu äußern.

Der Gebrauch des Sprecherstabs sollte immer so frei wie möglich sein, ohne Einschränkung des Gesprächsgegenstands eines Sprechers. Hin und wieder mag einer Gruppe ein zwanghafter Redner angehören, der den Stab zu lange hält und weiterplappert, bis alle anderen vor Langeweile praktisch betäubt sind. Dem kann man nur dadurch beikommen, daß die Redezeit begrenzt wird. Jedoch sind solche künstlichen Einschränkungen zu vermeiden, sofern es möglich ist.

## Zeigen und Beschreiben

Die meisten von uns kennen das Kinderspiel »Zeigen und Beschreiben« aus der Grundschule. Wir haben Lieblingsspielsachen oder andere Gegenstände mit in die Schule genommen und sie auf Geheiß des Lehrers beschrieben. Das Spiel »Zeigen und Beschreiben« für Erwachsene ist oberflächlich betrachtet ganz ähnlich, aber weitaus bedeutungsvoller.

Frauen bringen Gegenstände mit zu dem Treffen ihrer Spiritualitätsgruppe und beschreiben sie freiwillig, nicht auf Geheiß irgendeiner Person. Es sind Gegenstände, die Frauen zeigen und teilen möchten. Gewöhnlich handelt es sich um persönliche Schätze mit eigenen Geschichten und bestimmten Erinnerungen.

Normalerweise finden Frauen die persönlichen Schätze von anderen faszinierend. Menschen offenbaren bedeutende Aspekte ihrer Persönlichkeit, wenn sie Dinge, die sie lieben, zeigen und erzählen, warum sie sie lieben; und Frauen interessieren sich fast immer für Persönlichkeitskonfigurationen. Manche Gruppen finden das Spiel »Zeigen und Beschreiben« derart faszinierend, daß sie es bei fast jedem Treffen spielen.

In der Regel liegen die Gegenstände auf dem Altar oder in seiner Nähe und bewirken folglich im Brennpunkt des Kreises eine visuelle Anziehung. Beispielsweise zählen zu den üblichen Gegenständen für dieses Spiel Kristalle aus Quarz und andere Mineralien. Durch einige funkelnde Kristalle, zwischen den Kerzen angeordnet, kann ein Altar sehr anziehend werden.

Weitere allgemein benutzte Gegenstände sind: Schmuck: besonders alter Schmuck oder Erbstücke, die in der Familie des Besitzers weitergereicht oder zu besonderen Anlässen erworben wurden. Naturmaterialien: Steine, Zweige, Tannenzapfen, Eicheln, Wurzeln, Samen, Blumen, Blätter, Muscheln, Kürbisse, Federn, Treibholz. Von Verwandten geerbte Gegenstände: ein Fingerhut von der Großmutter, eine Taschenuhr vom Urgroßvater, ein Glückstalisman von der Großtante. Von den eigenen Kindern angefertigte Gegenstände. Eigene Werke: Zeichnungen, Gedichte, Handarbeiten, Töpferwaren, Holzschnitzereien und andere kreative Basteleien. Lieblingstarotkarten. Statuetten. Fotos. Puppen und andere Spielsachen. Liebesgeschenke. Reiseandenken: Sand aus der Sahara, Wasser aus dem Ganges, ein Kieselstein von der Akropolis in Athen. Haushaltsdekorationen mit besonderen Konnotationen. Alle möglichen interessanten Gegenstände aus einer persönlichen Sammlung.

Gewöhnlich wird vereinbart, daß ein »Zeigen-und-Beschreiben«-Gegenstand im Kreis die Runde macht, damit jeder ihn anfassen und befühlen kann, sofern die Besitzerin nicht ausdrücklich darum gebeten hat, ihn nicht zu berühren. Eine solche Bitte wird immer respektiert.

Ein für »Zeigen und Beschreiben« gewählter Gegenstand wird für die Besitzerin doppelt bedeutsam. Erstens bringt er dem gemeinschaftlichen Altar die Gefühle der Besitzerin für ihn entgegen und trägt emotionale oder ästhetische Untertöne zu dem physischen Fokus des Treffens bei. Zweitens liefert er neue Untertöne infolgedessen, auf dem Altar gelegen zu haben und anerkennend geteilt worden zu sein. Später kann sich die Besitzerin daran erinnern, daß er als Altargegenstand gedient hat und ihre spirituellen Schwestern sich auf ihn konzentriert, ihn berührt und mit wohlwollender Aufmerksamkeit gesegnet haben. Er wird heilig gemacht. Ich kenne mehrere enthusiastische Kristallsammler, die gewohnheitsmäßig jeden Neuerwerb zu einem Spiritualitätstreffen mitbringen, nicht nur, um ihre Freude und ihr Interesse mit den anderen zu teilen, sondern auch, damit jeder Kristall den vereinten und gesammelten Energien eines Frauenaltars ausgesetzt ist.

Für »Zeigen und Beschreiben« eignet sich vielleicht am besten ein Gegenstand, der so ungewöhnlich ist, daß Informationen über ihn zum allgemeinen Hintergrundwissen der einzelnen beitragen. Der Besitzer sollte versuchen, den Gegenstand so genau wie möglich zu identifizieren. Wenn es sich beispielsweise um eine Muschel handelt, kann man herausfinden, was für eine Muschel es ist, welche Tiere sie bewohnen und wo sie gefunden wurde. Blätter, Blumen und andere natürliche Gegenstände sollten immer bestimmt werden. Alte Objekte sollten, wenn möglich, datiert und alle verfügbaren Informationen über sie erklärt werden. Somit kann auch die Variante für Erwachsene, der Schulklassen-Version von »Zeigen und Beschreiben« gleich, das Wissen vergrößern. Ein Rubinring ist interessant, wenn die Besitzerin erzählt, daß er ein Geschenk ihres Großvaters an ihre Großmutter war; aber es ist noch interessanter, wenn sie erklärt, daß der Rubin die rote Variante des Minerals Korund ist und alle anderen Farben des Edelsteins Korund Saphir genannt werden.

Schließlich sollte noch einmal hervorgehoben werden, daß bei »Zeigen und Beschreiben« keinerlei Zwänge herrschen sollten. Manche Leute ziehen es vielleicht vor, zuzuhören, anstatt selbst zu zeigen und erzählen. Andere möchten vielleicht lediglich eine Handvoll Gänseblümchen in einem Marmeladenglas auf den Altar stellen und nichts darüber sagen. Was auch immer jemand tun möchte – man sollte es akzeptieren.

Wird eine bestimmte Dauer für das Spiel im Rahmen des Treffens eingeplant, ist es angenehm, diese Zeit mit einer anschaulichen Zusammenfassung all der Gegenstände, die zum Tragen gekommen sind, zu beschließen und sie phantasievoll in Beziehung zueinander zu setzen. Bemerkenswerte Übereinstimmungen in den gewählten Objekten werden manchmal zutage treten oder Wechselbeziehungen festgestellt, die bedeutsame Ideen für die Gruppe zu reflektieren scheinen. Diese Übung kann außerdem viel Spaß bereiten. Eine kurze Sitzung »Zeigen und Beschreiben« bei jedem Treffen kann das gute Verhältnis unter den Mitgliedern stärken, persönliche Besitztümer segnen, gemeinsames Lernen, Lehren und Kommunizieren fördern und das persönliche Interesse der Mitglieder füreinander aufrechterhalten.

Am Ende einer »Zeigen-und-Beschreiben«-Sitzung können sich die Teilnehmer die Hände reichen und alle Gegenstände zusammen mit einem kurzen Sprechgesang ehren:

SPRECHGESANG

Heil, mein Geschöpf,
Heil, mein Schatz,
grüße meine Schwestern,
bring ihnen Freude.

## Über Pflanzen

Die meisten Frauen lieben Blumen. Fast immer bringt jemand spontan ein paar Gartenblumen zu einem Treffen mit, um den Altar zu schmücken. Charakteristische Blumen tauchen in den Jahreszeiten Frühling, Sommer und Herbst auf. Winteraltäre können Tannenzapfen, Gestecke aus Trockenblumen, Mistel- oder Stechpalmenzweige aufweisen. Stechpalmenzweige sind für Frauenversammlungen besonders geeignet, weil die Stechpalme früher der nordischen Unterweltsgöttin Holle oder Hel heilig war, nach der sowohl der Baum wie auch die Unterwelt benannt wurde. Einst glaubte man, daß alle Menschen ihrem Unterweltschoß entsprangen und nach dem Tode dorthin zurückkehrten; die roten Beeren der Stechpalme symbolisierten das heilige, lebenspendende, kindformende uterine Blut, das sie allen Frauen schenkte.

Auch wenn wir vielleicht Gartenblumen für die dekorativsten Objekte im Pflanzenkönigreich (oder -königinnenreich) halten, sollten wir nicht vergessen, daß die Natur sie nicht anderen Pflanzen vorzieht. Die Natur gibt sich nicht mit vergleichenden Maßstäben von Schönheit ab. Wir können aus einem neuen Bewußtsein für die Natur lernen, daß jedes wachsende Ding seine eigenen ästhetischen Qualitäten hat. Geschmackvolle Treibhaushybriden sind schön; aber Wildblumen, Kräuter und Unkraut können eine Versammlung ebensogut mit einem Sinn für die grüne Welt der Natur versorgen.

Herbstlaub kann so farbenfroh sein wie Rosen. Die Freude am Frühling kann nicht nur durch Weidenkätzchen oder Glatthafer, sondern auch durch Krokusse repräsentiert werden. Floristen verkaufen Blumen zu hohen Preisen, aber Mutter Naturs Wälder und Felder stellen Schönheit kostenlos zur Verfügung: Löwenzahn, Veilchen, Butterblume, Aster, Kornblume, Wilde Möhre, Gänseblümchen, Klee und unendliche Variationen von schönen Blättern.

Frauen mit einer besonderen Vorliebe für Kräuter und Pflanzen möchten vielleicht ein ganzes Treffen diesem Thema widmen und Informationen, Exemplare, Samen, Rezepte, Anbautips, Kräutertees, Bücher und Broschüren austauschen. Vielleicht möchte eine Teilnehmerin Untersuchungen über Heilkräuter durchführen, sowohl über diejenigen, die erwiesenermaßen eine heilkräftige Wirkung haben, als auch über diejenigen, die einen unverdienten Ruf genießen. Derartige Informationen sind immer nützlich.

Eine Möglichkeit für ein Treffen über Pflanzen wäre, Duftkissen in der Gruppe herzustellen. Jede Teilnehmerin bringt ihre Auswahl an wohlriechenden Kräutern (Lavendel, Thymian, Salbei etc.), frische oder getrocknete Blumenblätter, Zitrusrinde oder andere natürlich duftende Stoffe für ein Potpourri und zusätzlich ein kleines Stück Stoff und eine Schnur zum Zusammenbinden mit. Alle Zutaten werden in der Schale gemischt und dann reihum verteilt. Jede bindet dann ihren Teil in einem Stück Stoff zu einem Duftkissen zusammen.

Manche Gruppen möchten bei jedem Treffen den Altar mit Materialien aus der Pflanzenwelt schmücken. Das kann sehr einfach sein: mit einer Handvoll Gras, einzelnen Blumenblättern, Unkraut von einer Ritze im Bürgersteig, einem Zweig von einer Hecke, einem Busch oder einem Baum. Wenn die Erde oder die Natur als die Göttin personifiziert wird, deren Körper alles Lebende hervorbringt, ist es wohltuend, einige Proben ihrer Schöpfungen zu betrachten und an das ständige Wunder des fortwährenden Lebens zu denken.

SPRECHGESANG

Grünes Wachstum, grünes Wachstum,
Fleisch und Haar und Kleid
von unserer universalen Mutter Erde.
O Terra Mater, segne uns immer
mit grünem Wachstum.

## Bäume feiern

Im alten Europa wurden Bäume als Symbole des Mutterschaftsprinzips und der Güte der Natur verehrt. Unser Jul- (= Weihnachts-)baum ist ein Überbleibsel dieser Baumanbetung. Man war sich dessen bewußt, daß Bäume in hohem Maße zum Leben der Menschen beitrugen: Sie spendeten erfrischenden Schatten im Sommer, natürliche Schönheit, Früchte, Nüsse und andere Nahrung, Materialien für schutzgewährende Behausungen, Möbel, Werkzeuge, Boote, Fahrzeuge, Haushaltsartikel und Brennstoff zum Kochen und zum Wärmen. Frühe Zivilisationen wußten um ihre starke Abhängigkeit von Bäumen. Moderne Zivilisationen hängen gleichfalls stark von Bäumen ab, erkennen aber diese Tatsache oft nicht.

Anders als die modernen Menschen ehrten die Alten bewußt die fundamentalen Beiträge der Bäume zum menschlichen Überleben. Im Nahen Osten, in Indien und Ägypten zeigte sich die Große Göttin selbst oft als Baum. Die Menschen betrachteten Bäume im allgemeinen als mütterliche Gottheiten oder Waldgeister, die zu respektieren waren, selbst wenn ihre Existenz zum Nutzen des Menschen geopfert wurde (heidnische Holzfäller fällten niemals einen Baum, ohne ihn nicht vorher um Vergebung zu bitten). Weibliche Baumgeister lebten in Mythen und Sagen als Dryaden weiter, der griechischen Variante der baumanbetenden Druidenpriesterinnen.

Heute, da die wenigen übriggebliebenen Wälder der Welt skrupellos zerstört werden, müssen wir mehr denn je etwas von der alten Verehrung für Bäume neu entwickeln. Eine

Baumzeremonie hilft, sich der vitalen Bedeutung von Bäumen und ihrer Heiligkeit stärker bewußt zu werden.

Für eine Baumzeremonie wählt man am besten einen privaten Platz im Freien mit flachem Boden, der einen ansehnlichen, freistehenden Baum umgibt. Zunächst kann die Gruppe einen »Feenkreis« bilden, indem sie sich in einem Meditationskreis um den Baum herumsetzt. Wenn sie sich bereit fühlen, steht eine Frau nach der anderen auf, geht zum Baum und umarmt ihn schweigend, so lange sie möchte. Wenn alle den Baum umarmt haben, teilen sie sich mit, was sie dabei empfunden haben. Zu diesem Zweck kann ein Sprecherstab die Runde machen, der aus einem der abgefallenen Zweige dieses Baums, einem Stück abgelöster Rinde oder anderen Baumabfällen gefertigt wurde.

Nachdem alle zu Ehren des Baumes gesprochen haben, reichen sie sich die Hände, erheben sich und tanzen in Widdershins-Richtung (gegen den Uhrzeigersinn) zu einem Sprechgesang um den Baum herum:

Heil, Waldmutter,
schöner Baum,
barmherzige Beschützerin,
wir ehren dich.

Nach dem Tanz nähert der Kreis sich dem Baum und zieht sich um ihn zusammen, so daß alle ihn vielleicht gemeinsam umarmen und dabei entweder den Gesang fortsetzen oder einfach nur summen. Dann können sich die Teilnehmer in einem engeren Kreis um den Baum setzen, entweder das Gesicht ihm zugewandt oder sich mit dem Rücken an ihn lehnend, und wieder der Reihe nach über ihre Gefühle für diesen bestimmten Baum oder für Bäume im allgemeinen sprechen. Eine Sternenformation eignet sich gut zu diesem Zweck: Jede Frau sitzt mit dem Rücken am Baum und streckt ihre Beine aus, so daß sie mit ihrem Fuß den der Nachbarin berührt. Diese Formation kann für eine weitere Meditationszeit beibehalten werden.

Bevor man dem Baum Lebewohl sagt, können die Gruppenmitglieder ein einzelnes Blatt von seinen Zweigen oder vom Boden nehmen und es zu Hause pressen. Zur Erinnerung an das Ereignis kann ein Band um den Stamm gebunden oder ein Kreis aus Kieselsteinen oder anderen Gaben auf dem Boden um ihn herum gelegt werden – aber es sollten *keine* Symbole in die Rinde geschnitten werden, weil dies eine Verletzung und Entweihung darstellt.

Dieser Zeremonie, einen reifen Baum zu feiern, kann sich das Einpflanzen eines jungen Baums anschließen, der rituell ähnlich geehrt und bestärkt wird.

Manchen Gruppen bietet sich vielleicht die Gelegenheit, denselben besonderen Baum für jahreszeitliche Feste zu verwenden, die seine Zeit des Knospens, des Blättertreibens, der herbstlichen Farbveränderung und der winterlichen Ruhe kennzeichnen.

## Die Schale

Manche Gruppen benutzen regelmäßig eine spezielle zeremonielle Schale oder ein ähnliches Gefäß, das dem Tempelbecken sehr ähnelt, das die alten Ägypter *shi* nannten und das von biblischen Autoren als das bronzene »Meer« in Salomos Tempel (1. Könige 7,23–26) bezeichnet wurde. Diese Gefäße wurden für Lustrationen, Taufen und alle möglichen rituellen Reinigungen mit Wasser gefüllt. Es waren die heidnischen Vorläufer des christlichen Weihwasserbeckens. Wie diese Vorläufer symbolisiert das Becken noch immer den Mutterschoß, auch wenn die patriarchale Kirche absichtlich diese archaische feminine Symbolik verdrängt. Das Becken wird als Marias Schoß bezeichnet, »befruchtet vom heiligen Feuer«, wenn die phallische Osterkerze in es eingetaucht wird.

In alten matriarchalischen Tempeln jedoch besaß das Schoß-Gefäß seine eigene, inhärente fruchtbare Kraft. Sein Weihwasser galt als spirituell wiederbelebend in sich und von sich aus, weil es die Energie der gebärenden Göttin darstellte. Die mit Wasser oder einer anderen Flüssigkeit gefüllte Schale symbolisiert seit den frühesten Zeiten den Mutterschoß und das feminine Prinzip der Frauen, die in primitiven Dorfkulturen die ersten Töpfe aus Lehm formten.

Eine zeremonielle Schale kann aus Holz, Naturstein oder einem anderen die Natur symbolisierenden Material sein. Da sie für den alles hervorbringenden Schoß von Mutter Erde steht, ist es besonders passend, wenn sie aus Steingut handgefertigt wird, vorzugsweise von einer Töpferin.

Die Schale kann Wasser, Wein oder Saft für einen rituellen Umtrunk enthalten, bei dem jede Frau ihren Becher mit Worten der Widmung eintaucht. Umgekehrt kann jede Frau Wasser aus ihrem Becher mit Worten der Weihung und Hoffnung in die Schale gießen, so daß das vereinte Wasser die vereinten Absichten der Gruppe repräsentiert. So könnte die Gruppe ihre Sorge um die natürliche Umgebung mit einem Schalenritual ausdrücken. Eine Frau sagt: »Ich verurteile die Jäger und stelle ihr Recht in Frage, zum Jagen in den Wald zu gehen«, während sie ihr Wasser in die Schale gießt. Die nächste sagt beim Eingießen: »Ich werde Recyclingprogramme der Kommune unterstützen.« Die nächste sagt beim Eingießen: »Ich werde nur organische Düngemittel in meinem Garten einsetzen.« Eine andere sagt beim Eingießen: »Ich werde nie einen Pelzmantel tragen.« Wenn alle Wasser und Gelöbnisse miteinander verbunden sind, wird das Wasser auf die Erde als Ausdruck eines Versprechens ihr gegenüber ausgegossen.

Gleichermaßen kann die Schale als ein symbolischer Behälter für ungewünschte Eigenschaften oder Blockierungen dienen. Eine Frau erklärt, daß sie Geiz weggießt, eine andere gießt Ungeduld weg, die nächste Schwäche oder Passivität, eine andere ihre Fehler in der Vergangenheit, bis alle sich von etwas losgesagt, das ihnen Probleme bereitet, und zum Zeichen ihrer Lossagung Wasser in die Schale gegossen haben. Schließlich kann die Schale in ein »Loch des Vergessens« oder in die Toilette ausgeleert werden, womit zu verstehen gegeben wird, daß die ungewünschten Dinge aus dem Leben gespült sind und ein neuer Anfang gemacht werden kann.

Die Schale kann auch für das Taufzeichen einer neuen Geburt verwendet werden, so wie das Weihwasser der alten Göttinnentempel. Zum Gedenken an die Göttin als »Herrin über Erde und Meer« wird die Schale mit Salzwasser gefüllt und mit Kräutern bestreut. Ein Gruppenmitglied trägt sie reihum zu den anderen und hält sie fest, während sie sich mit dem Wasser segnen. Da jede Frau ihre eigene Priesterin ist, ist keine andere die Taufe vornehmende Geistlichkeit erforderlich. Wir segnen und weihen uns selbst.

SPRECHGESANG

Heiliger Schoß mit Wasser,
Gefäß unserer Geburt,
laß uns immer denken
an unsere Mutter Erde.

# Das persönliche Geschenk

Dieses Ritual ist für Gruppen gedacht, deren Mitglieder sich sehr gut kennen.

Ein Teilnehmer schreibt die Namen aller anderen auf ein Stück Papier. Die Zettel werden gefaltet, zugeklebt und in einen Becher gelegt. Dann ziehen alle aufs Geratewohl einen Zettel. Die Zettel werden geöffnet, um sicherzustellen, daß niemand den eigenen Namen gezogen hat. In diesem Fall werden die Zettel für eine neue Ziehung in den Becher zurückgelegt. Falls gewünscht, kann schriftlich festgehalten werden, wer welchen Namen gezogen hat.

Zum nächsten Treffen bringt jede ein Geschenk für diejenige mit, deren Namen sie gezogen hat. Das Geschenk muß die Gebende mit eigenen Händen anfertigen und dazu Materialien verwenden, die keinen materiellen Wert haben und die Persönlichkeit des Empfängers auf eine bedeutungsvolle Weise zum Ausdruck bringen, so wie sie vom Gebenden empfunden wird. Wenn alle Geschenke ausgeteilt wurden, berichtet eine nach der anderen der Gruppe ihre Gedanken über die Herstellung ihres Geschenks und ihre Reaktion auf das erhaltene Geschenk.

Bei diesem Ritual ist es absolut notwendig, daß die Teilnehmerinnen zu mindestens zwei aufeinanderfolgenden Treffen erscheinen. Wenn jemand bei dem Treffen, bei dem die Geschenke verteilt werden, fehlen sollte, kann das für sie gedachte Geschenk derjenigen gegeben werden, die normalerweise ein Geschenk von ihr bekommen hätte. Aber das Ersatzgeschenk kann auch unpassend sein, so daß dadurch eine Lücke im Ritual erzeugt wird, die, wenn irgend möglich, vermieden werden sollte.

Eine andere Form des Schenkens kann in der reinen Vorstellung vor sich gehen: das Schenken von *Eigenschaften*. Jede Frau stellt sich die Frage: »Welche Eigenschaft habe ich in meiner Persönlichkeit, die nützlich für X wäre, wenn ich sie ihr schenken könnte?« Alle erklären reihum, was sie geben würden und vielleicht auch den Grund dafür. Diese Übung ist aus zwei Gründen nützlich. Sie befähigt jede Frau, Aspekte von sich selbst zu entdecken und zu benennen, die sie respektieren oder bewundern kann; denn wenn eine Eigenschaft gut genug ist, um sie jemandem zum Geschenk zu machen, dann ist sie auch etwas wert. Viele Frauen werden gelehrt, daß die Bejahung ihrer guten Eigenschaften von anderen ausgehen müsse, anstatt von ihnen selbst, und folglich unterschätzen sie sich.

Die Übung befähigt außerdem jede Frau dazu, die Unterstützung anderer Frauen zu fühlen, die ihre Schwächen verstehen und Hilfe anbieten möchten.

Wenn ein Gruppenmitglied Geburtstag hat, möchten die anderen vielleicht kleine Geschenke anfertigen oder kurze feierliche Gedichte abfassen.

Ein anderer Anlaß zu persönlichen Geschenken kann vorliegen, wenn ein Mitglied der Gruppe einem Problem oder einer Lebenskrise gegenübersteht, wie etwa einer Krankheit. Kleine Geschenke wie Steine, Kräuter, selbstgebastelte Gegenstände und andere Erinnerungen können der Person in der schwierigen Lage gereicht werden, nachdem sie auf dem gemeinsamen Altar gesegnet und mit den Wünschen der Gruppe zur Verbesserung ihrer Umstände geweiht wurden. Oft spenden solche Gegenstände wirklich Trost und verhelfen zu einer besseren geistigen Einstellung aufgrund der Zuneigung und des Vertrauens anderer Menschen, die mit ihnen assoziiert werden.

Vielleicht möchten Gruppenmitglieder jeweils allen anderen Geschenke machen, so daß jede Frau die gleiche Sammlung von Objekten in einem Amulettbeutel mit sich trägt, als Erinnerung an alle ihre Schwestern. Diese Objekte sollten klein und leicht sein, wie etwa Samen, Perlen, Muscheln, kleine Kristalle, Haarlocken, Miniaturpentagramme, Puppenhausutensilien, Knöpfe und so weiter. Jedes Gruppenmitglied besorgt so viele Gegenstände entsprechend der Anzahl der Gruppe und verteilt sie an alle. So besitzt jede die gleiche Sammlung, die die Gruppe als Ganzes symbolisiert.

Falls eine Gruppe über Geldmittel verfügt, möchten die Mitglieder vielleicht gleiche Schmuckstücke wie Ringe, Anstecknadeln oder symbolische Anhänger kaufen. Aber das Thema Geld sollte feinfühlig behandelt werden. Diejenigen, die ihr Geld sparen möchten oder müssen, sollten niemals unter Druck gesetzt werden, es auszugeben. Ein wichtiger Grund für die eigentliche Existenz von Frauengruppen ist der, daß sie die Gier und Protzerei der männlich dominierten, etablierten Religionen mit ihren implizierten Hierarchien von relativem Reichtum ablehnen wollen.

Daher sollten Geschenke in Zusammenhang mit rituellem Geben hinsichtlich des Geldwertes in Maßen gehalten werden. Aus diesem Grund werden natürliche Gegenstände (die umsonst in Wäldern und auf Feldern gesammelt werden können) oder Selbstgebasteltes oft vorgezogen. Ein anonym hergestellter und in einem Schmuckgeschäft erstandener Ring mag wertvoller sein, aber er bringt den Geber bestimmt weniger zum Ausdruck als ein Ring, der sorgfältig aus einer Locke seines Haars geflochten wurde!

Man sollte stets daran denken, daß die besten Geschenke, die sich Frauen gegenseitig machen können, die Geschenke der Aufmerksamkeit, der Sympathie und der Fürsorge sind – das heißt, die Geschenke der Liebe, die allzu selten sind, auch wenn unsere höchst materialistische Gesellschaft allzu großzügig mit nutzlosen Luxusartikeln umgeht.

SPRECHGESANG

Die Mutter ist die Geberin,
wir schätzen, was sie gibt.
Ihre irdische Kraft hat
allem Lebendigen Leben gegeben.

## Schwesternschaft weben

Alle stehen im Kreis, in einem Abstand von zwei Armlängen zueinander und den Blick nach innen gerichtet.

Die erste Frau tritt vor und stellt sich vor die Person zu ihrer Rechten. Dann geht sie hinter die nächste Person, dann vor die nächste, und so weiter, sich in der Widdershins-Richtung (gegen den Uhrzeigersinn) in den Kreis hinein- und wieder hinauswebend. Tritt sie vor jemanden, berührt sie dessen Stirn mit der rechten Hand. Tritt sie hinter jemanden, berührt sie dessen Hinterkopf mit der linken Hand.

Während dieser Bewegung um den Kreis herum sagen oder singen alle:

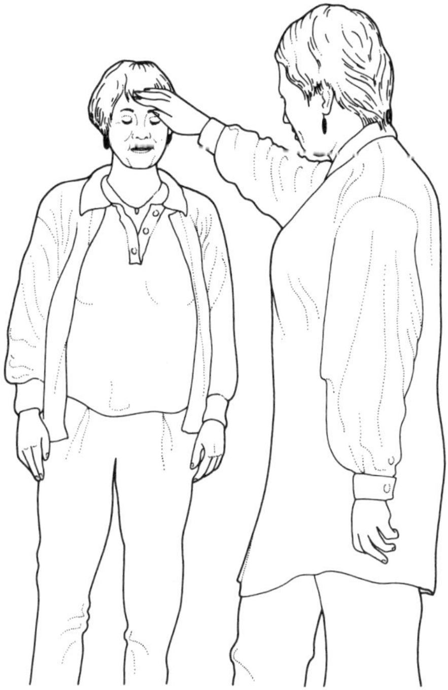

Schwesternschaft weben wir,
in Richtung des Mondes verlaufen die Fäden,
ein Nachtnetz erhalten wir,
Gewebe unserer Hände.

Wenn die erste an ihren Platz zurückkehrt, dreht sie sich nach links und webt den Kreis wieder, aber diesmal in der Deosil-Richtung (im Uhrzeigersinn), und kehrt dabei alle Bewegungen um. Wenn sie zuvor vor die letzte Person (diejenige zu ihrer Linken) getreten ist, stellt sich sie jetzt hinter diese. Ist sie zuvor hinter jemanden getreten, stellt sie sich jetzt vor diese. Sie berührt die Stirn mit der linken Hand und den Hinterkopf mit der rechten.

Während dieser zweiten Bewegung um den Kreis herum sprechen oder singen alle:

Schwesternschaft weben wir,
in Richtung der Sonne verlaufen die Fäden,
ein Tagesnetz erhalten wir,
Gewebe unserer Hände.

In einem kleinen Kreis können alle Teilnehmerinnen das Ritual nacheinander wiederholen. Sind zu viele anwesend, um es durchführbar zu machen, könnte das Ritual viermal von vier Teilnehmern, die in den Positionen der vier Haupthimmelsrichtungen stehen, wiederholt werden.

Als Variante kann die Anführerin einen Knäuel Schnur oder Garn mit sich führen, um damit während ihrer Bewegungen einen Pfad auf dem Boden anzulegen. Man kann sich vorstellen, wie die Frauen in den Kreis hineingehen und wieder hinaus und dabei mit dem Garn eine Spur ziehen. Der Faden wird ein wellenartiges Fußbodenmuster bilden, jeden Teilnehmer in eine Raute einschließen und so ein »Netz« von dem ganzen Kreis erzeugen. Nach Beenden des Webens können die Enden miteinander verbunden werden. Nachfolgende »Weberinnen« können entlang des gleichen Weges schreiten. Zum Schluß können die Fäden vor jeder Teilnehmerin durchgeschnitten und die einzelnen Stücke mit nach Hause genommen werden, wo sie als private Ritualerinnerungen an schwesternschaftliche Verbindungen dienen können.

Eine andere beliebte Variante des rituellen Webens ist das willkürliche Netz. Jede Teilnehmerin bringt einen eigenen Strang Garn oder Schnur mit. Alle sitzen oder stehen im Kreis und werfen die Stränge blindlings einander zu. Fängt eine einen Strang auf, führt sie ihn sich einmal um den Körper und wirft ihn dann einer anderen zu. Während die Fäden von den Strängen losgewickelt werden, bildet sich allmählich ein großes, einer freien Form folgendes Netz in der Mitte des Kreises.

Etwa zwölf 50-Gramm-Knäuel von gewöhnlicher Strickwolle, die in dieser Weise verwendet werden, ergeben ein überraschend stabiles Netz, das das Gewicht eines menschlichen Körpers ohne weiteres zu tragen vermag. Demnach kann die Gruppe, wenn das ganze Garn aufgebraucht ist, eine Übung des gegenseitigen Vertrauens und der Einheit erfahren:

Eine Teilnehmerin nach der anderen wird, im Netz liegend, von den anderen, die das Netz an den Rändern festhalten, über ihre Köpfe hochgehoben. Die Empfindung ist sowohl für die Hebenden als auch für die Gehobene faszinierend. Es sind nicht allzu viele Personen notwendig, um einen anderen problemlos hochzuheben. Man kann immer wieder erstaunt feststellen, wie leicht sich sogar ein schwerer Mensch anfühlen kann, wenn viele beim Heben helfen. (Wenn zehn Leute eine 75 kg schwere Person heben, hebt jeder eigentlich nur 7,5 kg!) Es ist auch überraschend, in einem solchen Netz zu liegen und festzustellen, wie sich dessen offensichtliche Zerbrechlichkeit in zuverlässige Kraft verwandelt.

Nachdem das Netz angefertigt und benutzt wurde, kann es an die Wand gehängt oder fest zusammengebunden und zu einer Ikone geformt werden.

Eine andere Art von Netz kann auf dem Boden in Form von einzelnen Speichen eines Rads angelegt werden, dem radförmigen Netz einer Spinne gleich. Jede Speiche führt von der

Mitte zu einer Frau und wird an ihrem Platz mit Nadeln oder anderen Materialien befestigt. Dann können alle ein Weblied zur Begleitung eines Webtanzes singen. Alle tanzen entlang der Speichen zur Mitte, reichen sich die Hände, bewegen sich einmal im Kreis herum und kehren dann zurück zur äußeren Peripherie entlang der *nächsten* Speiche, also eine Speiche weiter entfernt von derjenigen, entlang der jede ursprünglich gekommen ist. Im Laufe des Tanzes geht jede in den Kreis hinein und dann wieder hinaus, so viele Male, wie Speichen vorhanden sind, so daß sich jede Speiche um Speiche zu ihrer ursprünglichen Position zurückbewegt. Diese Übung kann von dem folgenden Sprechgesang begleitet werden:

> Räder der Zeit drehen, drehen, drehen sich,
> Sonnenfeuer brennen, brennen, brennen.
> Mein Geist lernt, lernt, lernt,
> in meinem täglichen Kreislauf.

Während dieses Webtanzes kann jede Frau ihr Knäuel Fäden mit sich tragen und es entlang der Peripherie auslegen, um der Radformation des Spinnennetzes näherzukommen. Es ist nützlich, sich daran zu erinnern, daß die Große Göttin vergangener Zivilisationen gewöhnlich als Weberin des radförmigen Netzes des Schicksals dargestellt wurde und sogar mehrere Spinneninkarnationen hatte. Ihr klassischer Name lautete Arachne, und sie war einer der Aspekte der göttlichen Weberin Athene, obwohl der Mythos, indem er von Männern abgeändert wurde, sie zu eigenständigen Rivalinnen machte. Manche glauben, daß diese Geschichte über ihre Rivalität fälschlicherweise von einem Bild abgeleitet wurde, das die Göttin Seite an Seite mit ihrer spinnenartigen Ausprägung als Weberin zeigte.

Bei den Alten in vielen Kulturen stand das Netzsymbol für die Göttin und ihre geweihten Frauen. Diese Symbolik drückt die Vorstellung aus, daß die Göttin der Nabel *(omphalos)* der Welt ist; und je näher die individuelle Frau dieser zentralen mystischen Offenbarung kommt, um so mehr nähert sie sich auch all den anderen, die sich gleichzeitig entlang ihrer eigenen Speichen nähern. Somit stellt das Netz treffend das Bild von Frauen dar, die gemeinsam den Göttinnengeist verkörpern. Eine Radnabe ist ein zentraler Ort, an dem alle Wege zusammentreffen. Voneinander entfremdete Frauen sind weit entfernt auf den Speichen, unfähig, Kontakt herzustellen. Frauen jedoch, die sich ihrer eigenen Göttlichkeit bewußt sind, kommen anderen Frauen näher und schaffen so diese Göttlichkeit unter sich.

SPRECHGESANG

Wir sind das Netz,
wir finden unsere Mitte,
indem wir näherkommen.
Die Mitte ist unsere Wahrheit.

Als abschließende Übung können sich die Teilnehmerinnen in der Mitte des Netzes versammeln und einander umarmen, indem sie alle im Kreis ihre Arme um die Schultern der Nachbarn legen. Dieser kleine enge Kreis kann sich zum Sprechgesang sanft wiegen oder aber langsam seitwärts gegen den Uhrzeigersinn schreiten.

## Die eigene Persönlichkeit zum Ausdruck bringen

Dieses Ritual macht Spaß, sowohl der erfahrenen Gruppe als auch Anfängern, die sich vielleicht noch nicht so gut kennen. Benötigt wird eine große Auswahl an Materialien und Werkzeug: buntes Papier, Klebstoff, Schere, Draht, Buntstifte, Marker, Ton, Plastilin, Band, Zackenlitzenbesatz, Garn, Stoffreste, Perlen, Faden, Nadeln, Farben, Karten, Pappkarton, Spielzeug, künstliche Blumen, Naturmaterialien wie Blätter, Zweige, Samen, Steine, Muscheln, Kräuter, Federn, ferner Modeschmuck, alte Strümpfe, Aluminiumfolie, Glas- oder Metallstücke, Ziermünzen, Fransen usw. All diese Hilfsmittel werden in die Mitte des Kreises plaziert.

Zuerst nimmt jede Teilnehmerin Bleistift und Papier und schreibt die Worte: »Ich bin...« nieder. Dann notieren alle schweigend in ein oder zwei Absätzen ihre Ansichten über ihre Persönlichkeit, Gefühle, Bedürfnisse, Wünsche, Tugenden, Fehler, Interessen, Beziehungen, gegenwärtige oder vergangene Situationen, Lieblingssymbole, spirituelle Identifizierung, darüber, wie sie von anderen wahrgenommen werden – oder glauben, wahrgenommen zu werden. Wenn alle fertig sind, liest eine nach der anderen das Geschriebene ohne weiteren Kommentar vor.

Dann wählt jede Materialien aus der Mitte des Kreises aus und gestaltet ein Objekt, das irgendeinen Aspekt oder mehrere von ihr zum Ausdruck bringen soll. Für diese Aufgabe sollte eine angemessene Zeit vereinbart sein, und sie sollte so schweigsam wie möglich durchgeführt werden; Gespräche sollten sich auf Sätze wie »Gibst du mir bitte das rote Band« oder »Brauchst du die Schere noch?« beschränken.

Es werden keine Anweisungen in bezug auf die Art des anzufertigenden Objekts, seine Größe, seine Bedeutung, seinen zukünftigen Gebrauch oder andere Einschränkungen erteilt. Jedes Mitglied nimmt sich das, was immer es auch nehmen möchte, und setzt seine gewählten Materialien in einer Weise zusammen, die ihm zusagt. Das ist weder ein Geschicklichkeitswettbewerb noch ein Bastelkurs oder gar ein Mitteilen von technischem Können. Es spielt keine Rolle, wie die Materialien zusammengesetzt werden. Was zählt, ist die innere Neigung des Gestalters.

Jede Gruppe kann handwerklich geschickte und erfahrene Mitglieder umfassen, wie auch solche, die »zwei linke Hände« haben und dazwischen alle Stufen von kreativer Begabung. Derartige Unterscheidungen sind hier unwichtig. Gleichgültig, welches Maß an Geschicklichkeit vorliegen mag, jedes Objekt wird etwas ausdrücken, was seine jeweilige Gestalterin auszudrücken wünscht. Das Ritual ist dafür bestimmt, die Absichten und persönlichen Bedeutungen der Künstlerin zu objektivieren, nicht ihre technischen Ausführungen.

Diejenigen, die mit ihren Werken vor den anderen fertig sind, müssen still sitzenbleiben und dürfen die anderen nicht mit Geplauder stören. Während der ganzen Übung sollte, soweit es möglich ist, Schweigen gewahrt werden. Ein Ziel eines solchen Rituals ist, dem einzelnen zu helfen, der sich übermäßig abhängig fühlt und die Meinung anderer über alle seine Tätigkeiten einholen muß, dem überängstlichen Kind gleich, das ständig Anerkennung sucht. Dieses Problem findet sich sogar häufig bei erwachsenen Frauen. In einer rituellen Situation, in der keine Vorgaben gemacht werden und niemand ein Urteil darüber fällt, was richtig oder falsch ist, kann das abhängige Individuum lernen, seinen eigenen Neigungen mehr Aufmerksamkeit zu schenken. Aus diesem Grund sollten die Teilnehmer angehalten werden, sich *nicht* miteinander zu beraten, *nicht* um Vorschläge oder Ratschläge zu bitten oder welche zu geben.

Wenn alle mit ihrer Arbeit fertig sind oder genügend Zeit verstrichen ist, kommt der nächste Schritt. Die meisten Gruppen kommen mit etwa dreißig bis fünfundvierzig Minuten gut aus; aber falls eine Mehrheit weniger oder mehr Zeit benötigt, sollte sie ihr zugestanden werden. Die Objekte werden im Kreis vor ihren jeweiligen Schöpferinnen aufgestellt, und der Sprecherstab macht die Runde (siehe Kapitel »Der Sprecherstab«, Seite 47).

Mit dem Stab in der Hand beschreibt jede Frau die symbolische Bedeutung ihres Objekts, ihre Gefühle und Gedanken während seiner Anfertigung, welche Aspekte von ihr es vielleicht ausdrückt und wie sie ihre Verbindung zu ihm sieht. Bevor der Stab weitergereicht wird, können sich die anderen dazu äußern, wenn sie möchten.

Dieses Ritual ist vielseitig. Es eignet sich gut für eine Sitzung, bei der sich die Frauen besser kennenlernen möchten. Ebenfalls nützlich erweist es sich für tiefere, ernstere Analysen unter Frauen, die sich aktiv damit beschäftigen, mehr über sich selbst zu erfahren. Es ist unterstützend und hilft, die eigene Persönlichkeit auszudrücken. Es verschafft jeder Frau eine sichtbare Erinnerung an ihre Einsichten und die von anderen, weil sie ihr Objekt mit nach Hause nehmen und an privatem Platz aufbewahren kann. Wenn sie es nicht behalten möchte, kann sie sich seiner auf irgendeine Weise entledigen, die gut für sie zu sein scheint: Sie kann es zerlegen, weggeben, an einem bestimmten Baum oder Gebäude niederlegen, in einen Fluß werfen, als Opfergabe verbrennen, vergraben, im Freien aufhängen, so daß es dem Wetter ausgesetzt ist, oder sogar – wenn es eine unerwünschte Eigenschaft oder ein Problem symbolisiert – als persönliche rituelle Reinigung gewaltsam zerstören. Die Sache ist die, daß das Objekt in einer Weise hergestellt wurde, die seiner Schöpferin zusagte, und genausogut vernichtet werden kann, wenn es ihr Wunsch ist, ohne daß sie von einer anderen Quelle dazu angewiesen wurde. Es ist überraschend, wie viele Frauen in sich ein tiefes, unbefriedigtes Bedürfnis nach einer solchen uneingeschränkten Autonomie entdecken; und ein Ritual, das diese Autonomie ermöglicht, lohnt sich immer.

SPRECHGESANG

Ich bin diejenige, die dich schuf,
du bist mein,
du bist ich,
ich bin ich selbst,
ich bin.

## Tanzen

Oft wollen sich Frauen zu einem Sprechgesang oder einem Lied körperlich bewegen, weil sich Bewegung gut anfühlt und die Einheit der Gruppe stärkt. Tanzen muß mit formalen Schrittmustern überhaupt nichts zu tun haben. Die Tänzerinnen können hüpfen, die Füße schleifen lassen, trotten, marschieren, sich im Kreuzschritt oder Doppelschritt bewegen oder einfach ruhig im Rhythmus eines Sprechgesangs auf und ab schreiten. Im folgenden werden einige einfache rhythmische Schritte vorgestellt, die jeder, der gehfähig ist, zu fast jedem Gesang machen kann. Instrumentalbegleitung bleibt der Gruppe freigestellt. Manchmal ist ein Trommelschlag hilfreich. Tamburine und Fingerzimbeln können auch von Nichtmusikern verwendet werden. Fußschellen können einen schönen Klang erzeugen, wenn sich alle Teilnehmerinnen zusammen im gleichen Rhythmus bewegen.

Traditionell werden Frauentänze im Kreis gegen den Uhrzeigersinn aufgeführt und folgen somit der rückläufigen Bewegung des Mondes. Bei den folgenden Beispielen bewegt man sich nach rechts, das Gesicht der Kreismitte zugewandt. Tänze beginnen gewöhnlich damit, daß die Teilnehmer sich im Kreis die Hand reichen und in den Kreis blicken. Zum Klatschen, Umdrehen oder zu jeder anderen individuellen Bewegung können die Tänzer die Hände loslassen. Neben dem Händehalten gibt es noch andere Möglichkeiten, um mit den Mittänzerinnen in Berührung zu bleiben. Hier sind einige Möglichkeiten:

1. *Armfassung*. Jede faßt die nächste Schulter oder den nächsten Oberarm ihrer Nachbarin.
2. *Schulterfassung*. Jede faßt über den Rücken ihrer Nachbarin hinweg die Schulter (oder den Arm) der nächsten Frau.
3. *Ellbogenverbindung*. Jede legt die linke Hand an die linke Hüfte und führt den rechten Arm durch den Ellbogen der rechten Nachbarin.
4. *Vordere Kreuzfassung*. Jede führt die Rechte über den linken Arm der rechten Nachbarin und die Linke unter den rechten Arm der linken Nachbarin, um der *nächsten* Frau zu beiden Seiten die Hand zu reichen.
5. *Rücken-Kreuzfassung*. Wie die Vordere Kreuzfassung, außer daß die Hände hinter den Rücken der Nachbarin geführt werden, um sich am Kreuz zu fassen.
6. *Gürtelfassung*. Jede bindet sich eine Kordel oder Schärpe um die Taille, die von den Nachbarn zu beiden Seiten gefaßt wird, während sie auch ihre faßt.

## *Schritte*

**Spitze-Hacke**. Dieser Schritt ist einfach, langsam und elegant. Sie gehen im Kreis herum und nehmen für jeden Schritt zwei Takte. Beim ersten Takt setzen Sie die Fußspitze auf den Boden, ohne das Körpergewicht auf den Fuß zu verlagern. Beim zweiten Takt setzen Sie die Ferse auf und verlagern das Gewicht.

**Synkopischer Kick.** Sie schreiten langsam im Kreis herum, und bei jedem Schritt heben Sie das jeweils unbelastete Knie hoch und schlagen im Takt mit beiden Händen auf den Oberschenkel. Man achte darauf, seine Nachbarin nicht zu treten.

**Hüftwiegen**. Bei diesem einfachen Schreiten seitwärts liegt die Bewegung eher im Körper als in den Füßen. Wenn gewünscht, können die Tänzerinnen bei jedem Schritt in die Hände klatschen oder mit den Fingern schnippen.

1. Schreiten Sie mit dem rechten Fuß rechts aus, wobei Sie mit der rechten Hüfte führen und den Oberkörper weit nach links beugen.
2. Führen Sie den linken Fuß nach rechts dicht zum anderen, beugen Sie den Oberkörper in die andere Richtung und strecken Sie die linke Hüfte heraus.
   Schritte 1 und 2 werden wiederholt.

**Grapevine.** Eine sehr alte traditionelle Volkstanzfigur, deren Ursprung vermutlich in heidnischen Erntetänzen liegt. Es sind einfache und anmutige Schritte mit fließenden Halbdrehungen des Körpers hin und her und soviel Hüftbewegung, wie Sie einbringen möchten.

1. Schreiten Sie mit dem rechten Fuß rechts aus.
2. Kreuzen Sie den linken Fuß vor dem rechten und setzen Sie ihn auf.
3. Schreiten Sie wieder mit dem rechten Fuß rechts aus.
4. Kreuzen Sie den linken Fuß hinter den rechten und setzen Sie ihn auf.
   Schritte 1 bis 4 werden wiederholt.

**Briar rose**. Sich etwas deutlicher voneinander absetzende Schritte mit weniger Bewegung als der Grapevine. Jedem Takt sollte ein leichtes, schnelles Beugen der Knie vorausgehen, das den Auftakt kennzeichnet, um eine synkopische Wirkung zu erzielen.

1. Schreiten Sie mit dem rechten Fuß rechts aus.
2. Kreuzen Sie den linken Fuß diagonal vor den rechten und setzen Sie die Spitze auf den Boden, ohne das Körpergewicht auf den Fuß zu verlagern.
3. Führen Sie den linken Fuß nach links und setzen Sie wieder die Spitze auf den Boden, ohne das Körpergewicht auf den Fuß zu verlagern.
4. Kreuzen Sie den linken Fuß vor den rechten und setzen Sie ihn auf.
   Schritte 1 bis 4 werden wiederholt.

**Meereswelle**. Dieser einfache Überkreuzschritt wird durch eine kleine Pause verstärkt.

1. Schreiten Sie mit dem rechten Fuß rechts aus.
2. Heben Sie den linken Fuß in die Luft und halten Sie ihn schräg vor das rechte Bein.
3. Während Sie den linken Fuß hochhalten, machen Sie einen kleinen Hüpfer mit dem gebeugten rechten Knie.
4. Kreuzen Sie den linken Fuß vor den rechten und setzen Sie ihn auf.
   Schritte 1 bis 4 werden wiederholt.

**Vergangenheit und Zukunft** oder **Zurückschauen**. Eine traditionelle Figur, die sich in vielen Volkstänzen Griechenlands und des Balkans findet.
Schritte 1 bis 4 wie bei der Meereswelle, dann:

5. Schreiten Sie mit dem rechten Fuß rechts aus und drehen Sie dabei den Körper, so daß Sie schräg nach links blicken.
6. Heben Sie die linke Hacke und setzen Sie die linke Spitze auf den Boden, ohne das Körpergewicht zu verlagern.
7. Verlagern Sie das Gewicht auf den linken Fuß und drehen Sie dabei den Körper, so daß Sie schräg nach rechts blicken.
8. Heben Sie die rechte Hacke und setzen Sie die rechte Spitze auf den Boden, ohne das Gewicht zu verlagern.
   Schritte 1 bis 8 werden wiederholt.

*Spitze-Hacke*

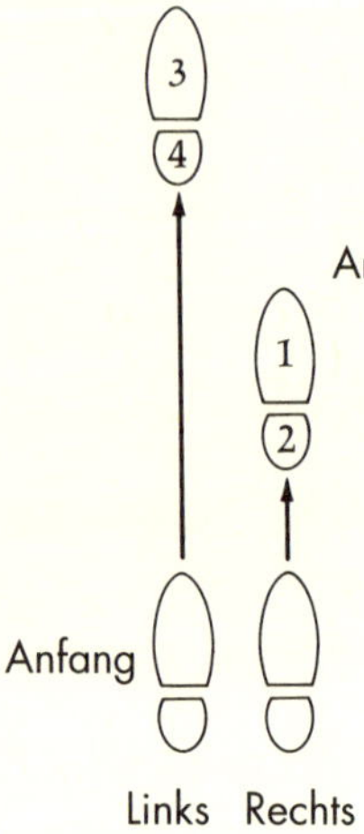


*Grapevine*

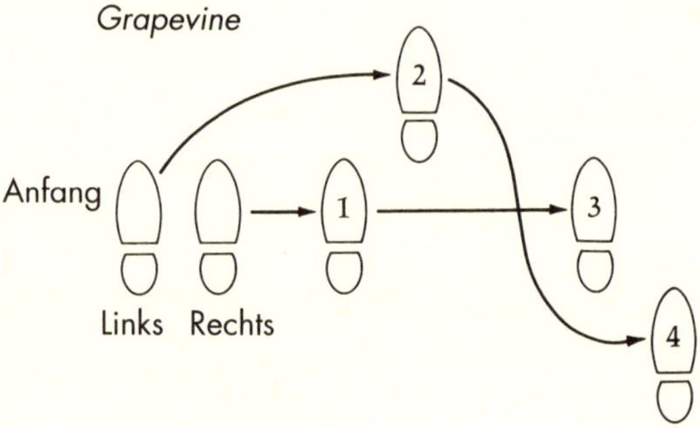


*Briar Rose*

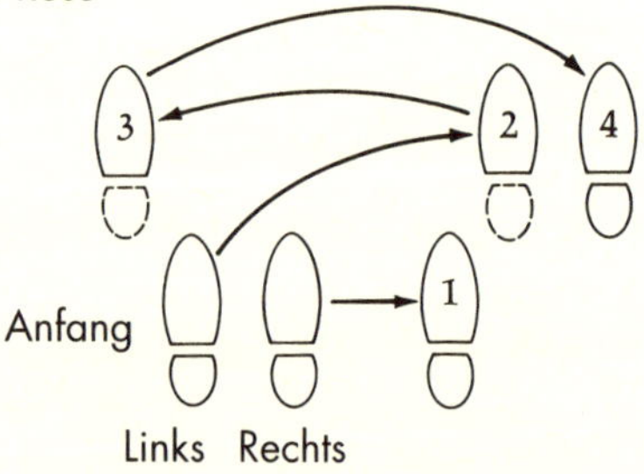


**Hacke-Spitze**. Das ist eine altehrwürdige Volkstanzfigur, die erheblichen Schwung entwickeln kann, wenn sie in schnellem Tempo ausgeführt wird.

1. Das Gewicht ruht auf dem linken Fuß. Führen Sie den rechten Fuß nach rechts; die Spitze zeigt nach oben, und die Hacke wird auf den Boden gesetzt.
2. Mit dem Gewicht weiterhin auf dem linken Fuß kreuzen Sie den rechten Fuß vor den linken und setzen die rechte Spitze auf den Boden.
3. Schreiten Sie mit dem rechten Fuß rechts aus.
4. Führen Sie den linken Fuß nach rechts dicht bei dem anderen Fuß und setzen Sie ihn auf.
   Schritte 1 bis 4 werden wiederholt. Anmerkung: Diese Schrittfolge kann auch mit einem Doppelschritt, rechts-links-rechts (dem traditionellen »heel-and-toe, away-we-

go«) abgeschlossen werden, um es auf der anderen Seite zu wiederholen. In diesem Fall wird es mit einer anderen dazwischenliegenden Schrittfolge kombiniert, damit die Bewegung im Kreis beibehalten wird.

**Shuttle**. Dieser Schritt wird ohne Handfassung ausgeführt, da sich die Teilnehmer abwechselnd nach außen und nach innen drehen, während sie sich im Kreis in Widdershins-Richtung bewegen; die Hände sind also frei, um zu klatschen, Zimbeln zu schlagen, nach oben zu greifen, Banner zu schwenken etc.

1. Schreiten Sie mit dem rechten Fuß rechts aus.
2. Führen Sie den linken Fuß nach rechts dicht zum anderen und setzen Sie ihn auf.
3. Schreiten Sie wieder mit dem rechten Fuß rechts aus.
4. Führen Sie eine halbe Wendung auf dem rechten Fuß mit einem Hüpfer aus, so daß Sie von der Kreismitte nach außen blicken.
5. Schreiten Sie mit dem linken Fuß links aus (dieselbe Bewegungsrichtung wie vorher).
6. Führen Sie den rechten Fuß nach links dicht zum anderen und setzen Sie ihn auf.
7. Schreiten Sie wieder mit dem linken Fuß links aus.
8. Führen Sie eine halbe Wendung auf dem linken Fuß mit einem Hüpfer aus, so daß Sie in die Kreismitte blicken.
   Schritte 1 bis 8 werden wiederholt.

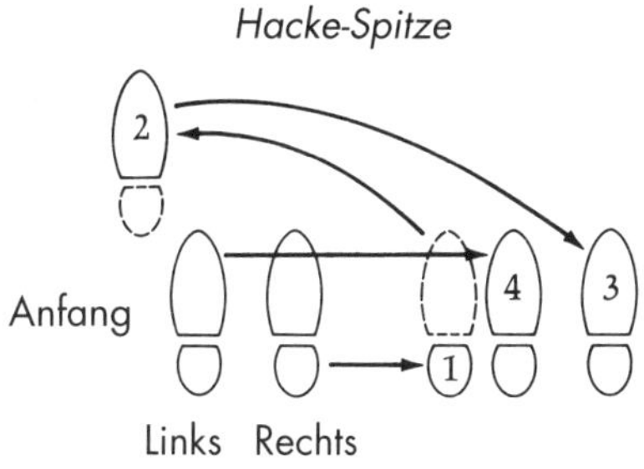

**Web- oder Maibaumtanz**. Bei diesem Tanz sind Schrittfolgen nicht wichtig. Was zählt, ist die Orientierung der Tänzerinnen im Raum. Der Maibaumtanz ist identisch mit der Squaredance-Figur »Grand Right and Left«, die von ihm abgeleitet wurde. Zur korrekten Ausführung muß die Zahl der Tänzeinnen gerade sein. Jede hält das Ende einer langen Schnur, eines Bandes, einer Rolle Kreppapier oder eines Knäuels aus Garn, das an einem Objekt in der Mitte angebracht wurde: an einem richtigen Maibaum, einem Baum, Pfahl oder Pfosten. Sind die Bänder hoch oben befestigt, so werden sie sauber um das Objekt geflochten, und die Tänzer geraten nicht in Verwirrung.

Zuerst stellen sich alle paarweise im Kreis gegenüber auf, so daß eine Hälfte der Teilnehmerinnen im Uhrzeigersinn blickt und die andere Hälfte gegen den Uhrzeigersinn. Jede geht los und bewegt sich rechtsschultrig an der ihr zugewandten Person vorbei. Dann wird sie einer anderen gegenüberstehen, an der sie linksschultrig vorbeigeht. Das nächste Paar wird wieder rechtsschultrig aneinander vorbeigehen und das nächste wiederum linksschultrig, so lange, bis alle Bänder geflochten sind – vorausgesetzt, daß sie während des Tanzes nach oben und nach unten gehalten wurden.

Bei all diesen Beispielen handelt es sich lediglich um Anregungen, um einen Überblick über die Tänze zu geben, die eine Gruppe ausführen kann. Andere Möglichkeiten sind reichlich vorhanden. Man kann so formal und »einstudiert« tanzen, wie es die Gruppe vielleicht möchte; oder es wird völlig spontan getanzt, wobei jede ihre eigenen Bewegungen zu wiederholtem Sprechgesang, Trommelschlag oder Händeklatschen ausführt, was einfach so lange fortgesetzt werden kann, bis es aus eigenem Antrieb aufhört. Manche Gruppen ziehen eine ruhige, stille, meditative Zeit der freien Bewegung vor; andere genießen es vielleicht, zu springen und zu schreien, sich in kathartischer Hingabe herumzuwerfen. Manche Anlässe scheinen die eine Form von Tanz zu verlangen, andere Anlässe eine andere. Wichtig dabei ist, daß man sich frei und wohl im eigenen Körper fühlt, um zu genießen, was auch immer der Körper tut.

# Die Sternenblume

Die Teilnehmerinnen sitzen auf dem Boden in einem engen Kreis, das Gesicht nach innen gerichtet, die Knie leicht gebeugt und die Füße zusammen in der Mitte. Alle Füße sollten sich Seite an Seite berühren. Eine größere Gruppe kann einen Kreis um den Altar bilden und trotzdem durch die Füße miteinander verbunden sein. Eine kleinere Gruppe verwendet vielleicht eine freie Stelle vom Altar entfernt. In diesem Fall sollte sich in der Mitte ein symbolischer Gegenstand befinden: eine Kerze, ein Pentagramm, Kristalle, eine Vase mit Blumen oder Blättern, eine Schale mit Wasser, Samen oder Früchten usw.

Alle reichen sich die Hände – linke Handfläche nach oben, rechte Handfläche nach unten – und beugen sich vornüber, um die Füße zu berühren, die Köpfe sind nach unten zwischen die Arme gerichtet. Nach einigen Augenblicken der stillen Meditation in dieser Haltung beginnt die Gruppe mit einem leisen Summen, das immer lauter wird, während die Mitglieder langsam ihre Oberkörper aufrichten, die Köpfe heben und die gefaßten Hände nach oben führen. Die Bewegung sollte sehr langsam und sanft ausgeführt werden, wobei man immer an das Bild einer Blume denkt, die sich gemächlich öffnet. Auf dem Gipfel der Bewegung, wenn die Hände hoch oben in der Luft sind, rufen alle:

> So wie sich die Sternenblume öffnet
> der Sonne, dem Wind und der besuchenden Biene,
> laßt uns Herz und Geist öffnen
> der ganzen Welt, die wir sehen.

Die Bewegung kann wiederholt werden. Nachdem die gefaßten Hände so hoch wie möglich ausgestreckt wurden, rollen sich alle langsam zurück und legen sich flach auf den Boden. Die gefaßten Hände liegen jetzt am Boden und sind nach außen gerichtet, so daß die Formation, von oben gesehen, einem vielzackigen Stern gleicht. Die still daliegenden und sich entspannenden Teilnehmerinnen können jetzt als Individuen sprechen und ihre Gefühle über die Formation und ihre sym-

bolische Bedeutung austauschen; oder aber sie bleiben einfach still und atmen zusammen, sowohl ihre Einheit als auch ihre Verschiedenheit spürend.

Diese Übung eignet sich gut zum Beruhigen und Zentrieren; sie bringt die Gruppenmitglieder in spirituelle Verbindung und hilft, Ziele ins Auge zu fassen.

## Sprechgesänge verfassen

Das Dichten von Sprechgesängen ist eine interessante und manchmal amüsante Übung, die die Kreativität anregt und eine Gruppe mit einer eigenen, gemeinsam gedichteten Liturgie versorgen kann. Bei diesem einfachen Vorgang dient der Kreis dazu, Sätze oder Gedanken zu konstruieren, indem ein Mitglied nach dem anderen ein Wort oder einen kurzen Satz hinzufügt.

Wenn ein Mitglied der Meinung ist, daß der Sprechgesang ein angemessenes Ende erreicht hat, kann es ihn mit »Gesegnet seist du« (der Entsprechung zu *Amen*) abschließen. Daraufhin wiederholen diejenigen, die etwas gesagt haben, ihren Beitrag, damit sich die anderen die Sätze einprägen können.

Dann wiederholt die ganze Gruppe den gesamten Sprechgesang, vielleicht zur Begleitung von rhythmischem Klatschen oder Trommeln. Der Text wird aufgeschrieben.

Danach kann ein weiterer Sprechgesang auf die gleiche Weise verfaßt werden, wobei die Person, die den ersten beendet hat, den Anfang macht und dann die Reihenfolge im Kreis fortgesetzt wird. Mit solchen Methoden kann eine Gruppe ein Repertoire von Gesängen zu jedem geeigneten Anlaß zusammenstellen.

Hier sind einige Beispiele:

*Erste Sprecherin:* »Heil, Göttin...«
*Zweite Sprecherin:* »Die beseelt und beflügelt...«
*Dritte Sprecherin:* »Erfülle unsere Herzen...«
*Vierte Sprecherin:* »Mit Kräften der Liebe...«
*Fünfte Sprecherin:* »Laß uns überwinden...«
*Sechste Sprecherin:* »All unsere Hindernisse...«
*Siebente Sprecherin:* »Gesegnet seist du.«

Der Gesang wird wiederholt und aufgeschrieben. Die siebente Sprecherin wird jetzt zur ersten Sprecherin.

*Erste Sprecherin:* »Unsere Mutter...«
*Zweite Sprecherin:* »Liebt uns...«
*Dritte Sprecherin:* »Unsere Schwester...«
*Vierte Sprecherin:* »Braucht uns...«
*Fünfte Sprecherin:* »Von Mutter zur Schwester...«
*Sechste Sprecherin:* »Tragen wir die Fackel...«
*Siebente Sprecherin:* »Wir bringen Feuer...«
*Achte Sprecherin:* »Zum Herd...«
*Neunte Sprecherin:* »Wir bringen Liebe...«
*Zehnte Sprecherin:* »Dem Herzen...«
*Elfte Sprecherin:* »Gesegnet seist du.«

Der Gesang wird wiederholt und aufgeschrieben. Die elfte Sprecherin wird jetzt zur ersten Sprecherin.

*Erste Sprecherin:* »Ich bin die Frau...«
*Zweite Sprecherin:* »Ich bin das Kind...«

*Dritte Sprecherin:* »Ich bin die weise Alte...«
*Vierte Sprecherin:* »Ich bin die Heilige Triade...«
*Fünfte Sprecherin:* »Ich erfülle mein Schicksal...«
*Sechste Sprecherin:* »Gesegnet seist du.«

Der Gesang wird wiederholt und aufgeschrieben. Die sechste Sprecherin wird jetzt zur ersten Sprecherin.

*Erste Sprecherin:* »Gib niemals auf...«
*Zweite Sprecherin:* »Gib niemals nach...«
*Dritte Sprecherin:* »Nur nicht nachgeben...«
*Vierte Sprecherin:* »Geh niemals zurück...«
*Fünfte Sprecherin:* »Gesegnet seist du.«

Der Gesang wird wiederholt und aufgeschrieben. Die fünfte Sprecherin wird jetzt zur ersten Sprecherin. Und so weiter.

*Variante*: Wenn die Gruppenmitglieder ihre Sätze lieber singen wollen anstatt zu sprechen, dann werden aus den Sprechgesängen Lieder.

## Mandalas anfertigen

Diese unterhaltsame Übung kann sowohl voller kindlichem Spaß wie auch psychologischen Einsichten und persönlicher Symbolik sein. Die Materialien sind einfach. Jede Frau sollte mit einem leeren Bogen Papier ausgestattet sein, auf dem ein großer Kreis mit einem Zirkel gezogen wurde. Weißer fester Karton eignet sich wahrscheinlich am besten, weil für die künstlerische Gestaltung auf Teppichboden eine feste Oberfläche erforderlich ist. Außer den leeren Kreisen werden die Teilnehmerinnen eine große Auswahl an Zeichenstiften, bunten Markern, Kugelschreibern und sonstigen Zeichen- und Malmaterialien benötigen, die in der Runde geteilt werden.

Mit ruhiger Musik im Hintergrund machen sich die Teilnehmerinnen an die Arbeit ihrer Mandalas und füllen ihre Kreise mit den Formen und Farben, die ihnen in den Sinn kommen. Die Gestaltung kann so einfach oder so kompliziert sein, wie es dem einzelnen beliebt. Der springende Punkt bei einem persönlichen Mandala ist der, daß es der unbewußten Symbolik entspringen sollte, wie dies bei Kinderzeichnungen der Fall ist. Künstlerisches Talent ist nicht erforderlich. Jeder kann ein Mandala malen. Die Gestaltungen erfordern nicht einmal erkennbare Bilder. Der Kreis kann geometrisch in verschiedenfarbigen Flächen aufgeteilt sein, die etwa mit geschriebenen Wörtern gefüllt sein können. Sonnen, Monde, Sterne, Dreiecke, Strichmännchen, Wolken, Wellenlinien, Kreise, Labyrinthe, Spiralen, Kreuze, Herzen, Handabdrücke, Blumenmuster, Zickzacklinien oder jede beliebige andere Form können gewählt werden.

Nach Fertigstellung aller Mandalas zeigt eine nach der anderen ihr Werk und erklärt der Gruppe, was sie bei ihrer Schöpfung gedacht oder empfunden hat und was womöglich ihre Symbole bedeuten sollen. Andere Mitglieder bringen dann Deutungen vor, die durchaus weitere Einblicke in die Ziele der Mandalaherstellerin gewähren können. Symbolische Formen haben machtvolle und zuweilen unvermutete psychologische Nebenbedeutungen. Was wir in unsere leeren Kreise zeichnen, kann uns zeigen, wie wir uns besser kennenlernen können.

Die endgültige Entscheidung über den Verbleib der Mandalas hängt von der Gruppe ab. Vielleicht hängen die Mitglieder sie, zumindest vorübergehend, an die Wand, so wie Kinderzeichnungen im Klassenzimmer ausgestellt werden, oder sie tauschen sie aus und verteilen sie untereinander, oder jede nimmt ihr eigenes Mandala für weitere Kontemplationen mit nach Hause.

## Geführte Meditation: Die Heldin

Frauengruppen setzen oft geführte Meditationen ein, also eine kollektive Phantasie, die von einem Mitglied beschrieben wird, während die anderen zuhören, die Empfindungen wie geschildert spüren und die Szene im Geiste vor sich sehen. In der Regel beginnt man eine geführte Meditation damit, daß die Teilnehmerinnen eine bequeme Haltung einnehmen, die Augen schließen und sich entspannen, während die Stimme der Sprecherin Ruhe, Frieden, Empfänglichkeit und das Loslassen von Muskelverspannungen suggeriert. Dann beschreibt die Sprecherin die Szene, die Reise oder das Ereignis, das zum Meditationserlebnis wird.

Der Inhalt einer geführten Meditation ist der Phantasie eines jeden zugänglich und lediglich durch die Grenzen der Vorstellungskraft eingeschränkt. Wenn einer Gruppe diese Art von Ritual gefällt, kann bei jedem Treffen eine geführte Meditation mit jeweils einem anderen Mitglied als Sprecher stattfinden. Gute Materialquellen sind Geschichten und persönliche Phantasien, erinnerte Träume und Wünsche von der Sorte »Wäre es nicht schön, wenn...«.

Die folgenden Bilder dienen oft als Meditationsmaterial: Visionen von Begegnungen mit der inneren Göttin, ein Zusammentreffen mit einem ganz besonderen magischen Frauenkreis an einem übernatürlich schönen Ort, eine erleuchtende Pilgerfahrt zu einem geheimen Schrein, eine Reise in eine eingeschlossene Kammer, Höhle, Pyramide oder das Allerheiligste eines Tempels, wo Symbole des Friedens, der Heilung und der Selbstbestätigung gefunden werden können.

Die folgende Meditation ist ein wenig anders. Sie macht Gebrauch von der Art heroischer Abenteuerphantasie, die Jungen als selbstverständlich hinnehmen, während sie in unserer patriarchalischen Gesellschaft aufwachsen, die an den persönlichen Sieg durch Aggression glaubt. Mädchen mögen sich ähnliche heroische Phantasieerlebnisse wünschen, aber die Gesellschaft stellt ihnen kaum Modelle zur Verfügung, denen sie folgen können. Daher wird den Mädchen oft die Selbstbestätigung verweigert, die in Phantasien von siegreichen Schlachten gegen Kräfte des Bösen psychologisch mitenthalten ist. Aus diesem Grund hört sich diese Meditation wie eine typische Begegnung zwischen Held und Ungeheuer an, die fast jeder Mann erkennen würde, während sie Frauen ein wenig fremd vorkommen mag. Aber beachten Sie die feinen Unterschiede in der Symbolik. Versuchen Sie herauszufinden, ob Sie diese Art von Phantasie brauchen könnten, um sich Ihrer eigenen inneren Stärke bewußt zu werden. Lassen Sie eine Vorleserin das Material bei einem Gruppentreffen vortragen, oder nehmen Sie den Text auf Band auf, das Sie bei einem Treffen abspielen.

Legen oder setzen Sie sich bequem hin. Entspannen Sie Ihren Körper. Atmen Sie tief. Jedesmal, wenn Sie ausatmen, lockern Sie Ihre verspannten Muskeln ein wenig mehr. Denken Sie nacheinander an Ihr Gesicht, Ihren Kiefer, Ihren Hals, Ihre Schultern, Ihre Arme, Ihre Finger, Ihren Rücken, Ihren Unterleib, Ihre Hüften, Ihre Oberschenkel, Ihre Beine, Ihre Füße, Ihre Zehen. Entspannen Sie jeden Körperteil völlig, während Sie sich auf ihn konzentrieren. Atmen Sie ruhig. Lassen Sie Ihren Geist klar und aufnahmebereit werden.

Sie sinken nach unten, durch den Boden hindurch, durch die Gesteine der Erde hindurch, hinunter an einen leeren Ort tief unter der Erde, eine Unterwelt, ein anderes Land: das Land des Innenraums. Es ist eine Wüste aus umgestürzten Felsen und schroffen Hügeln ohne Pflanzenwuchs. Der Himmel ist vollkommen von dahinziehenden dunklen Wolken bedeckt. Sie stehen nackt in einer kahlen Felslandschaft, umgeben von einer unheimlichen rötlichen Glut von Licht.

Trotz Ihrer Nacktheit scheinen Sie nicht verwundbar zu sein. Sie sind groß und stark und haben scharfe Augen und feste, glatte Muskeln. Ihr langes Haar weht im Wind. Sie fühlen sich auf alles vorbereitet, was auch immer geschehen mag.

Sie sehen etwas Weißes sehr schnell auf Sie zukommen. Als es sich Ihnen nähert, erkennen Sie, daß es ein prächtiges Einhorn ist: ein Pferd, so leuchtendweiß wie das Licht der Sonne auf Schnee, mit silbernen Hufen, einem gewundenen silbernen Horn mitten auf der Stirn und dunklen pflaumenblauen Augen. Das Tier bleibt vor Ihnen stehen und neigt seinen Kopf. Mit einem anmutigen, kraftvollen Sprung schwingen Sie sich auf seinen Rücken. Es dreht seinen Hals herum und sieht Sie sanft an. Sie ergreifen die lange, seidenweiche Mähne. In sanftem Galopp macht sich das Einhorn auf.

Sie spüren das warme, seidige Fell des Tieres unter dem festen Druck Ihrer starken Oberschenkel. Die Haare seiner Mähne flattern im Wind wie Fahnen. Seine Hufe scheinen den Boden kaum zu berühren. Sie haben die wundervolle Empfindung zu fliegen.

Ihr Einhorn kommt vor einer Mauer aus rotem Stein zum Stehen. In der Mitte der Mauer befindet sich eine Tür. Sie gleiten vom Rücken des Tiers herunter und gehen auf die Tür zu. Während Sie näher treten, öffnet sie sich langsam. Hinter der Tür erstreckt sich eine dunkle Höhle, in deren Mitte ein weißer Lichtpunkt leuchtet. Sie betreten die Höhle und sehen einen gemeißelten Steinaltar, in dem ein Schwert mit der Spitze nach unten steckt. Das Schwert ist silbern, lang und gerade und am Griff mit einem Kristall versehen. Die Höhle wird von diesem Kristall erleuchtet, der so hell wie eine weiße Flamme strahlt.

Sie ergreifen das Schwert am Griff. Die Klinge läßt sich mühelos aus dem Stein ziehen. Das Schwert fühlt sich in Ihrem Griff angenehm und vollkommen ausbalanciert an. Sie wissen, daß Sie es gewandt einsetzen können.

Sie verlassen die Höhle und sitzen wieder auf Ihr wartendes Einhorn auf. Wieder galoppiert Ihr Roß über die Felsenlandschaft davon. Nach einer Weile nehmen Sie einen merkwürdigen dunklen Hügel am Horizont wahr. Zuerst halten Sie das Gebilde für einen Berg, aber beim Näherkommen erkennen Sie, daß es ein gigantisches Lebewesen in Menschengestalt ist, so groß, daß die Wolken um seinen Brustkorb dahinziehen. Je näher Sie kommen, um so höher und höher ragt es zum Himmel empor. Als dieser dunkle Riese wie eine hohe Felswand vor Ihnen steht, können Sie sehen, daß er aus einer eigentümlichen Zusammensetzung besteht.

Sie wissen, das ist Purusha, der Kollektive Mann. Sein riesenhafter Leib setzt sich aus Millionen von sterblichen Männern zusammen, die alle dichtgedrängt in ihm Platz finden, den Zellen eines normalen Körpers gleich. Jeder Bestandteil lebt und spricht, so daß von allen Körperstellen des Riesen ein fortwährendes Stimmengesumm zu hören ist. Die Augen in seinem Kopf hoch oben am Himmel durchdringen die Wolken wie zornrote Scheinwerfer. Sein gewaltiger Mund öffnet sich und entblößt fürchterliche Reißzähne, so lang wie Baumstämme, und dabei stößt er ein Brüllen aus, daß die Erde erbebt. Es ist Purusha, der dafür sorgt, daß dieses Land öde und trocken bleibt, der die Felsen spaltet und den Boden vergiftet, der jeden Mann, der je versucht hat, gegen ihn zu kämpfen, verschlingt und sich einverleibt.

Sie wissen, daß Purusha sehr gefährlich ist, aber Sie fürchten sich nicht vor ihm. Ihr Einhorn galoppiert direkt auf einen seiner Füße zu, die die Größe von Hügeln haben. Mit Ihrem Schwert, das Sie hoch über Ihren Kopf schwingen, fallen Sie über die Achillessehne an Purushas Ferse her, die herausragt wie der Stamm eines gigantischen Rotholzbaums. Hoch oben am Himmel über Ihnen hört sich Purushas empörtes Brüllen wie Donnerschlag an. Seine gewaltige Hand geht nieder, um nach dem winzigen Ding, das ihm weh getan hat, zu schlagen, so wie Sie eine Fliege totschlagen würden. Leicht wie eine Feder springt Ihr Einhorn zur Seite und bringt Sie außer Reichweite der herabsausenden Hand, die einige Kilometer breit ist. Der durch die Handbewegung entstehende Wind pustet Sie fast von Ihrem Sitz auf dem Rücken des Einhorns weg. Aber Sie halten sich fest und hacken mit Ihrem Zauberschwert unverzüglich wieder auf Purushas Ferse ein. Irgendwie wissen Sie, daß auch dieser Riese, dem mythologischen Achilles gleich, von seiner Mutter an der linken Ferse verwundbar gemacht wurde. Vielleicht wußte sie, daß Sie kommen würden.

Endlich ist die Riesensehne gerissen. Die gewaltige Säule von Bein schwankt. Jetzt muß Purusha sein ganzes Gewicht auf den anderen Fuß verlagern, den Sie eine oder zwei Meilen entfernt über die felsige Ebene hinweg ausmachen können. In Sekundenschnelle stürmt Ihr Einhorn auf ihn zu und weicht dabei dem wiederholten Hin- und Herschwingen der monströsen Hand aus, die versucht, Sie totzuschlagen.

Sie erreichen die andere Ferse und machen sich daran, mit Ihrem Schwert in sie hineinzuschneiden. Das Brüllen des Riesen wird ohrenbetäubend und hallt am ganzen Himmel nach. Purushas Faust schmettert in den Boden neben Ihnen und läßt ein Loch, einem Meteoritenkrater gleich, zurück. Ihr Einhorn weicht den herumfliegenden Steinen aus und kehrt zum Angriff zurück. Das Zauberschwert durchtrennt die andere Fersensehne des Riesen. Nicht länger imstande, auf seinen Füßen zu stehen, beginnt er umzukippen. Ein Berg fällt aus dem Himmel.

Jetzt muß Ihr Einhorn schneller fliehen denn je zuvor, um dem Fall des umstürzenden Riesenkörpers auszuweichen. Wie ein Blitz stürmen Sie davon, fort aus dem Gebiet, wo Purusha niederstürzen wird. Er kommt auf dem Boden auf. Überall um Sie herum hallt es von Donnerschlägen und Erdbeben wider. Der Riese dringt durch die Oberfläche der Ebene hindurch wie ein Stein, der in weichen Schlamm fällt. Durch den Aufprall vergräbt sich sein Körper selbst. Gigantische, haushohe Felsen fliegen in die Luft und bedecken ihn unter einem großen Steinhügel. Eine neue Kette von umgestürzten Bergen erstreckt sich nun über seinem Körper, wo einst flache Einöde war.

Die Erde beruhigt sich wieder. Die Wolken aus Staub und Stein legen sich. Der Riese ist begraben. Der große Verschlinger wurde verschlungen.

Ihr Einhorn trägt Sie zum Gipfel eines hohen Felsens hinauf, wo Ihr Kopf fast die herumwirbelnden Wolken berührt. Sie heben Ihr Schwert zum Himmel empor. Plötzlich fällt ein leuchtendweißer Lichtstrahl vom Himmel und schlägt Funken von der Spitze Ihres Schwertes. Das Licht hüllt das Schwert, Ihren Körper und Ihr Reittier ein. Sie stehen in der Helligkeit, die sich von den dunklen Wolken abhebt, wie glühend da. Den Lichtstrahl entlang gleitet eine glänzende, mit Juwelen besetzte Goldkrone herunter. Die Krone setzt sich auf Ihren Kopf. Sie paßt perfekt. Sie verleiht Ihnen die Fähigkeit, sich wie eine Seifenblase sanft in die Luft zu erheben.

Während Sie so emporsteigen, greifen Sie nach unten, um Ihr Einhorn zum Abschied zu streicheln. Das Tier schlägt mit seinem Schweif, wirft den Kopf hoch, um von Ihnen Abschied zu nehmen, und trabt den Bergpfad hinunter. Sie steigen immer höher und höher, verlassen den unterirdischen Raum, kommen durch die Erde zurück in Ihre Zeit und an Ihren Platz, in Ihren eigenen Körper.

In der Hand halten Sie den Kristall von dem Griff Ihres Zauberschwertes. Er wird Ihnen bleiben und als ein Symbol für Ihre Kraft dienen. Sie fühlen sich entspannt, beruhigt und siegreich und kehren in Ihr gegenwärtiges Leben zurück.

Nach dieser Meditation kann die Gruppe die Heldin mit einem Sprechgesang ehren:

SPRECHGESANG

Ich bin eine Kriegerin,
übe mich darin, stark zu sein,
strebe danach, die Dunkelheit zu erhellen,
strebe danach, jedes Unrecht wiedergutzumachen.

# Heldinnen feiern

Wer sind unsere Heldinnen? Dank der Betonung der patriarchalen Historiker von männlichen Rollen, die als Helden präsentiert werden, beklagen Feministinnen oft den Mangel an starken, unabhängigen weiblichen Rollenmodellen in unseren Traditionen. Weibliche Figuren dagegen tendieren dazu, zum Märtyrer gemacht oder geopfert zu werden, wie etwa die heilige Johanna von Orléans, Boudicca, Héloïse, Anne Frank oder unzählige bewußt erfundene weibliche Heilige, die in ihrer makellosen kompromißlosen Jungfräulichkeit zu Tode gefoltert wurden. Passive, geduldig leidende (wenn auch erfundene) Heiligkeit wird als das bestmögliche weibliche Bild aufrechterhalten. Aber jene Frauen, die wahre Märtyrerinnen waren, die unabhängigen und intelligenten, die zu Millionen als Hexen gefoltert und verbrannt wurden, sind einer Welt, die selbst ihre Namen aus ihrer Geschichte ausradiert hat, größtenteils unbekannt.

Es ist für jede Frauengruppe aufschlußreich, wenn der Sprecherstab die Runde macht und persönliche Eindrücke davon mitgeteilt werden, was eine Heldin ausmachen könnte. Indem sie ihre Geschichten erzählen, helfen Frauen einander, positivere Konzepte von weiblicher Stärke und Kraft zu entwickeln. Die folgenden Beispiele sind typisch für Reaktionen von Frauen auf die Idee, Heldinnen zu feiern.

»Meine Heldin ist Katharina die Große von Rußland. Männliche Historiker haben sie immer herabgesetzt, weil sie sexuell befreit war. Sie nahm sich Männer zu ihrem eigenen Vergnügen, so wie männliche Herrscher sich immer Frauen genommen haben. Für die traditionelle männliche Denkweise war sie daher schlecht. Ist es nicht komisch, daß Frauen, die sich wie Männer verhalten, oft als schlecht gelten? Was sagt das wirklich über das Verhalten von Männern aus? Tatsächlich war Katharina eine gute Herrscherin, viel besser als manche der schrecklichen, grausamen männlichen Tyrannen, die vor und nach ihr an die Macht kamen. Sie war intelligent, energisch und widmete sich im Grunde dem Wohl ihres Volkes. Jeder König in der Geschichte, der sich genauso wie die meisten Königinnen verhielt, wird als Held und großer, guter Herrscher verehrt. Darum finde ich, daß Katharinas Ehrung seit langem überfällig ist.«

»Meine Heldin stammt aus einem Comicbuch. Als ich noch klein war, wollte ich Sheena, die Königin des Dschungels, sein. Sie war nicht nur robust und stark und großartig, sondern auch moralisch einwandfrei. Immer stand sie auf der Seite der Gerechtigkeit. Sie besiegte alle ihre Feinde, die laut Definition gleichermaßen die Feinde des Guten waren. Niemand konnte sich mit Sheena einlassen. Überdies liebte sie die wilden Tiere, und sie liebten sie. Sie verteidigten sie. Als Tierliebhaberin kann ich auch damit etwas anfangen.«

»Meine Heldin ist vielleicht etwas ungewöhnlich: Carry Nation. Jawohl, der geborene ›alte Drachen‹, der herumlief und mit einem Beil die Kneipen demolierte. Carry bekam eine sehr schlechte Presse von den Männern, die ihre wöchentlichen oder nächtlichen Saufgelage nicht aufgeben wollten und über die Vorstellung von einer Frau mit einer Waffe in der Hand und der Bereitschaft, sie auch zu gebrauchen, entsetzt waren. Carry wurde als verklemmte, viktorianische, prüde Spielverderberin hingestellt. In der Hauptsache war sie jedoch eine progressive Feministin, die erkannte, daß betrunkene Männer überall in diesem Land regelmäßig hilflose Frauen und Kinder verprügelten und allzuoft sogar töteten. Sie war der Auffassung, daß die Beseitigung von Kneipen dazu beitragen würde, Frauen vor der Gewalt zu retten. Sie konzentrierte sich auf diesen Punkt, obwohl das Problem natürlich noch viel tiefer lag. Sie war unerschrocken. Sie trotzte jeder Gefahr und verbalen wie auch physischen Angriffen von Männern. Sie wurde viele Male ins Gefängnis geworfen, weil sie ihre Auffassung von dem, was richtig war, beibehielt. Und sie legte den Grundstein für politische Veränderung.«

»Meine Heldin ist eine andere Frau, die auf heftigen gehässigen Widerstand stieß, um Frauen von ihrem Schmerz zu befreien: Margaret Sanger. Sie sah arme Frauen an übermäßig vielen Schwangerschaften, die ihnen von Männern aufgebürdet wurden, leiden und sterben. Sie kämpfte ihr ganzes Leben dafür, diesen Frauen die (damals illegalen) Informationen zur Geburtenregelung zu geben, die sie benötigten und ersehnten. Sie trotzte allem, was die Männer ihr antun konnten: die Zerstörung ihrer Druckerei, körperliche Bedrohungen, Verleumdung, Gefängnis, Verbannung. Sie gab niemals auf. Nach leidvollen Jahren trug sie den Sieg davon. Die Gesetze wurden infolge ihres Kreuzzuges geändert. Im Alter wurde sie als eine der größten Erlöserinnen von Frauen in diesem Land ausgezeichnet. Sie sollte niemals vergessen werden.«

»Meine Heldin gehört zu meiner Familie, meine Urgroßmutter Helen. Sie war genau das, was man sich als den Inbegriff der Siedlerfrau vorstellt. Im Wagen reiste sie zu einer neuen Heimstätte in der Wildnis, wo sie sechs Kinder zur Welt brachte und meinem Urgroßvater half, ein Bauernhaus aus dem Urwald zu hacken – manchmal spannte sie sich selbst vor den Pflug, als sie zu arm waren, um sich ein Pferd leisten zu können. Als ein Maulesel ihrem Ehemann einen Tritt gegen den Kopf versetzte und er vorzeitig mit fünfundreißig Jahren starb, machte sie allein weiter. Sie bewirtschaftete den Bauernhof rentabel, sie unterhielt das Haus und zog ihre Kinder auf, und das alles zugleich. Sie gönnte sich jede Nacht nur fünfeinhalb Stunden Schlaf, und sie setzte sich niemals hin, ohne irgendeine Arbeit in den Händen zu halten. Einmal brannte ihr Haus ab. Ein anderes Mal verlor sie die ganze Ernte durch eine Überschwemmung. Sie baute alles wieder auf und pflanzte neu. Sie weigerte sich, eine Niederlage hinzunehmen. Nicht viele Männer hätten das tun können, was sie ohne fremde Hilfe vollbrachte, oder das Leben führen können, das sie führte. Sie war zäh wie Leder, eine wahre Heldin. Sie unterrichtete auch die Kinder selbst, als es noch keine Schule gab. Schließlich gingen sie alle aufs College. Sie wurde über neunzig Jahre alt und blieb auf ihrem Bauernhof, wo sie sich bis zu den letzten drei Tagen ihres Lebens um sich und um das Haus kümmerte.«

»Meine Heldin ist Amelia Earhart, weil sie die erste große Pilotin war und ich immer, seit ich ein kleines Kind war, fliegen lernen wollte. Meiner Meinung nach war sie auch eine Märtyrerin, weil ich der Theorie beipflichte, derzufolge sie auf einer geheimen Spionagemission für die Regierung war, als sie verschwand, niedergeschossen oder gefangengenommen wurde – was auch immer. Natürlich wurde das offiziell nie bestätigt, so daß sie postum niemals als Volksheldin bezeichnet wurde. Auf jeden Fall war sie eine außergewöhnliche Frau.«

»Meine Heldin ist Alexandra David-Néel, die brillante Französin, die 1868 geboren wurde und den größten Teil ihres Lebens als umherziehende buddhistische Pilgerin in den entlegensten Gegenden Indiens, Chinas und Tibets verbrachte. Als erste europäische Frau betrat sie, als Bettler verkleidet, die verbotene Stadt Lhasa. Jahrelang durchwanderte sie die ungastlichsten Gebirge der Welt inmitten von Banditen, feindlichen Armeen und anderen Gefahren. Sie wurde eine Autorität von internationalem Format auf dem Gebiet des tantrischen Buddhismus und verfaßte viele Bücher und Artikel, die westlichen Gelehrten zu einigen ihrer frühesten Einblicke in dieses Gebiet verhalfen.«

»Wer ist meine Heldin? Hippolyte, die Reiterin, Königin der Amazonen in der griechischen Mythologie. Die späteren Griechen behaupteten, ihr Held Theseus habe sie entführt und geheiratet; aber das halte ich für eine Lüge, weil patriarchalische

Autoren in ihren Legenden in bezug auf Frauen immer gelogen haben. Hippolyte hätte niemals einen Athener geheiratet; sie wäre eher gestorben. Als ich klein war, habe ich viel über sie gelesen und mich immer gefragt, wie ihre wahre Geschichte lautet.«

»Meine Heldin ist Marie Curie, die erste Wissenschaftlerin, die von der ganzen Welt als wahre Denkerin anerkannt wurde. Unglücklicherweise starb auch sie als Märtyrerin infolge der Strahlung, die der Gegenstand ihres Lebenswerks war. Aber sie wurde für ihren scharfen Verstand geehrt, sie erhielt Nobelpreise und finanzielle Unterstützung, damit sie ihr Institut gründen konnte; durch bloße harte Arbeit und klares Denken wurde sie groß im allgemeinen Sinn. Für mich ist das heldenhaft.«

»Ich habe Millionen von Heldinnen: alle die sogenannten Hexen, die vom Klerus getötet wurden, weil sie Hebammen und Heilerinnen waren, weil sie vom Patriarchat versklavten Frauen halfen, weil sie es wagten, die Gier und Aggression der Kirche zu kritisierten, weil sie vom einfachen Volk mehr Achtung bezogen als die Geistlichkeit. Die europäische Gesellschaft löschte in diesen Jahrhunderten die meisten ihrer wirklich intelligenten, kreativen Frauen aus. Selbst wenn wir ihre einzelnen Namen nicht mehr wissen, sollten wir ihrer gedenken.«

### SPRECHGESANG

Feiere die Heldin, ehre die Heldin:
Heilerin, Denkerin, Abenteurerin, Kämpferin,
weise Frau, starke Frau, lebenspendende Frau,
Frau des Geistes, Frau der Kraft, Frau des Friedens.
Seid alle gegrüßt, seid alle geehrt, seid alle gesegnet.

# Eine Puppenzeremonie

Wir alle müssen das Kind in uns erkennen und nähren, auch wenn wir erwachsen sind und ernste Verantwortungen tragen. Es ist erfrischend, für eine Weile kindlich zu sein, zu spielen, herumzutollen, zu wagen, wieder kindgemäße Dinge zu genießen. Unter diesem Gesichtspunkt betrachtet, kann eine Zeremonie mit Puppen Spaß machen. Sie stellt die Möglichkeit dar, einen angenehmen Aspekt der Kindheit ins Gedächtnis zurückzurufen.

Zu einem zeremoniellen Treffen können alle möglichen Puppen mitgebracht werden. Puppensammlern steht natürlich eine große Auswahl an Kandidaten zur Verfügung. Manche Frauen haben noch alte Puppen aus der eigenen Kindheit oder von Kindern, die inzwischen erwachsen sind, aufbewahrt. Aber es bestehen viele andere Möglichkeiten. Viele Frauen besitzen menschen- oder tiergestaltige Figuren als Bestandteile anderer Sammlungen, wie etwa Teddybären, Marionetten, Bierkrüge in menschlicher Gestalt, dekorative Wasserspeier im Kleinformat, Eulen, Frösche oder andere Tiere, eine »Küchenhexe«, eine Ingwerbrotpuppe, eine Kachina-Puppe, Kleiderpuppen, Schnitzwerke, Porzellanfiguren, Papierpuppen, Spielwaren. In fast jedem Haushalt läßt sich etwas finden, das als Puppe dienen kann.

Eine Puppe ist innerhalb weniger Minuten aus Stoffetzen, Maiskolben, Wäscheklammern aus Holz, Pfeifenreinigern, Draht und vielen anderen Materialien gefertigt. So kann man eine Figur aus einem Zeitungs- oder Zeitschriftenbild ausschneiden und mit Gummilösung auf Karton kleben – fertig ist eine einfache Papierpuppe. Eine Puppe kann alles mögliche sein. Eine meiner Lieblingspuppen in meiner Kindheit war lediglich ein Handtuch mit einem Knoten in der Mitte. Auf den Knoten wurde ein Gesicht aufgemalt. Der Stoff über dem Knoten stand für lange Haare; der Stoff unter dem Knoten symbolisierte ein Kleid.

Sobald eine Gruppe eine Puppenzeremonie vereinbart hat, bringt jedes Mitglied eine oder mehrere Puppen mit – dabei spielt es keine Rolle, ob es einfache oder kunstvolle sind, alte oder neue, selbstgemachte oder fabrikmäßig hergestellte. Tatsächlich ist Vielfalt wünschenswert. Während der Eröffnungsrituale befinden sich die Puppen im Altarbereich. Dann werden alle Puppen nach Art des Spiels »Zeigen und Beschreiben« einzeln vorgestellt und zur Ansicht und für Kommentare im Kreis herumgereicht. Durch die Kommentare kommt allmählich ein Persönlichkeitsprofil für jede Puppe zustande, wie sie von der Gruppe empfunden wird.

Schließlich wird das kleinmädchenhafte Puppenspiel mit psychologischen Untertönen der Erwachsenen neu inszeniert. Jede Frau bewegt ihre Puppe, spricht für sie, tritt mit anderen Puppen in ihrem Namen in Beziehung und spielt im allgemeinen die Rolle der Puppe in einem improvisierten Minitheater. Gewöhnlich ist es am besten, wenn nur zwei oder drei zur gleichen Zeit miteinander spielen, während die anderen die Rolle des Zuschauers übernehmen – obgleich sie einbezogen werden und Bemerkungen von sich geben können.

Mannigfaltigkeit regt zu Charakterisierungen für jede Puppe in diesen Minidramen an. Eine elegante, kostspielige alte Puppe in Satin und Spitze kann die versnobte Dame spielen, die sich gegenüber der schlichten Stoffpuppe arrogant verhält. Die Papierpuppe versucht vielleicht, vornehm zu tun, um dann als substanzlose Heuchlerin entlarvt zu werden, bei der alles nur Fassade ist. Möglicherweise spielt der Teddybär den Friedensstifter und versucht, Meinungsverschiedenheiten zu schlichten, oder er wird zu einem zähnefletschenden wilden Tier. Die Kachina-Puppe könnte enorme spirituelle Kräfte für sich in Anspruch nehmen. Die kleinste Miniaturpuppe versucht vielleicht, sich zu verstecken, oder tollt herum und spielt den anderen Streiche. Die Babypuppe will bemuttert werden. Die kindliche Puppe ist vielleicht ein süßer Engel oder ein Bengel. Die kommerzielle Teenager-Modepuppe (wie etwa Barbie) wird bestimmt eine unreife Persönlichkeit widerspiegeln.

Diese Art von Spiel macht Spaß und ist außerdem reich an psychologischen Einsichten. Durch das Puppenspiel kann das stille, zurückgezogene Mitglied auftauen, das zu schüchtern zu sein schien, um viel beizutragen. Manchmal fördert es unerwartete Tiefen in bestimmten Menschen zutage oder scheint sich entweder direkt oder indirekt auf Ereignisse im Leben der Frauen zu beziehen.

Als Höhepunkt der Zeremonie können die Mitglieder eine Puppe aus Wachs, Brotteig, aufgewickeltem Papier, Plastilin, Stoffresten, Farben und dergleichen anfertigen, die als Sündenbockfigur dient und von der Gruppe in einer symbolischen Reinigung von Übeln zerstört wird. Oder ein Mitglied bietet seine eigene selbstgefertigte Puppe zu diesem Zweck an. Jedes Mitglied benennt ein Übel, für das diese Puppe stehen soll: Atomkrieg, Umweltverschmutzung, Gier, Drogen, Gewalt, sexistische Haltungen, persönliche Probleme, schädliche Verhaltensmuster und so weiter. Dann »tötet« jedes Mitglied die Puppe auf irgendeine Weise: durch Nadelstiche nach klassischer Art der Hexenkunst, Zerreißen, Zerfetzen. Zum Schluß ist sie völlig zerstört und endgültig vernichtet. Wurde sie aus eßbarem Material hergestellt, kann sie aufgeteilt und von allen verzehrt werden, so daß die Wünsche der Gruppe buchstäblich verinnerlicht werden.

Abschließende Rituale können von den Puppen selbst geleitet werden, mit den gleichen Puppenstimmen und Puppenhaltungen, die während des Spiels entwickelt wurden. Es ist ein Ritual mit einem großen allgemeinen Potential an Kreativität und vielen symbolischen Untertönen, die entsprechend der allgemeinen Beschaffenheit der Gruppe variieren werden. Zudem steht es außer Frage, daß die Besitzerin einer Puppe nach einer solchen Zeremonie diese danach in einem ganz anderen Licht sehen wird als zuvor.

## SPRECHGESANG

Heil, Kind,
vergangenes Mädchen-Selbst sehe ich,
komm zum Spielen hervor;
komm heraus und sag
mir die verborgenen Worte.

# Eine Steinzeremonie

Der griechischen Version vom allgegenwärtigen Flutmythos zufolge lehrte die Göttin Themis das überlebende Menschenpaar, die Welt nach der großen Flut wieder zu bevölkern, indem es im Gehen »die Knochen ihrer Mutter« hinter sich werfen sollte. Es begriff, daß die Erde seine Mutter und ihre Knochen Steine waren. Im Laufe ihrer magischen Reise wurden aus den Steinen, die der Mann berührte, Männer, während die von der Frau angefaßten Steine zu Frauen wurden.

Diese Geschichte basiert zum Teil auf der primitiven Vorstellung, daß der Knochen eine Grundlage für die Entstehung des Kindes in der Gebärmutter sei. Die alten Sumerer glaubten, eine Mutter könne die Knochen ihres Kindes aus einer ihrer eigenen Rippen machen. Sie nannten die Geburtsgöttin Ninti, »Herrin der Rippe«. Die gleiche Tradition beeinflußte offensichtlich die biblische Geschichte von Adams Rippe, auch wenn das Wunder der Geburt bewußt wieder einem Mann zugewiesen wurde. Die Idee, daß die Kinder von Mutter Erde aus ihren steinernen »Knochen« erschaffen werden können, ist mit der weitverbreiteten Gleichsetzung von ihrem Skelett und den Steinen in Mythen und religiösen Geschichten auf der ganzen Welt verbunden. Im englischen Sprachraum existiert noch immer der Ausdruck »rock-ribbed country« (»rock« ist im Deutschen der Stein, Fels und »rib« die Rippe).

Oft wurden Steine selbst als lebendige Verkörperungen von Gottheiten angebetet. Kybele, die Große Göttermutter, wurde durch einen schwarzen Stein personifiziert. Der Gott Mithras wurde von einem Mutter-Stein, dem *petra genetrix*, geboren. Eine Steingöttin, die Hag von Scone, regelte früher die Wahl der keltischen Könige; noch immer ruht sie unter dem britischen Krönungsthron in Form eines großen Steins. In biblischen Zeiten konnte jede nahöstliche Gottheit als Stein (griechisch *baetyl*, hebräisch *beth-el*, »Behausung einer Gottheit«) manifestiert sein. Die große Dreifache Göttin zeigte sich bei Orchomenos in Form von drei uralten aufrecht stehenden Steinen. Seit undenklichen Zeiten zelebrierten Indogermanen ihren Kult in Kreisen aus aufrecht stehenden Steinen.

Eingedenk einer solchen weltweiten Verehrung für Mutter-Steine können Frauen von heute eine Zeremonie um diese »Knochen von Mutter Erde« herum feiern. Alle Gruppenmitglieder sollten einen Sackvoll Steine in jeder handlichen Größe sammeln und mitbringen. Wird die Zeremonie im Haus abgehalten, sollten die Steine vorher gesäubert werden. Außerdem sollten die Teilnehmerinnen harte Steine von fester Struktur wählen und keine bröckelnden, leicht zerfallenden, die den Boden oder Teppich beschmutzen können.

Beim Eintreffen können die Steine nahe beim Altar zu einem Haufen gestapelt werden. Zur Errichtung des äußeren Kreises nimmt ein Mitglied nach dem anderen einen oder zwei dieser Steine von dem Haufen und legt sie irgendwo am Rand des Raums ab, während es einen Wunsch, eine Hoffnung oder eine Widmung zu Ehren dessen, für den jeder Stein plaziert wird, ausspricht. Die Reihenfolge kann weitergeführt werden, bis alle Steine verbraucht sind, oder man läßt einen kleinen Haufen zu anderen Zwecken übrig.

Wenn der Steinkreis schließlich geschlossen ist, meditieren die Teilnehmer über die uralten Tempel, in denen die Göttin innerhalb größerer Kreise aus dem gleichen Material angebetet wurde. Findet die Zeremonie im Freien statt, wo man die Steine stehenlassen kann, wird durch ihre Aufstellung tatsächlich ein Tempel errichtet, und ein und derselbe Kreis kann immer wieder benutzt werden und somit seine eigene Tradition erlangen. Jedoch kann ein Gefühl von Sicherheit und Schutz auch durch einen vorübergehend aufgebauten Steinkreis hervorgerufen werden.

Manchmal kann ein im Haus errichteter Steinkreis am Ende des Treffens nach draußen verlagert werden, wo er, das ganze Gebäude umgebend, auf Dauer bleibt. Wenn ein solcher Kreis abgebaut wird, können die Steine unter den Teilnehmerinnen aufgeteilt und hinausgetragen werden, um sie einen nach dem anderen während eines Rundgangs um das ganze Gebäude fallenzulassen. Man sollte daran denken, die Steine nicht ins Gras zu legen, das gemäht werden muß, oder anderswohin, wo sie stören können. Unter Büschen oder an Grundmauern liegen sie nicht im Weg.

Während des Treffens können die Mitglieder der Reihe nach von ihren Empfindungen über Steine reden, vielleicht als Vorbilder für persönliche Eigenschaften wie Stärke, Ausdauer, Zuverlässigkeit und so weiter. Manche möchten vielleicht zum Thema passende Gedichte vortragen. Statt eines Sprecherstabs kann ein spezieller Stein die Runde machen, durch den jeder Sprecher bestimmt wird. Gruppengesänge können von »Steinmusik« begleitet werden, bei der die Mitglieder zwei Steine rhythmisch aneinanderschlagen.

Eine Steinzeremonie ist eine gute Gelegenheit dafür, besondere persönliche Steine, Edelsteine und Kristalle mitzubringen und auf den Altar zu legen. Vielleicht möchten ihre Besitzerinnen sie nach Art des Spiels »Zeigen und Beschreiben« vorführen oder im Kreis herumreichen lassen für Kommentare und zur energetischen Aufladung. Die Teilnehmerinnen können mit nichtvisuellen Erfahrungen experimentieren, indem sie mit geschlossenen Augen die Steine im Kreis herumreichen und ihre Wahrnehmungen nur mit Hilfe ihres Tastsinns beschreiben.

Eine andere Möglichkeit, Steine im Ritual zu verwenden, ist das Errichten eines Steinhügels, der so steil wie möglich verläuft, indem die Steine sorgfältig ausbalanciert werden. Die Alten bauten Steinhügel zu vielen Zwecken: um Wege, Grenzen oder Begräbnisstätten zu markieren, um Botschaften zurückzulassen, um Eindringlinge fernzuhalten, um besonderer Ereignisse zu gedenken und um die Gruppeneinheit der Erbauer zu symbolisieren. Wenn Frauen ein Platz zur Verfügung steht, an dem sie einen Steinhügel errichten und ihn an der ursprünglichen Stelle stehenlassen können, kann er später aufgesucht und wieder für Zeremonien der Neueinweihung oder Erneuerung verwendet werden. Ein Steinhügel kann durchaus haltbar gemacht werden, indem man einfach Zement zwischen die Steine gießt.

Wenn der Steinhügel im Haus errichtet oder nach der Zeremonie wieder abgebaut werden muß, kann er trotzdem als Altar für ein weiteres Treffen dienen. Kerzen können auf seine

Steine gestellt werden. Tonfiguren oder Puppen können auf ihm thronen. Bunte Bänder, Muscheln oder Perlenketten können ihn schmücken. Man kann um ihn herumtanzen, ihn besingen, benennen, beschriften oder für die Aufzeichnungen der Gruppenaktivitäten fotografieren.

Weiterhin kann man mit Steinen ein Labyrinth errichten, das aus nur einem Weg zur Mitte besteht, der wieder hinausführt: Solche Labyrinthe waren bei den meisten unserer Vorfahren auf allen Kontinenten für Zeremonien der Erleuchtung und Erneuerung gedacht. Nach dem Anlegen einer Spirale oder anderen Form von mystischem Weg kann ein Gruppenmitglied nach dem anderen den Pfad entlanggehen und sein persönliches Gefühl für dessen Bedeutung zum Ausdruck bringen.

Wenn die Steine nach Abschluß einer Steinzeremonie fortgeschafft werden sollen, könnte man überlegen, etwas Besonderes mit ihnen anzustellen. Auch wenn die Steine als Kreis oder Hügel im Freien nicht am Platz gelassen werden können, sollte mit ihrer endgültigen Beseitigung etwas von persönlicher Bedeutung verbunden sein. Eine Frau könnte mit ihren Steinen einen See, einen Fluß oder eine Meeresküste aufsuchen, um sie in Wasser zu werfen. Eine andere schleudert sie vielleicht bei einem Waldspaziergang nacheinander in verschiedene Richtungen. Eine andere kann auf einige von ihnen Augen malen und sie als »Lieblingssteine« behalten. Eine andere wiederum bringt sie in ihrem Garten, im Blumenkasten oder auf der Veranda unter. Eine andere könnte einen persönlichen Steinkreis in ihrem Hinterhof errichten. Wieder eine andere könnte ein Loch an einer bestimmten Lieblingsstelle graben und sie dort vergraben. Beim nächsten Gruppentreffen können sich die Mitglieder erzählen, wie sie mit ihren Steinen verfahren sind. Vielleicht ist es eine gute Idee, wenn sich jede Frau einen Stein aussucht, den sie aufbewahrt und als Erinnerung an ihre Beziehung zur Gruppe und ihre Aktivitäten auf ihren persönlichen Altar legt. Ein kleiner Stein kann ein herrlich beruhigender Gegenstand zum Festhalten und Befühlen sein oder bei Kontemplationen als Meditationshilfe dienen. Das ist das wahre Geheimnis hinter der nicht enden wollenden Beliebtheit von »Glückssteinen«.

Und man möge sich vergegenwärtigen, welche enormen Zeitspannen mit der Entstehung eines Steins verbunden sind, der irgendwo dem fruchtbaren Fleisch der Mutter Erde entnommen wird. Hunderttausende, vielleicht Millionen von Jahren. Viele Steine sind fast so alt wie die Erde selbst. Einen Stein in der Hand zu halten ist so, als würde man die Essenz der Zeit halten. Eine Blume, ein Tier oder ein Mensch wurde gestern geboren, ist jetzt hier und wird morgen sterben; aber ein Stein bleibt ewig da.

SPRECHGESANG

Alter, alter, alter Stein,
geschmiedet im heißen Blut der Erde,
Knochen von ihrem Knochen, Stein von ihrem Stein,
laß uns die Unermeßlichkeit der Zeit fühlen
in deiner unnachgiebigen Substanz.

## Eine Kartenzeremonie

Viele Menschen sind von der Symbolik der Tarotkarten fasziniert: einer uralten Symbolik, die Bilder betrifft, die das kollektive Unbewußte aus vielen Jahrhunderten der Geschichte zum Ausdruck bringen. Solche Karten sind gute Ritualwerkzeuge. Ihre reichen und tiefgründigen Bedeutungen können helfen, neue Einsichten hervorzurufen. Selbst für diejenigen, die nichts von ihrem historischen Hintergrund wissen, sind sie nützlich, weil ihre bildlichen Darstellungen auf der intuitiven oder unbewußten Ebene starke psychologische Reaktionen auslösen können.

Natürlich ist es immer vorteilhafter, viele Informationen zur Verfügung zu haben. Ein vorausgehendes Studium der ideologischen Wurzeln des Tarot ist sehr zu empfehlen.* Es führt zu ei-

---

* Siehe Barbara G. Walker, *Die Geheimnisse des Tarot. Mythen, Geschichte und Symbolik*, Bindlach, 1994.

nem größeren Verständnis für die Kartensymbole und einer mannigfaltigeren Auswahl an Konnotationen und Interpretationen.

Für eine Kartenzeremonie sollten am besten mehrere Sätze Karten vorhanden sein. Mit einem Satz kann der rituelle Raum umgeben werden, wobei die Farben in den jeweiligen Himmelsrichtungen liegen, um die Elemente in all ihren Mitbedeutungen zu beschwören: Kelche im Süden, Stäbe im Westen, Pentakel im Norden, Schwerter im Osten. Auf den schwarz drapierten Altar, der Farbe des Unbewußten, können schwarze und weiße Kerzen aufgestellt werden, die die Zeit als den Wechsel von Nacht und Tag ausdrücken.

Die Großen Arkana oder Trumpfkarten können zwischen den Kerzen in einer der verschiedenen traditionellen Formen ausgelegt werden, wie etwa dem Unendlichkeitszeichen (die Formation einer liegenden Acht) oder dem Yoni-Yantra als einem Symbol des Weiblichen, das aus einem Dreieck mit sieben Karten auf jeder Seite und der unnumerierten Karte (Narr) in der Mitte besteht. Da die Yantra- oder symbolische Form in erster Linie als Meditationshilfe entwickelt wurde, könnte man das Ritual gut mit einer Meditation einleiten, die von einer Teilnehmerin geführt wird, die sich mit den Hintergrundbedeutungen des Symbols beschäftigt hat.

Es gibt viele verschiedene Möglichkeiten, wie »Leser« die Karten auslegen, zu Zwecken, die von geistiger Zentrierung und Bewußtseinserweiterung bis hin zu der simpelsten Form, der kommerziellen Wahrsagerei reichen. Bei einer Gruppenzeremonie können sich die Teilnehmerinnen den Karten auf eine etwas andere Weise nähern. Psychologische Einsicht bildet das Hauptziel der Zeremonie, so daß in hohem Maße Gedanken ausgetauscht werden.

Nach den üblichen Eröffnungsritualen kann ein Satz Tarotkarten gemischt und mit der Bildseite nach unten im Kreis herumgereicht werden. Jede Frau zieht blindlings eine Karte und legt sie mit der Bildseite nach unten vor sich hin. Wenn alle eine Karte gezogen haben, werden diese gleichzeitig umgedreht und gemeinsam schweigend studiert.

Dann macht der Sprecherstab die Runde. Eine Frau nach der anderen erklärt, wie und warum ihre bestimmte Karte sich auf einen Aspekt von ihr selbst, ihre Lebenssituation, ihre Vergangenheit oder Zukunft beziehen lassen könnte. Dieser Runde schließt sich eine zweite an, in der jede Teilnehmerin ihre Eindrücke von den Karten der anderen darlegt und erklärt, weshalb sie mit vorhergehenden Interpretationen übereinstimmt beziehungsweise im Widerspruch steht, und obendrein ihre eigenen Gedanken äußert.

Diese Übung erfordert Feingefühl. Negative Kritik muß vermieden werden, auch wenn eine individuelle Karte weniger angenehme Charaktereigenschaften einer Person auszudrücken scheint. Es darf nicht vergessen werden, daß niemand vollkommen ist und es bei dem Ritual darum geht, zu helfen und nicht zu verletzen. Manche Frauen sind allzu geschickt darin, andere herabzusetzen, während sie den Anschein von freundlicher Teilnahme erwecken – das Ich-sage-das-nur-zu-deinem-Besten-Syndrom. Ein solches Verhalten sollte erkannt und abgelehnt werden. Eine Kartenzeremonie verlangt Ehrlichkeit, aber nicht Brutalität. Die Teilnehmerinnen sollten sie mit einem besseren Verständnis und mehr Sympathie sowohl für andere als auch für sich selbst abschließen.

Bei einer komplexeren Variante dieses Rituals muß jede Teilnehmerin drei Karten ziehen. Die erste gezogene Karte wird als Körper bezeichnet und auf die linke Seite gelegt. Die zweite, Geist, gehört in die Mitte. Die dritte, die für die Seele steht, kommt auf die rechte Seite. Die Karten werden entsprechend gedeutet. Diese erweiterte Version funktioniert am besten, wenn jede einen eigenen Satz mitbringt, von dem sie ihre drei Karten zieht.

Man kann auch eine eher freie Kartenzeremonie durchführen, bei der das Ziehen nicht dem Zufall (oder der Göttin Fortuna) überlassen, sondern selbst kontrolliert wird. Jede Teilnehmerin wählt eine sie ansprechende Karte als bildliche Darstellung eines Aspektes von ihr, ein ideales Bild, eine Hoffnung, eine Bestrebung oder sogar ein Hindernis oder Problem, dem sie gegenübersteht: irgend etwas, das von persönlichem Interesse zu sein scheint. Eine nach der anderen zeigt der Gruppe ihre gewählte Karte und erklärt den Grund für ihre Wahl. Die anderen reagieren mit einer Diskussion.

Eine andere Form des Kartenrituals ist das Geschichtenerzählen, das sehr viel Spaß machen kann. Nachdem alle blindlings eine, zwei oder drei Karten gezogen haben, erfindet jede spontan eine kurze Geschichte, die auf den Abbildungen der Karten basiert. Die anderen können diese Geschichte der Reihe nach fortsetzen und die Bilder ihrer Karten in sie einflechten, oder aber sie denken sich ihre eigenen Geschichten aus. Die Kartenbilder können auch als Inspiration für eine kurze geführte Meditation dienen, die von einer Teilnehmerin nach der anderen geleitet wird. Wenn alle Geschichten erzählt worden sind, kann das Spiel mit einer allgemeinen Auswertung dessen beendet werden, was durch das Geschichtenerzählen zum Ausdruck gebracht, gelernt, allegorisiert oder bekundet wurde.

Die elementaren Konnotationen, die durch die Farben der Karten symbolisiert werden, können in Verbindung mit Meditation und Selbstausdruck verwendet werden. Jeder aus vierzehn Karten bestehende Satz kann auf dem Boden des Ritualraumes in den entsprechenden Ecken ausgelegt werden, und zwar in einem kleinen Kreis von etwa einem Meter Durchmesser. Dann geht eine nach der anderen um den Bereich herum, begibt sich in jeden der vier kleinen Kreise und hält dort inne, um von ihren Gefühlen über die Eigenschaften und Bedeutungen des »Elements« zu sprechen. Die folgenden Äußerungen sind Beispiele dafür:

»Ich bin jetzt im Haus der Kelche. Ich spüre die fließende Eigenschaft von Wasser, wie es zu weichen und sich zurückzuziehen scheint, aber gleichzeitig ist es von einer Beharrlichkeit, um ganze Klippen zu zerbröckeln. Wasser ist wie die Liebe. Je fester man es ergreift, um so schneller verschwindet es; aber eine hohle Hand, offen und entspannt, kann es für immer halten. Ich glaube, ich gebe mir zu große Mühe, Liebe an mich zu reißen. Ich muß viel gelassener werden. Ich empfinde das Haus der Kelche als einen Ort der Entspannung, sehr schön, mit hellblauen, durchscheinenden Wänden, Marmorbecken mit Wasserlilien, und überall hört man Wasserfälle. Wasser ist erholsam und mütterlich. Alles Leben begann im Meer, und noch immer werden wir aus dem Wasser geboren.«

»Jetzt bin ich im Haus der Stäbe. Es ist ein Ort der Kraft, erfüllt mit Feuer, Blitz, Elektrizität. Überall um mich herum stieben Funken. Es ist heiß. Die Hitze treibt einen an, sie läßt einen sich unbehaglich fühlen, bis man sich in Bewegung setzt. Ich brauche oft etwas Elektrisierendes, das mich aufrüttelt. Ich muß Kraft spüren. Manchmal ist es belebend, auf ein Ziel hin vorwärtsgetrieben zu werden. Energie entspringt diesem Platz. Ich sehe große, rote Kerzen in goldenen Kerzenhaltern und rote Vorhänge, die vor Schwingungen flattern und sich aufrichten. Ich möchte in der Lage sein, den Blitz meiner eigenen Energie zu kontrollieren.«

»Ich bin jetzt im Haus der Pentakel. Ich befinde mich unter der Erde, in einer Höhle. Es ist dunkel. Alles ist versteckt. Trotzdem kann ich in der Dunkelheit Sterne sehen, goldene Sterne. Wie Gedanken, die tief im dunkelsten Teil des Geistes leuchten. Oder vielleicht ist es der Weltraum oder eine Vorstellung vom Weltraum, was da im Dunkeln glänzt. Es ist sehr geheimnisvoll. Ich spüre, daß die Sterne mit mir sprechen möchten, wenn ich sie nur verstehen könnte. Das Pentakel liegt im Innersten der Erde. Es ist ein Geheimnis, und es wird auch immer ein Geheimnis bleiben. Ich fühle mich zu ihm hingezogen, weil es zentral für alles ist. Es ist die Antwort, die wir immer haben wollen, aber niemals erfahren können.«

»Jetzt bin ich im Haus der Schwerter. Es ist silbrig, eisweiß und kalt. Ein Eispalast, voller scharfer Spitzen. Es ist ein unheimlicher Ort, aber ich spüre, daß ich, wenn ich seine Geheimnisse erfahren würde, alle Angst überwinden könnte. Ich glaube, an diesem Ort geht es darum, der Angst ins Auge zu sehen und sie zu überwinden. Ein scharfer, klarer, präziser Geist hat keine nebelhaften Ängste, keine halbgeformten Schatten, die in den Ecken lauern. Ich sollte bei der Sache bleiben, den Unsinn durchschneiden, unfehlbar und genau wie eine Klinge sein. Dann werde ich furchteinflößend sein, anstatt Angst zu haben. Ich werde nicht auf Abwege geraten. Ich werde nicht abgestumpft oder abgelenkt sein. Ich werde wissen, was ich will.«

Ein ähnlicher Prozeß, sich eine Vision vorzustellen und ihr Rat zu entnehmen, kann auf das Ziehen von drei Karten in Verbindung mit dem Geschichtenerzählen angewendet werden. Nachdem alle drei Karten gezogen haben, kennzeichnet jede sie als Vergangenheit, Gegenwart und Zukunft und erläutert dann ihre Eindrücke von der Karte, die auf Erlebnissen oder Gefühlen aus der eigenen Vergangenheit, Gegenwart oder vorgestellten Zukunft basieren. Manchmal können die Visionen höchst persönlich und spezifisch sein; manchmal sind sie vielleicht eher abstrakt. Jede entscheidet für sich selbst, wie sie mit dem Material umgehen will, an das die Karte sie erinnert.

Als abschließende Übung kann jede Teilnehmerin eine letzte Karte blind vom Stapel ziehen und sie einen Augenblick lang aufmerksam betrachten, um sich diese bestimmte bildliche Darstellung und ihre Konnotationen einzuprägen. Am darauffolgenden Tag, eine Woche später oder welche Zeit auch immer vereinbart wurde, denkt sie über diese Karte in bezug auf tatsächliche Ereignisse in ihrem Alltagsleben nach. In welcher Hinsicht scheint sie relevant zu sein? Welche möglichen Einsichten mag das Bild zur Verfügung stellen, die ihr nicht auffallen würden, wenn sie nicht darüber nachdenken würde? Wie wird das Kartenbild in persönliche Gedanken in Übereinstimmung mit tatsächlichen Ereignissen umgewandelt? Wer oder was repräsentiert die Karte oder scheint sie zu repräsentieren?

Beim nächsten Treffen tauschen die Mitglieder ihre Gedanken und Erfahrungen in bezug auf ihre gewählten Karten aus. Diese fortwährende Ritualisierung von Reaktionen auf die Karten bietet dem Neuling einen hervorragenden Weg, um mit Tarotkarten vertraut zu werden und zu verstehen, wie sie als Instrumentarium der Einsicht einzusetzen sind.

## Geführte Meditation: Die Größeren Geheimnisse

Mit dem Verschwinden der Trumpfkarten des Tarot, der sogenannten Großen Arkana (Größere Geheimnisse), entwickelten sich aus den restlichen Farben die modernen Spielkarten. Alle Karten der Trumpfreihe wurden außer dem Narren (Joker) auf

Anordnung von kirchlichen Autoritäten im Laufe des vierzehnten und fünfzehnten Jahrhunderts entfernt. Diese Autoritäten vermuteten, daß rivalisierende religiöse Lehren in die Trumpfkarten eingebunden waren. Verschiedene Anhaltspunkte lassen glauben, daß diese Auffassung im Grunde richtig war und diese rivalisierenden religiösen Lehren in Zusammenhang mit der unterdrückten Göttinnenreligion standen.

Die erste Trumpfkarte, der Narr, die weder eine Nummer noch Informationen trägt, symbolisierte vermutlich den nichteingeweihten Novizen, der im Begriff steht, die Einweisung in die häretischen Mysterien zu durchlaufen. Manche glauben, daß der Narr im Kartenspiel lediglich aus dem Grund bleiben durfte – obwohl er im Spiel abseits steht –, weil diese Karte nichts zu lehren hatte, was Geistliche hätten gefährlich finden können. Ungefähr in der gleichen Weise wurden traditionelle heidnische Mysterienfiguren zu Narren oder Clowns des Karnevals und der *commedia*. Das letzte Bild der Trümpfe, die Nackte Göttin, wies zweifellos darauf hin, daß fortschrittliche Tarot-Lehren eine dem christlichen Patriarchat gegensätzliche Richtung eingeschlagen hätten.

Es ist interessant, eine geführte Meditation zu gestalten, die sich auf Anhaltspunkte aus der Großen-Arkana-Sequenz bezieht, so wie dieselben Karten möglicherweise eine heilige Prozession oder eine Reihe von heiligen Bildern in einem Tempelgang repräsentierten. Das Thema der Meditation beginnt mit der Personifizierung des Narren und wird dann durch die Karten der Größeren Geheimnisse hindurch fortgesetzt, die von Eins bis Einundzwanzig numeriert sind: Der Magier, Die Päpstin, Die Herrscherin, Der Herrscher, Der Papst, Die Liebenden, Der Triumphwagen, Die Gerechtigkeit, Der Einsiedler, Das Glücksrad, Die Stärke, Der Gehängte, Der Tod, Die Mäßigkeit, Der Teufel, Das Haus Gottes, Der Stern, Der Mond, Die Sonne, Das Gericht, Die Welt. Die Meditation ist sowohl eine Lebensreise als auch eine Übung in Imagination. Bei späteren Überlegungen mag die Sequenz tiefere Bedeutungen offenbaren, insbesondere mit einem Satz Tarotkarten, um die Erinnerung zu aktivieren.

Die Meditation beginnt.

Sie fühlen sich glücklich, denn Sie treten eine Reise an, auch wenn Sie nicht sehr gut vorbereitet sind. Sie haben keinen Proviant dabei, sondern nur ein wenig Krimskrams in einem Beutel, den Sie über der Schulter tragen. Sie wissen nicht einmal genau, was sich im Beutel befindet. Sie kennen nicht Ihr endgültiges Ziel. Aber die Sonne scheint, und ein weißer Schmetterling weist Ihnen den Weg, der, Vertrauen an den Tag legend, den Launen des Windes zum Trotz seine zerbrechlichen Flügel öffnet. Sie folgen dem Schmetterling und schenken einem Hund, der nach Ihren Fersen schnappt und Sie vor kommenden Gefahren zu warnen scheint, keine Beachtung. Sie sind jung und vergnügt in Ihrer Unbekümmertheit. Sie erfreuen sich daran, weiterzugehen.

Schließlich treffen Sie auf einen seltsamen Mann, dessen Vorführung von Zaubertricks Ihre Aufmerksamkeit erregt. Er trägt einen merkwürdigen breitkrempigen Hut. Auf interessante Weise geht er geschickt mit symbolischen Gegenständen um. Er trägt einen Kelch, einen Stab, ein Schwert und eine Münze mit aufgeprägtem Pentakel bei sich. Sie haben das Gefühl, er könnte Ihnen einige verborgene Geheimnisse offenbaren. Daher willigen Sie ein, als er Sie einlädt, mit ihm zu gehen, und folgen ihm.

Er führt Sie zum Eingang einer großen Höhle. Direkt am Eingang sitzt eine verschleierte Frau auf einem Thron zwischen zwei Säulen. In ihrer Hand hält sie ein Buch voller geheimnisvoller Schriftzeichen. Sie begrüßt Ihren Führer wie einen Freund. Nach sorgfältiger Musterung gewährt Sie Ihnen schließlich Einlaß in den breiten, gewölbten Torweg, der in die Höhle hinter ihr führt.

Bald darauf erreichen Sie eine unterirdische Grotte, aus der sich ein Strom geräuschvoll wie ein tosender Wasserfall durch einen großen Spalt in den Felsen ins Freie ergießt. Sonnenlicht strömt herein und beleuchtet einen weiteren Thron, auf dem eine andere Frau sitzt. Sie trägt ein Seidengewand und eine Sternenkrone. In ihrer Hand hält sie eine Getreideähre. Blumen und reife Früchte sind um sie herum aufgehäuft. Hinter ihr gibt eine Öffnung im Fels den Blick frei auf grüne Felder, die in der Sommerbrise leicht wogen. Sie lächelt Sie freundlich an und reicht Ihnen einen Apfel, der sich in Ihrer Hand auf geheimnisvolle Weise in zwei Hälften teilt, so daß Sie das Pentagramm in seinem Kerngehäuse sehen können.

Ihr Führer bringt Sie in einen anderen Raum, der ins Freie führt. Ein reichgekleideter Mann thront auf einem großen Salzwürfel und hält ein dreizackiges Zepter in seiner Hand. Die Landschaft hinter ihm zeigt steil abfallende, kahle Felswände aus rotem Sandstein mit kreischenden Krähen und Dohlen, die in den Aufwinden kreisen. Der Mann betrachtet Sie streng und sucht Ihren Geist mit seinem durchdringenden, machtvollen Blick zu ergründen. Sie verspüren einen stechenden Schmerz der Angst. Mit einer gebieterischen Handbewegung entläßt er Sie.

Darauf geleitet der Zauberer Sie in einen sehr hohen Raum mit gotischen Säulen, deren Enden sich in der Dunkelheit verlieren. Ein Mann in geistlicher Robe sitzt auf einem Thron, vor dem zwei Mönche in Anbetung begriffen knien. Er starrt Sie durchdringend an und hebt den kreuzbekrönten Stab in seiner linken Hand, um Sie zu segnen oder zu entlassen – es ist nicht eindeutig, was von beidem. Sein Gefolge behält Sie genau im Auge, als Sie fortgehen.

Im nächsten Raum scheint eine Hochzeit im Gange zu sein. Eine ältere Frau in einem juwelenbesetzten Gewand dirigiert die Antworten eines jungen Paares, das vor ihr steht und sich an den Händen hält. Die beiden scheinen sehr verliebt ineinander zu sein. Über ihren Köpfen, halb verborgen im Schatten, richtet der geflügelte Liebesgott seinen Pfeil, dessen Spitze ein Herz darstellt, auf sie. Als sich das Paar auf dem Höhepunkt der Zeremonie küßt, haben Sie den merkwürdigen Eindruck, daß es sich auf jede erdenkliche Weise vereinigt hat, die für einen Mann und eine Frau möglich ist – in vollkommener sexueller, spiritueller und emotionaler Harmonie. Es hat den Anschein, als wären sie selig fast zu einer Person mit den Charaktereigenschaften beider Geschlechter verschmolzen.

Der junge Mann ist verklärt. Er scheint plötzlich gewachsen zu sein, von einer Aura von Licht umgeben zu werden. Er glüht vor Kraft. Er ist einem Gott gleich. Er stürzt sich auf Sie und ergreift Ihre Hand. Sie können sich seinem Griff nicht entziehen. Mit großer Schnelligkeit zerrt er Sie zu einer entfernten Ecke, in der Sie einen großen goldenen Triumphwagen erkennen können, vor den zwei Pferde, ein schwarzes und ein weißes, gespannt sind.

Der junge Mann springt in den Triumphwagen und zieht Sie mit sich. Die Pferde rasen in wildem Galopp davon. Ihre Geschwindigkeit ist beängstigend. Einen Sturz befürchtend, klammern Sie sich an die Seite des schaukelnden Wagens. Der junge Wagenlenker, der es für unter seiner Würde hält, sich festzuhalten, steht stolz und aufrecht da. Sein Haar peitscht im Wind umher. Über seinem Kopf flattert ein himmelblauer, sternenübersäter Baldachin.

Mit Entsetzen werden Sie gewahr, daß er keine Zügel hat, um die Pferde zu lenken. Und als Sie über die sich nach vorn werfenden Tiere hinweg blicken, scheinen sie sich überdies in etwas anderes zu verwandeln – Sphinxe mit Löwenleibern. Sie laufen in verschiedene Richtungen auseinander. Fast ähneln sie einem grotesken Tier mit zwei Köpfen an entgegengesetzten Körperenden. Der stolze junge Wagenlenker scheint nichts davon zu bemerken. Plötzlich trennen sich die Tiere ganz und gar. Krachend geht der Triumphwagen in Trümmer. Dann wissen Sie eine Zeitlang überhaupt nichts mehr.

Als Sie aufwachen, finden Sie sich in einer weiteren Felsenkammer vor einem anderen Thron wieder, auf dem eine finster dreinblickende Frau sitzt. In der einen Hand hält sie eine Waage und in der anderen ein riesiges Schwert. Über ihrem Kopf starrt ein gemaltes Auge mit fast hypnotischer Macht auf Sie herab. Mit einer jähen, heftigen Geste deutet die Frau mit ihrem Schwert in eine Richtung. Aus dem Schatten schlurft ein mit Kapuze und Umhang bekleideter alter Mann in die Richtung, in die ihre Schwertspitze gezeigt hat. Sie fühlen sich gezwungen, ihm zu folgen.

Der alte Mann geht in die Dunkelheit und klopft mit seinem Stab wie ein Blinder. Aber er ist nicht blind. Er hält eine kleine Laterne hoch, die ihm den Weg leuchtet. Ihr schwacher Schein richtet kaum mehr aus, als die Ränder seines langen weißen Bartes silbern zu färben. Sie sehen kaum etwas von dem dunklen steinigen Weg, dem er durch eine Welt der nichtssagenden schwarzen Stille folgt.

Schließlich vernehmen Sie ein knirschendes Geräusch in der Ferne, wie von einer gigantischen Maschine, die in der widerhallenden Höhle in Betrieb ist. Je näher Sie kommen, um so lauter und lauter wird es, bis es den Anschein hat, als würden Sie sich fast auf ihr befinden. Der alte Mann biegt um eine Ecke und hält sein Licht höher. Sie sehen, daß sich sein Gehstock plötzlich in eine große Schlange oder vielleicht in zwei ineinandergewundene Schlangen verwandelt hat. Er ist vor einem Riesenrad stehengeblieben, das sich im dunklen Abgrund dreht.

Seltsame, mißgebildete Gestalten sitzen rittlings auf dem Rand des Rades, das an einer Seite aufsteigt und an der anderen nach unten gleitet. Wenn sie nach unten getragen werden, fallen sie jammernd in die dunkle Grube. Plötzlich packt einer von ihnen Sie und zieht Sie auf den Rand des Rades. Mit einem euphorischen Gefühl der Schwerelosigkeit steigen Sie immer höher und höher zum Scheitel empor.

Aber dann beginnt der Abstieg. Sie bekommen Angst. Was liegt unten? Was erwartet Sie dort unten in der undurchdringlichen Schwärze? Das Rad dreht sich unaufhaltsam über Ihnen. Sie stellen fest, daß Sie sich nicht mehr festhalten können. Sie lassen los und fallen und jammern wie all die anderen auch.

Als Sie sich von einer Ohnmacht erholt haben, werden Sie das furchterregende Brüllen eines Löwen gewahr. Sie öffnen die Augen. Das Tier steht direkt vor Ihnen. Der Löwe ist in Begleitung einer großen, gebieterischen Frau, die den gleichen breitkrempigen Hut wie Ihr erster Magier-Führer trägt. Sie betrachten sie genauer. Ist sie der Magier selbst, als Frau verkleidet? Nein. Sie scheint eine andere Person zu sein, obwohl sie dem Magier so ähnlich sieht, daß man sie für seine Schwester halten könnte.

Plötzlich packt sie mit beiden Händen das Maul ihres Löwen. Ihren Blick aufmerksam auf Sie gerichtet, öffnet sie dessen Maul. Ihnen ist klar, was das bedeuten soll: Sie müssen sich »in die Höhle des Löwen wagen«. Etwas Gefährliches bahnt sich an.

Sie sind völlig von Dunkelheit umgeben. Sie spüren, daß viele Hände Sie hochheben und tragen. Man zieht Ihnen die Handgelenke grob nach hinten und fesselt sie auf den Rükken. Etwas wird um Ihren Fußknöchel gewickelt und festgezogen. Schließlich werden Sie zu Ihrem Entsetzen mit dem Kopf nach unten gedreht und an einem Fuß in die Höhe gezogen. Tiefes Unbehagen befällt Sie, während Sie baumeln; das Blut schießt Ihnen in den Kopf, der Puls pocht Ihnen in den Ohren.

Man läßt Sie in der Dunkelheit und völligen Stille allein. Sie können nichts für sich tun. Ein anderer muß Ihnen zu Hilfe kommen; aber niemand ist in der Nähe. Sie spüren die Qual beginnender Panik. Müssen Sie hilflos hängen, bis sich Ihr bloßes Sein in Nichts auflöst? Ist das Ihr Ende? Der Pulsrhythmus in Ihren Ohren scheint unerträglich zu sein. Sind das die letzten Schläge Ihres Herzens?

Allmählich wird ein schwaches, phosphoreszierendes Licht in der Dunkelheit vor Ihnen stärker. In dieses Licht getaucht nähert sich eine unbeholfene Gestalt. Während sie sich Ihnen nähert, erkennen Sie durch ihre unheimliche Lumineszenz, daß es sich um ein nacktes menschliches Skelett handelt. Es läuft steif, als hätte es Muskeln, um seine Beine zu bewegen, und trägt eine große Sense in seiner Hand: das klassische Bild des Todes. Das Skelett wendet Ihnen sein fleischloses, grinsendes Gesicht zu und hebt die Sense. Sie sehen die lang gekrümmte Klinge, die im Begriff ist sich zu senken. Voll Verzweiflung schreien Sie auf. Aber die Klinge verletzt Sie nicht, sondern schneidet das Seil um Ihren Fußknöchel durch. Sie fallen wie ein Sack herunter und werden ohnmächtig.

Beim Aufwachen glauben Sie, gestorben und in ein seltsames Jenseits übergegangen zu sein. Sie sehen eine wunderschöne Frau in einem Kleid mit Flügeln an den Schultern. Sie steht am Ufer eines Flusses, mit einem Fuß im Wasser. In jeder Hand hält sie einen Krug oder eine Vase. Sie hält sie hoch und gießt immer wieder Flüssigkeit von einem Gefäß in das andere. Der Strom der Flüssigkeit blitzt wie ein Regenbogen auf. Sie lächelt. Sie spüren, daß ihre Geste in einer höchst bedeutsamen Beziehung zu den Prüfungen steht, denen Sie gerade ausgesetzt waren, der hilflosen Angst und der Vision des Todes, die Sie erfahren haben.

Als Sie sich benommen erheben, weist die Frau Sie durch Winkzeichen weiter. Ihr Weg führt durch einen engen steinigen Gang auf ein rötliches Leuchten zu. Sie betreten einen von flackernden Fackeln und schwarzen Kerzen beleuchteten Raum. Eine riesenhafte Gestalt steht auf einem Podest, vor dem ein Mann und eine Frau, die beide nackt sind, knien. Die riesenhafte Gestalt ist mit dem Kopf und dem Rumpf eines Mannes und den Beinen einer Ziege ausgestattet. Am Kopf trägt er Hörner. Er starrt Sie durchdringend an und hebt die brennende Fackel in seiner linken Hand hoch. Ihnen fällt plötzlich der arrogante Geistliche ein, der Ihnen zuvor gezeigt wurde.

Die Fackel beleuchtet eine Aussicht an der Zimmerwand. Sie können nicht erkennen, ob es ein projizierter Film ist oder ein Fenster, das zu einer weiten Landschaft führt. Sie sehen eine dunkle Ebene, in der sich ein finster aussehender Turm drohend gegen den Himmel erhebt. Der Turm wird von einer goldenen Kuppel und einem Kreuz gekrönt. Plötzlich schießt ein gezackter Blitzstrahl von oben nieder. Mit einer leuchtenden Stichflamme schlägt er in die Turmspitze ein, die zu brennen anfängt und in einem Regen von zerbrochenen Ziegelsteinen umstürzt. Inmitten der Trümmer befinden sich außerdem zwei menschliche Gestalten, die von der Zinne des zerstörten Turms herabstürzen. Sie sind zu weit entfernt, als daß Sie sie deutlich erkennen könnten, aber sie scheinen wie der Mann mit dem Zepter und der arrogante Geistliche gekleidet zu sein, denen Sie zuvor begegnet sind.

Allmählich verändert sich die Landschaft. Der zerstörte Turm verliert sich im Dunkeln. Ein glänzender Stern erscheint, von dessen Licht Sie sich unwiderstehlich angezogen fühlen. Sie strecken Ihre Arme aus und laufen auf ihn zu. Der Stern führt Sie zu einem geheimen Garten, in dem ein klarer Bach entlang eines samtweichen grünen Ufers in einen stillen Teich mündet. Ein Vogel singt. Sie sehen eine andere nackte Frau am Teich knien. Ihr langes rotgoldenes Haar fällt wie ein Umhang um ihren Körper. Wie die geflügelte Frau hält sie zwei Krüge in den Händen, aber sie gießt den Inhalt nicht um. Statt dessen gießt sie von einem Krug Flüssigkeit in den Teich und von dem anderen auf den Rasen neben sich. Der Stern scheint über ihrem Kopf innezuhalten, und zu ihm stoßen andere Sterne, die Erinnerungen an die Sternenkrone der zweiten thronenden Frau wachrufen, die der Magier Ihnen gezeigt hatte.

Die Sterne verschmelzen dann zu einem großen Stern, der immer größer und größer und schließlich zum Vollmond wird. Die Frau im Garten ist verschwunden. Der Bach hat sich in einen weißen Weg verwandelt, der sich quer durch eine öde Ebene weit in die Ferne schlängelt, wie der Mondpfad auf Wasser. Auf beiden Seiten des Weges erheben sich zwei kleine Pylonen, die sich zum Mond hin ausstrecken.

Im Teich vor Ihren Füßen bewegt sich etwas. Ein Riesenkrebs taucht aus dem Wasser auf und greift mit klappernden Scheren nach oben. Plötzlich kommen zwei Hunde oder Wölfe hinter den Pylonen hervor und stimmen ein gräßliches Heulkonzert an. Sie sehen, wie Tropfen von irgendeiner dunklen Flüssigkeit vom Mond in das trübe Wasser des Teiches fallen. Könnte das Blut sein? Das unheimliche Heulen der Hunde, das bedrohliche Erscheinen des Riesenkrebses, das fahle Mondlicht – das alles läßt den Schauplatz höchst beunruhigend erscheinen. Sie laufen den weißen Mondpfad entlang weg.

Der Weg führt Sie zu einem Tor in der Mauer eines anderen Gartens. Sie passieren das Tor und finden eine bezaubernde Szene vor. Sie wird von einer großen goldenen Sonnenscheibe beleuchtet, die ihre wellenförmigen Strahlen aussendet, wie man es von konventionellen Darstellungen her kennt. Hinter der Gartenmauer tanzen zwei nackte Kinder zusammen von Blumen umgeben im weichen Gras. Es sind ein Junge und ein Mädchen mit goldenen Haaren gleichen Alters, vielleicht ein Zwillingspaar. Der Garten funkelt von Tautropfen. Alles fühlt sich frisch und neu an. Sie haben den Eindruck, nach schweren Prüfungen schließlich an einem Ort der friedlichen Erneuerung angelangt zu sein.

Dann verdunkelt sich der Himmel. Die Erde beginnt zu beben. Löcher öffnen sich im Boden. Sie stellen fest, daß sich der

Garten in einen Friedhof verwandelt hat und sich die Gräber öffnen. Geister erheben sich in die Lüfte. Vom Himmel erschallt ein ohrenbetäubendes Trompetenschmettern. Sie sehen hinauf. Eine Engelsfigur reitet auf den Wolken und bläst ein langes goldenes Horn. Die Toten treiben nach oben, um mit ihr zusammenzutreffen. Sie verschmelzen mit der Wolke und ziehen fort.

Schließlich sehen Sie, wie die echte Sonne aufgeht. Sie erkennen, daß Sie aus der Höhle in die Dämmerung eines neuen Tages hervorgekommen sind. Weit entfernt am Himmel zwischen den rosigen Wolken des Sonnenaufgangs verschwindet der Engel und wird durch die Vision einer riesigen nackten Frau ersetzt, deren Gesicht sich aus all den weiblichen Gesichtern zusammensetzt, die Sie gesehen haben. Freischwebend hält sie Stäbe der Macht in ihren Händen. Sie tanzt auf einem Fuß, in einer ähnlichen Position, die Sie gezwungenermaßen einnahmen, als Sie an einem Fuß aufgehängt waren. Die Wolken umkreisen sie wie ein Blumenkranz. Merkwürdige Formen bilden sich über ihren Schultern und unter ihren Füßen. Die aufwühlenden Nebel scheinen Ähnlichkeit mit einem Löwenkopf, einem Stierkopf, einem menschlichen Gesicht, einem fliegenden Adler zu haben.

Die Frau sieht Sie direkt an, und Sie sind wie von der Sonne geblendet. Sie wissen, daß sie die endgültige Offenbarung ist, die Botschaft, die Sie zu verstehen versuchen. Jetzt müssen Sie über all Ihre Erfahrungen mit ihren verborgenen Bedeutungen nachdenken. Während Sie sich auf dieses Vorhaben konzentrieren, steigt die Sonne an einem neuen Morgen voller Licht immer höher und höher.

Dieser geführten Meditation kann sich eine zeitlich begrenzte Diskussion anschließen, in der jede Teilnehmerin ihre eigene Interpretation der Bilder der Großen Arkana analysiert und erklärt, welche Textstellen sie besonders bedeutungsvoll fand und warum, und wie die gesamte Erfahrung ihr Selbstbild oder ihre Haltungen beeinflußt hat. Eine solche Diskussion kann zu vielen neuen Einsichten führen.

# Eine Maskenzeremonie

Jeder trägt viele verschiedene Masken. Familienangehörige sehen ein Gesicht, Freunde ein anderes, Arbeitskollegen wiederum ein anderes, flüchtige Bekannte noch ein viertes. Fremde, die auf der Straße an uns vorbeigehen, sehen die Straßenmaske, für welche auch immer wir uns entscheiden mögen. Eine Maske ist eine Metapher für das Selbst, das wir der Welt präsentieren. Aber was sind wir, wenn wir allein sind und alle Masken abgelegt haben? Oder tragen wir selbst dann eine Maske, wenn wir in den Spiegel schauen?

Eine Maskenzeremonie dient dem Zweck, mit diesen Konzepten zu spielen – nicht, damit wir psychologisch nackt dastehen, sondern auf die unumgänglichen Maskeraden des Lebens hinweisen, sie zulassen und akzeptieren und die Angst überwinden, die damit einhergeht, daß man sie zu ernst nimmt. Eine unbeschwerte Haltung macht den Prozeß besonders lohnend. Möchten wir gern die Königin der Feen sein, fürchten aber, daß irgendwo im Innern ein stieläugiges Ungeheuer schlummert? Dann sollte man für beide eine Maske haben. Sehen wir einen Persönlichkeitsaspekt als einen scheuen weißen Hasen und einen anderen als eine wilde Kriegerin? Spüren wir Jekyll-und-Hyde-Aspekte in uns? Möchten wir den inneren Geist verbergen oder vorzeigen? Mit Masken ist beides möglich.

Das Wort »Maske« kommt von einem mittelalterlichen Begriff der Kirche für »Hexe«, *masca*, bzw. dem französischen *masco*, d.h. »Zauberin«. Zauberkraft wurde manchmal *mascoto* genannt, aus dem das »Maskottchen« oder Totemtier entstand, der Vertraute einer Hexe. Tierköpfige Masken waren bei heidnischen religiösen Zeremonien üblich, als die Maske selbst den Geist der Tiergottheit, das Stammestotem oder gar die Göttin an sich verkörpern sollte, deren Maske wohl von der Hohenpriesterin getragen wurde. Mittelalterliche Mysterienspiele wurden als *masques* bezeichnet, weil sie aus dem uralten heiligen Drama hervorgingen, das von der Kirche zunächst verboten und später, weil es nicht zu unterdrücken war, einfach verweltlicht wurde. Der Gebrauch von Masken, um den Charakter eines Menschen zu verändern oder heilig zu machen, zählt zu den ältesten Vorstellungen der Welt. Er rührt von den heiligen Tänzen unserer frühesten Vorfahren her, findet sich bei den Tiermasken tragenden Gottheiten Ägyptens und den formalen Maskendramen Griechenlands und Roms und läßt sich bis hin zum Karneval und zu Zirkusclowns und dem modernen Theater weiterverfolgen. Die archetypische Tiefe und Bedeutung des Maskierens kann noch immer jede Gruppe spüren, die es mit Überlegung und Aufmerksamkeit ausprobiert.

Eine Maskenzeremonie kann damit beginnen, daß jede Teilnehmerin ihre Maske bzw. Masken aus Materialien anfertigt, die von allen bereitgestellt werden, wie etwa Kartonpapier, Farben, Marker, Perlen, Schnur, Klebstoff, Stoffetzen, Bänder, Fäden, Baumwollstoff, Papiermaché, Modelliermasse, Folie, Gummiband, Papiertüten, Schere und so weiter. Wahlweise können die Teilnehmerinnen ihre Masken zu Hause basteln, wo sie sich so viel Zeit nehmen und Gedanken machen können, wie sie es für notwendig erachten, und ihre fertigen Werke zum Treffen mitbringen. Die erstgenannte Möglichkeit bietet der Gruppe den Spaß an gemeinschaftlicher Kreativität. Die zweite Möglichkeit wird zu vielfältigeren und ungewöhnlicheren Materialien und Konzepten führen. Natürlich kann man auch fertige Theater- oder Halloweenmasken kaufen, wenn sie geeignet erscheinen.

Die faszinierendste Maskenzeremonie wird mit zwei Masken für jede Teilnehmerin durchgeführt. Die eine Maske ist ihr idealisiertes Phantasie-Selbst, das den Traum des »Wie ich gern sein möchte« symbolisiert. Die andere Maske stellt ihren am wenigsten attraktiven Charakterzug dar und steht dafür, »wie ich nicht sein möchte (aber fürchte, vielleicht zu sein oder zu werden)«. Folglich wird eine Dichotomie von einer »guten« und einer »schlechten« Persona zwischen den beiden Masken gebildet. Die eine Maske kann beispielsweise einen pedantischen Typ und die andere einen nachlässigen Menschen repräsentieren, die eine Maske einen übermäßigen Optimisten und die andere einen Vampir, die eine Maske einen Ritter in glänzender Rüstung und die andere einen Drachen.

Eine Teilnehmerin nach der anderen erklärt die Bedeutung ihrer »guten« Maske und setzt sie auf. Dann gehen alle ziellos herum und interagieren miteinander der Rolle gemäß, entsprechend der Vorstellung der einzelnen, was ihre Maskenpersönlichkeit sagen oder tun würde. Wahlweise treten immer nur zwei Teilnehmerinnen in Wechselbeziehung zueinander, während die anderen zuschauen, wobei jede Begegnung zeitlich begrenzt ist. Anschließend wird die ganze Übung mit den »bösen« Masken wiederholt.

Eines der interessantesten Resultate, die bei dieser Zeremonie gewöhnlich zu sehen sind, ist der Enthusiasmus, den Frauen für ihre »schlechten« Charakterzüge an den Tag legen, die meist lebhafter zum Ausdruck gebracht werden als jene, die Frauen als »gut« betrachten. Daraus läßt sich schließen, daß die weitverbreiteten weiblichen Bilder der Güte nicht spontan aus dem inneren Sein entspringen, sondern von außen, von der Kultur aufgedrängt sind und durchaus nichts mit dem zu tun haben, was Frauen eigentlich für sich selbst wollen. Eine spätere Gruppendiskussion könnte sich auf mögliche Gründe dafür konzentrieren und richtigere Vorstellungen von Güte aufdecken als jene, die Frauen vom Patriarchat in der Regel auferlegt werden.

Die Maskenzeremonie kann verschiedenartig variiert werden, so daß ein noch größerer Spielraum für persönliche und kollektive Einsichten geschaffen wird. Zwei Teilnehmerinnen können zunächst miteinander in Wechselbeziehung treten und dann ihre Masken austauschen, wobei jede ihre eigene Version von der Persönlichkeit spielt, die mit der Maske der anderen einhergeht. Faszinierende Resultate kommen dadurch zum Vorschein, daß »gute« oder »böse« Persönlichkeiten oder jeweils eine von beiden ausgetauscht werden. Der zeitlich festgelegte Austausch kann in willkürlichen Gruppierungen oder zwischen nur einem Paar auf einmal erfolgen, während die anderen zuschauen. Es ist nützlich, wenn später eine Gruppendiskussion stattfindet.

Bei einer anderen Variante verhält sich jede Teilnehmerin mit ihrer Maske eine Weile der Rolle gemäß, dann werden alle Masken zu einem Haufen zusammengelegt. Aus diesem Haufen wählt jede eine »gute« oder »böse« Maske aus und stellt die entsprechende Persönlichkeit dar. In der anschließenden Diskussion erklärt eine nach der anderen, warum sie sich zu der jeweiligen Maske hingezogen fühlte und welche Bedeutungen sie für sie hatte.

Wenn der Versammlungsraum nicht von anderen Gruppen benutzt wird, kann man die Masken dort aufbewahren, vielleicht in einer Reihe an die Wand hängen oder kreisförmig auslegen, so daß sie sich bis zum nächsten Treffen »abkühlen«, bei dem weitere Einsichten erörtert werden können. Masken können außerdem die gleiche Funktion erfüllen wie die Ahnen-Totemköpfe bei alten Völkern, indem sie »eingeladen« werden, Festessen vorzusitzen oder Orakel zu deuten. Je umfassender die Masken mit einer lebendigen, aktiven Persönlichkeit ausgestattet sind, um so vielsagender und informativer können sie werden.

## Die Welt verändern

Das ist ein wunscherfüllendes Ritual, bei dem Frauen einander sagen, was sie am liebsten unternehmen würden, um die Welt zu verändern und »sie dem Wunsch des Herzens näher neu zu formen«, wie es in den »Rubaijat« heißt. Während der Sprecherstab die Runde macht, bringt jede Frau eine oder mehrere Veränderungen zum Ausdruck, die sie gern durchführen würde oder erleben möchte und durch die sich ihrer Meinung nach die Welt verbessern würde. Veränderungen müssen nicht praktisch oder gar machbar sein. Es können mögliche Anregungen oder auch reine Phantasien sein. Jedoch mag es hilfreich sein, wenn ein Gruppenmitglied alle Vorschläge als eine Form der Bewußtseinserweiterung aufschreibt. Man könnte nach Wegen suchen, um einige davon zu realisieren. Es heißt, daß Frauen die Welt verändern können, wenn sie sich nur klar und bewußt werden, was sie tun wollen.

Äußerungen darüber, wie man die Welt verändern könnte, können folgendermaßen lauten: »Ich würde ein Gesetz verabschieden, das ...« »Ich würde es für illegal erklären, daß ...« »Ich würde ... in Ordnung bringen.« »Ich würde ... wegwerfen.« »Ich würde ... neu organisieren.« »Ich würde ... niederreißen.« »Ich würde ... errichten.« »Ich würde ... heilen.« »Ich würde aufhören ...« »Ich würde anfangen ...« »Ich würde ... unterstützen.« »Ich würde ... verbieten.« »Ich würde ... erlauben.« »Ich würde ... schaffen.« »Ich würde ... töten.« »Ich würde ... beschützen.« »Ich würde ... entwickeln.« »Ich würde ... bestrafen.« »Ich würde ... belohnen.« »Ich würde ... beschließen.« »Ich würde ... anordnen.«

Stellen Sie sich vor, Sie wären die Göttin und könnten eine Welt erschaffen, die genau Ihren Wünschen entspricht.

Später versuchen sich die Teilnehmerinnen vorzustellen, wie die Welt aussehen würde, wenn sich alle zuvor geäußerten Wünsche wirklich erfüllen würden. Das ist eine nützliche Übung, die helfen kann, sich über Ziele klar zu werden und das Mögliche vom Unmöglichen zu unterscheiden. Sie kann sogar zu einigen Gruppenprojekten führen, die sofort in der örtlichen Gemeinde in die Tat umgesetzt werden können.

## Das Banner

Die meisten Frauen mögen Handarbeiten, und für etablierte Frauengruppen ist es üblich, ein Banner, ein Schild, ein Wappen, ein Sticktuch zu fertigen oder eine andere Gemeinschaftsarbeit durchzuführen, die den Gruppengeist zum Ausdruck bringt. Der altmodische Quilt-Zirkel ist ein Beispiel für diese Ausdrucksweise. Moderne Gruppen neigen dazu, mehr Gestaltungsvielfalt und Willkür zuzulassen als traditionelle Quilt-Muster. Das Ziel besteht darin, jede Mitwirkende dazu zu ermuntern, ihre eigene persönliche Aussage einzubringen.

Ein Gruppenbanner kann rituell angefertigt werden. Bei einer Methode beginnt man damit, ein großes quadratisches Stück Filz oder Segeltuch mit einer schlauchartigen Öffnung an einem Rand einzusäumen, durch die später eine Querstange eingezogen wird. Auf das quadratische Stück wird ein großer Kreis gezeichnet und dann ein Kreis von derselben Größe aus einem anderen Stück Stoff ausgeschnitten. Der kreisförmig geschnittene Stoff wird wie ein Kuchen aufgeteilt, so daß jedes Gruppenmitglied ein Stück erhält.

Jede Frau dekoriert ihr Stück Stoff und bedient sich dabei einer gemeinsam zusammengestellten Auswahl an Verzierungsmaterialien: Bänder, Knöpfe, Perlen, Farben, Federn, Stickgarn, Muscheln, Stoffreste, Ziermünzen, Klebstoff, Draht, Kordel und so weiter. Vielleicht möchte sie eine persönliche Erinnerung einarbeiten: ein Foto, ein Schmuckstück, eine Haarlocke, etwas Geschriebenes, gestickte Initialen oder irgend etwas anderes, das sie für einen Ausdruck der eigenen Persönlichkeit erachtet.

Wenn alle Stücke fertiggestellt sind, werden sie auf das Banner an den richtigen Platz aufgenäht oder aufgeklebt. Die Gruppenmitglieder können gemeinsam die äußeren Ecken und die Peripherie des Kreises verzieren.

Ein Kreis ist nicht die einzige mögliche Gestaltungsform für ein Banner. Ein großes Quadrat kann in viele kleine Quadrate eingeteilt werden. Ein großes Dreieck kann in viele kleine Dreiecke eingeteilt werden. Ein großes Rechteck kann in viele kleine Rechtecke oder Quadrate eingeteilt werden. Ein Banner kann sich aus Rauten zusammensetzen, aus Hexagonen, aus schmalen, senkrechten Streifen, die Seite an Seite liegen, oder aus einem anderen Muster, das der Gruppe gefällt. Vielleicht bevorzugt eine Gruppe ein frei gestaltetes Banner, auf dem jede zugleich drauflosarbeitet und etwas Beliebiges irgendwohin malt, stickt oder appliziert.

Wenn ein Gruppenmitglied besonders erfahren in einer Fertigkeit wie zum Beispiel Sticken ist, könnte es allein die Gestaltung vornehmen und dabei die Materialien und Anregungen verwenden, die die anderen beisteuern. So könnte man sich für einen gestickten Blumenstrauß entscheiden, wobei jedes Gruppenmitglied durch eine andere Blume und Farbe symbolisiert wird, für die es den Faden bereitstellt. Oder eine geschickte Künstlerin könnte ein Wappen mit vielen verschiedenen Symbolen malen, die jeweils von den einzelnen Mitgliedern für sich gewählt wurden. Dadurch wird ein Ritualgegenstand erzeugt, aber es ist kein kollektives Ritual der Schöpfung in dem Sinn, daß alle zusammen an dem Projekt mitarbeiten.

Für ein Banner oder einen Schild, die nur temporär zum Zweck eines rituellen Anlasses angefertigt werden, kann eine Gruppe Karton oder Pappe verwenden und darauf bunte Papierausschnitte, Papierketten und andere Konstruktionen, gemalte Figuren und Buchstaben oder andere kleine Gegenstände kleben. Diese willkürliche Art der Schöpfung kann viel Spaß machen. Eine Gruppe mag diese spielerische Form des Rituals mehrmals ausprobieren, um ihre kollektiven Fertigkeiten und Ideen zu sondieren, bevor sie sich für eine ernsthafte und beständigere Gestaltung entscheidet.

Bei einem anderen gemeinsamen Projekt kann, dem Banner ähnlich, eine große, runde Decke (wie zum Beispiel ein Tischtuch) von allen Gruppenmitgliedern mit Stoffarben verziert werden, um bei den anschließenden Treffen als Altardecke zu dienen. Dabei kann es sich um eine kunstvoll ausgeführte, ausgeklügelte, komplexe Reihe von Mustern handeln oder um etwas so Einfaches wie einen Leinenkreis, auf den jede Frau ihre Initialen malt.

## Nachahmung

Wir alle kennen den Wunsch, andere zu beeinflussen, so daß sie uns auf irgendeine Weise ähnlicher werden. Diese natürliche, charakteristische Eigenschaft des Menschen war schon immer besonders im religiösen Kontext offensichtlich; und in diesem Kontext hat sie zu vielen unheilvollen Mißbräuchen geführt, z.B. Verfolgungen, heilige Kriege, Intoleranz und die arroganten Aspekte des Missionswesens. Das als »Nachahmung« bezeichnete Ritual ist jedoch eine harmlose Methode, um einen solchen Wunsch zum Ausdruck zu bringen. »Nachahmung« ist ein Spiel, versetzt in eine Erwachsenenumgebung, in der es als eine Hilfe zur Selbsterkenntnis und sozialen Interaktion wie auch als reiner Spaß verstanden und eingesetzt werden kann.

Dieses Spiel hat einfache Regeln. Eine Teilnehmerin nach der anderen tut oder sagt etwas, was die anderen nachmachen müssen. Wenn alle im Kreis die Geste, das Wort, den Satz, den Laut, die Haltung oder die Vorstellung imitiert haben, ist die nächste an der Reihe, etwas vorzuführen, was nachgeahmt werden soll. Dieser Wechsel kann viele Male im Kreis durchgeführt werden, so daß jede Teilnehmerin die Möglichkeit erhält, Dinge zu tun oder zu sagen, die auszudrücken ihr ein Bedürfnis sind. Beispielsweise kann man in einer Gruppe »Nachahmung« mit folgenden Aktionen spielen:

Heben Sie Ihre Arme über den Kopf. Stampfen Sie auf. Kichern Sie. Schreien Sie. Richten Sie einen Daumen nach unten (oder nach oben). Gehen Sie im Kreis herum und umarmen oder küssen Sie jedes andere Mitglied. Zünden Sie eine Kerze an und blasen Sie sie wieder aus. Beschreiben Sie sich in einem einfachen Satz. Treten Sie gegen die Wand. Riechen Sie an einer Blume. Trinken Sie einen Schluck Wasser oder Wein. Drehen Sie sich dreimal im Kreis herum. Ziehen Sie ein Kleidungsstück aus. Zerwühlen Sie Ihr Haar. Schütteln Sie den Kopf. Verbergen Sie Ihr Gesicht. Strecken Sie die Zunge heraus. Singen Sie ein kleines Lied. Streicheln Sie ein imaginäres Tier, Kind oder eine geliebte Person. Sagen Sie etwas, das Sie bei einer Gelegenheit gern gesagt hätten, aber unterlassen haben. Versetzen Sie einem imaginären Gegner einen Schlag. Springen Sie auf und nieder. Drohen Sie mit dem Finger. Wackeln Sie mit den Hüften. Fassen Sie laut einen Vorsatz für die unmittelbare und ferne Zukunft. Nehmen Sie etwas in die Hand und stellen Sie es wieder hin. Schlagen Sie sich mit den Fäusten auf die Knie. Stöhnen Sie. Schnurren Sie. Klatschen Sie in die Hände. Schlagen Sie sich auf die Brust. Rezitieren Sie ein Gedicht. Stellen Sie sich tot. Kriechen Sie. Wiegen Sie sich. Summen Sie. Führen Sie eine Pantomime auf. Rufen Sie die Göttin an. Geben Sie eine Erklärung ab. Setzen Sie sich eine imaginäre Krone auf den Kopf. Tun Sie so, als würden Sie sterben oder geboren werden. Tun Sie so, als wären Sie eine Steinzeitfrau, die einen Topf formt. Inszenieren Sie einen peinlichen Augenblick neu. Laufen Sie außerhalb des Kreises herum. Tun Sie etwas, das Sie für irrational halten.

Die Freiheit, sich einem irrationalen Verhalten in der sicheren Umgebung der Ritualgruppe hinzugeben, kann für Frauen, die allzu selbstbeherrscht sind oder denen es schwerfällt, sich auszudrücken, hilfreich sein. Den spielerischen Unsinn eines anderen nachzumachen ist eine befreiende Übung. Sie erteilt die Erlaubnis dazu und fördert überdies das Nacheifern. Dieses Ritual hilft Frauen, die sich in ihren Beziehungen unsicher oder unschlüssig fühlen.

Eine interessante Variante nennt sich »Blinde Nachahmung«. Abgesehen von zwei Teilnehmerinnen halten alle die Augen geschlossen. Falls das schwierig sein sollte, können die Augen verbunden werden. Von dem arbeitenden Paar führt die Initiatorin eine stille Geste vor. Die Beobachterin sieht zu und ahmt die Geste nach. Dann berührt sie die nächste Person, die ihre Augen öffnet und die Bewegung beobachtet, die von der vorherigen Beobachterin und jetzigen Initiatorin durchgeführt wird. Auf diese Weise wird die Geste reihum im Kreis gezeigt, bis die letzte Teilnehmerin allen das Signal gibt, die Augen zu öffnen. Jetzt wird die Geste von der letzten Beobachterin und der ersten Initiatorin wiederholt. Die ganze Gruppe achtet darauf, ob und wie sich die Bewegung im Laufe der verschiedenen Interpretationen verändert hat.

Gleichermaßen kann man mit Sätzen oder Geschichten verfahren, die eine Teilnehmerin einer anderen zuflüstert. Diese Variante könnte man »Taube Nachahmung« nennen. Sie ähnelt dem altmodischen Kinderspiel »Stille Post«. Dieses Spiel lehrte Kinder auf eindrucksvolle Weise, wie grundlegend ein Wort, ein Satz oder eine Geschichte dadurch verändert werden können, daß sie mehrere Nacherzählungen durchlaufen – und wie, als natürliche Folge, Mythen und Legenden vollkommen verändert sein können, wenn sie im Laufe von Jahrhunderten von sowohl zustimmenden als auch ablehnenden Gruppen wiedergegeben werden. »Taube Nachahmung« kann noch immer als eine nützliche Warnung vor der Unzuverlässigkeit von Tratsch dienen.

# Geführte Meditation: Die Farben der Schöpfung

Schließen Sie die Augen. Atmen Sie ruhig. Stellen Sie sich Ihren Körper schwebend vor, als läge er in warmem Wasser, schwerelos, völlig entspannt, ohne irgendwelche Bezugspunkte, die Ihnen Aufschluß darüber geben, wo Ihre Gliedmaßen enden oder gar, wo Ihre rechte und linke Seite in Beziehung zueinander liegen. Sie und Ihre Umgebung sind eins.

Sie befinden sich an einem sehr dunklen Ort. Dieser Ort ist nirgendwo. Alles ist völlig schwarz. Das ist das unendliche Schwarz des leeren Raums, der tiefsten Grube, der Nicht-Existenz. Es gibt keine Welt, nur Dunkelheit. Sie selbst sind ein elementarer Bestandteil der Dunkelheit. Sie haben kein Inneres und kein Äußeres. Sie sehen nichts. Sie fühlen nichts. Sie sind nichts. Sie sind vor dem Anfang da, formlos, lichtlos, lautlos, ohne Ausdehnung. Die Zeit verstreicht nicht für Sie, denn es gibt keine Zeit.

Aber dann kommt ein Punkt, an dem Sie glauben, daß in der Dunkelheit vielleicht etwas sichtbar wird – weit entfernt, klein, schwach, ein winziger Stern von tiefstem Purpur gegen das Schwarz. Zuerst wissen Sie nicht sicher, daß er überhaupt da ist. Dann leuchtet er allmählich ein wenig stärker und nimmt einen satteren Purpurton an. Jetzt wissen Sie, daß Sie Augen haben, mit denen Sie sehen, denn Sie erkennen, daß der purpurne Stern vor Ihren Augen größer wird.

Er scheint sich Ihnen zu nähern. Er wird zu einem sich ausbreitenden Fleck von tiefviolettem Licht, das Sie nach und nach umhüllt. Vor ihm nehmen Sie Gestalt an. Jetzt sind Sie eingebettet in einem gewaltigen Amethyst, dessen purpurne Strahlen Ihnen zeigen, daß Sie eine Form haben. Das violette Licht erhellt eine immer größere Fläche um Sie herum. Es wird zu einem Purpurrot mit einem Stich ins Blaue und bewegt sich in Wogen oder kleinen Wellen gegen den dunklen Hintergrund.

Sie beginnen andere Formen zu sehen. Ansammlungen oder Zusammenballungen von namenloser Substanz bewegen sich langsam in dem tiefblauen Licht. Große Ranken, Meeresalgen gleich, werden noch größer. Während sie wachsen, wogen sie sanft. Das Licht verwandelt sich langsam in ein sattes Saphirblau, dann verblaßt es nach und nach zu Azurblau und Türkis. Durch die durchscheinende flüssige Matrix, die Sie umgibt, sind dunkle Berge und Schluchten zu erkennen. Unförmige lebendige Gestalten heben und senken sich langsam über einem trüben Meeresboden. Es gibt hier keinen Geist, aber Leben ist da.

Sie steigen durch wasserartige Lichtschichten auf zu einem helleren Leuchten von oben her. Jetzt liegen die trüben blauen Tiefen weit unter Ihnen. Das Licht geht von Türkis in Smaragdgrün über. Tiefgrüne Ansammlungen von Algen und Unkraut schwimmen in einer nährstoffreichen Suppe aus flüssigem grünem Licht um Sie herum. Auch Sie sind grün und wachsen. Sie können schwimmen. Sie bewegen sich durch jadegrüne Wälder, die in kühles Licht getaucht sind. Sie treiben höher. Das grüne Leuchten nimmt einen goldenen Ton an. Es schimmert von hellgrüner Fluoreszenz. Sie spüren, daß jetzt nicht mehr viele Schichten zwischen Ihnen und der höchsten Lichtquelle liegen.

Sie sehnen sich nach dieser goldenen Quelle. Sie merken, daß sie nicht mehr sehr weit über Ihnen sein kann. Sie treiben weiter nach oben. Weiter unten verschwinden die lebendigen, sich bewegenden grünen Wälder in der Ferne. Um Sie herum gibt es andere Formen: seltsame Wesen, die durch das goldene Licht zu fliegen scheinen. Sie sind nicht deutlich zu erkennen. Sie haben keine Gesichter. Ihnen gleich streben sie aufwärts. Wie Sie sehnen sie sich nach dem Gold.

Glückseligkeit ist gelb. Sie stellen sich mit Sonnenlicht überflutete gelbe Blumen, Früchte, Vögel, Schmetterlinge vor. Ihre Gedanken nehmen Gestalt an. Sobald Sie sie sehen, erscheinen sie.

Sie dringen durch eine letzte Oberfläche in eine blendende, zitronengelbe Helligkeit ein. Da ist ein glühender gelber Stern, so groß, so dicht, so intensiv leuchtend, daß es das Auge verletzt. Er zerstört sich selbst in einem Inferno aus Licht. Was hat sich hier ergeben? War Ihre Sehnsucht nach Gold so groß? War Ihr Wunsch so stark wie das hier?

Das Land brennt. Orangefarbene Flammen schießen aus Öffnungen im ockerfarbenen Gestein in den glutroten Himmel. Orangefarbener Sand wirbelt zu zischenden Schleiern entlang der Küste des kühlen nährenden Meeres auf, das Sie jetzt hinter sich gelassen haben. Das ist ein rauher Ort, vor greller Farbe leuchtend, vor Lava glühend, voller unwirklicher verzerrter Gesteinsformen. Kann hier Leben existieren?

Ja, es kann. Das nährende Meer gibt einige seiner Lebensformen auf. Langsam kriechen sie an das brennende Land. Einige von ihnen stecken Wurzeln in den kahlen Fels. Andere versteifen ihre weichen Körper und bewegen sich schneller. Sie schließen die Essenzen von Meer und Feuer in sich ein. Ihre inneren Flüssigkeiten nehmen die Farbe von Feuer an, die sich dann zu einem leuchtenden neuen Ton abkühlt und beruhigt: Blutrot.

Jetzt ist sich das Leben von neuem seiner selbst bewußt, erhalten durch das verborgene warme Rot im Inneren, vor Energie dampfend, von inneren Feuern gewärmt. Der gewaltige Stern beginnt zu verfallen, sein strahlender Glanz geht in Rubinrot über. Ein tiefes blutrotes Licht überflutet das Land. Granatrote Schatten umfassen die Hügel. Vielleicht können Sie einen grünen Mantel über diese unwirtliche rote Landschaft voraussehen. Aber eines wissen Sie: Sie sind zu Hause angekommen.

Sie haben das Wissen um die rote Essenz. Sie kennen die Blutgeheimnisse Ihrer Art, der Warmblüter, mit Pelz bekleidet, gefiedert oder behaart. Sie wissen, daß Sie mit ihnen die gleiche scharlachrote Lebenskraft teilen. Das Streben nach diesem Wissen bewirkte vor langem Ihre Geburt aus dem Schoß der Dunkelheit.

Sie wissen auch, daß man nie wissen kann, ob man ausersehen ist, für alle Zeiten durchzuhalten. Mit der Zeit wird eine Rückkehr zu der Urtiefe erfolgen – zu dem schwarzen Nicht-Sein, aus dem alles Sein hervorgeht und zu dem es zurückkehrt. Vergessen Sie nicht die Dunkelheit. Erinnern Sie sich. Verstehen Sie den Anfang und das Ende Ihrer Kräfte. Leben und lieben Sie die Ihnen zugewiesene Zeit. Wissen Sie um die warmen, roten Farben Ihres Lebens. Aber vergessen Sie nicht, und haben Sie keine Angst.

# Die äußerste Phantasie: Imaginierte Maßlosigkeit

Das Ritual der Maßlosigkeit hat mit kreativem Phantasieren zu tun. Nur wenige Menschen können im wirklichen Leben je so maßlos sein, wie sie gern möchten. Bei dieser Übung geht es also darum, Frauen zu zeigen, daß es in Ordnung ist, wunscherfüllende – selbst völlig überspannte – Träume zu haben. Viele Frauen werden durch das Leben in einer patriarchalen Gesellschaft derart unterdrückt, daß sie es nicht wagen, Tagträumen kreativ nachzugehen. Den Zwängen der Konsumgesellschaft gehorchend, die sie in fast jedem wachen Moment manipulieren, hegen sie nur wenige grandiosere Phantasiebilder als das Anhäufen von noch mehr neuen, kostspieligeren Produkten und vielleicht einen nach konventionellen Maßstäben schöneren Körper, den man mit noch kostspieligeren Kleidungsstücken behängen kann.

Natürlich kann ein Ritual, das das Imaginieren von Maßlosigkeit zum Thema hat, derartige Vorstellungen beinhalten. Aber es ist dazu bestimmt, weiterzugehen: Es soll echte, persönliche Träume fördern, die der inneren Imagination entspringen, und keine von der Werbeindustrie geschaffenen Träume.

Alle Frauen bringen eine Kerze in ihrer Lieblingsfarbe mit und stellen sie in einem Halter vor sich hin. Wenn eine den Sprecherstab in der Hand hält und anfängt, ihre Phantasie in Worte zu fassen, zündet sie ihre Kerze an und konzentriert sich auf die Flamme. Wenn alle gesprochen haben, können die brennenden Kerzen auf dem Altar zu einem engen kleinen Kreis um ein zentrales Machtobjekt angeordnet werden, bei dem es sich beispielsweise um eine polierte Quarzkugel, einen natürlichen Kristall, ein großes Pentagramm, eine Vase mit ätherischem Öl oder ein Göttinnenbild handeln kann. Dann stimmen alle zusammen ein Summen an und konzentrieren sich dabei sowohl auf ihre eigenen Phantasien als auch auf die der anderen und stellen sie sich so realistisch und detailliert wie möglich vor. Auf diese Weise findet der Traum einer jeden

Frau durch die Bejahung der anderen Unterstützung. Das vereinte Licht der Kerzen kann als das Licht des kollektiven inneren Auges verstanden werden.

Es folgen einige Beispiele:

»Ich bin eine Königin, die absolute Monarchin eines exotischen, längst vergangenen Reiches. Ich lebe in einem Palast aus poliertem Marmor und wohlriechendem Holz. Die Säle sind riesengroß und fast zehn Meter hoch, mit Säulen aus Silber, die mit Edelsteinen übersät sind, purpurroten Samtteppichen, seidenbezogenen Diwanen, auf denen riesige Kissen liegen, und großen Fenstern aus buntem Glas, das Regenbogenlichter wirft. Ich trage die prächtigsten, mit Gold- und Silberstickereien reich verzierten Gewänder. Ich besitze Perlenschnüre, Rubinarmreifen, saphirne Fußspangen und Ringe sogar für meine Zehen. Meine Diener sind umsichtig, freundlich und gehorsam und erfüllen unverzüglich alle meine Wünsche. Ich habe eine Hofdame, deren einzige Aufgabe es ist, mein langes, glänzendes Haar täglich eine halbe Stunde lang zu bürsten und zu kämmen. Ich habe Masseure, Kellermeister, Lakaien, Boten und die besten Köche der Welt. Alles, was ich berühre, ist ein Kunstwerk, angefertigt mit liebevoller Sorgfalt. Mein Volk betet mich an und möchte dies alles für mich, weil ich gerecht und hilfreich bin und ihre Gottheit verkörpere. Jeden Tag zeige ich mich ihnen in meiner Halle der Gerechtigkeit und löse mit unendlicher Weisheit ihre Streitigkeiten und anderen Probleme.«

»Ich bin ein Engel mit großen, weißen Flügeln. Ich kann sogar außerhalb der Erdatmosphäre fliegen. Dann blicke ich auf die Welt hinunter und kann alles sehen, was vor sich geht. Ich habe die Macht, Ungerechtigkeiten wiedergutzumachen. Ich kann herabsausen und Übeltäter fertigmachen, indem ich mit dem Finger auf sie zeige. Gute Menschen kann ich belohnen, indem ich mit der Hand winke. Nie bin ich müde, hungrig oder krank. Ich bin unsterblich.«

»Ich bin die aufreizendste und schönste Frau in der ganzen Welt. Männer beten mich an. Ständig bin ich von gutaussehenden, muskulösen jungen Männern umgeben, die fast nichts anhaben und versuchen, mich mit ihren Körpern zu verführen. Sie liebkosen mich, sie streicheln mich, küssen mich, machen mir Geschenke, schreiben mir Gedichte und leben nur, um mir den Hof zu machen und mich zu erfreuen. Ich mache jeden glücklich, wenn ich Notiz von ihm nehme. Jede Nacht suche ich mir einen anderen aus, um das Bett mit ihm zu teilen.«

»Ich will hunderttausend Jahre alt und der weiseste Mensch auf Erden werden, während mein Körper immer dem einer Fünfundzwanzigjährigen entspricht und vollkommen fit bleibt. Ich werde gegen alle Verletzungen und Krankheiten gefeit sein. Nichts kann mir etwas anhaben. Mit der Zeit werde ich fast alles wissen, weil ich mit jedem Jahrhundert immer mehr dazulernen kann.«

»Ich bin die Mutter von zehn entzückenden, glücklichen Kindern, die sich niemals schlecht benehmen und immer das Zusammensein miteinander und mit mir genießen. Wir leben an einem behaglichen, sicheren Ort mit Wäldern und Feldern, mit zahmen Tieren, einem kristallklaren See, in dem man schwimmen kann, und Blumen, die überall wachsen. Jeden Tag spielen die Kinder und ich zusammen. Abends kuscheln sie sich alle mit ihren warmen, kleinen Körpern an mich, während ich ihnen Geschichten vorlese, bevor ich sie ins Bett bringe. Ich habe ein Baby, das nicht wächst, sondern immer ein kleiner Säugling bleibt, weil ich das Stillen immer so sehr genossen habe.«

»Es mag sich abgedroschen und unnatürlich anhören, aber meine Lieblingsphantasie dreht sich um Superwoman. Ich möchte gern wie Superwoman sein, Röntgenaugen haben, fliegen können, über unermeßliche Kräfte verfügen und von allen bewundert werden, weil ich immer auf der Seite von Wahrheit und Gerechtigkeit stehe – aber nicht unbedingt der amerikanischen Lebensweise, die viele Fehler aufweist.«

»Ich kann jede erdenkliche Umgebung erschaffen, um in ihr zu leben. Dann lasse ich sie wieder verschwinden und bringe eine neue hervor. Eine Weile lebe ich vielleicht in einer wunderschönen Höhle mit Wänden aus Opal und einem natürlichen Thron aus reinem Bergkristall in meinem Empfangssaal. Oder ich könnte in einem großen Haus am Stadtrand leben, umgeben von kunstvoll angelegten Gärten; alles ist wunderbar angelegt und mit allem modernsten Komfort ausgestattet. Oder ich lebe in einem mittelalterlichen Schloß mit Fahnen auf den Zinnen und massiven Goldmöbeln. Ich könnte auch im Meer in einem Korallengarten leben, wie eine Meerjungfrau mitten unter all den wunderbaren Meeresgeschöpfen, und mit den Delphinen und Walen Freundschaft schließen. Oder ich lebe auf einem fernen Planeten in irgendeinem anderen Sonnensystem, wo alles ganz anders ist: ein granatroter Himmel, eine goldene Pflanzenwelt, Häuser in Form von Kristallkuppeln, bewegliche Pflanzen, die sich selbst zu verschiedenen ästhetischen Mustern anordnen. Oder ich könnte in einem schimmernden Silbernebel leben, überall und nirgendwo.«

»Ich bin die Königin der Tiere. Ich lebe im Wald, und all die wilden Tiere sind meine Lieblinge. Sie kommen, wenn ich sie rufe, und kuscheln sich an mich und reden mit mir in ihren jeweiligen Sprachen, die ich alle perfekt beherrsche. Die Vögel sind meine Kundschafter und Boten. Sie bringen mir Neuigkeiten aus aller Welt. Die Hirsche tragen mich auf ihrem Rücken, wenn ich verreisen möchte, desgleichen die Bären und die großen Katzen. Die Eichhörnchen und Waschbären bringen mir Geschenke, weiches Moos für mein Bett, reife Beeren und Nüsse. Die Spinnen spinnen Seide für mich. Giftschlangen wachen über mich und vertreiben jegliche Eindringlinge, die meinem Waldreich schaden wollen. Ich liebe alle Tiere, und sie lieben mich.«

»Ich habe ein Inselparadies geschaffen, in dem ich mit einigen auserwählten Freunden und verträglichen Verwandten lebe. Der Sand an den Stränden ist wie feiner weißer Zucker. Das Meer ist immer türkisblau und ruhig. Jeden Tag scheint die Sonne, und nachts fallen leichte Regenschauer, so daß die Pflanzen grün bleiben. Köstliche Früchte, Nüsse und Gemüse wachsen auf meiner Insel, immer reif und zum Essen geeignet. Es gibt Quellen, die kaltes, klares Wasser führen, mit Wasserfällen entlang Felsen, und von Blumenbänken umgebene Teiche, die zum Baden einladen. Es gibt Plätze im Schatten und in der Sonne. Das Klima ist immer perfekt, so warm, daß man nackt herumlaufen kann, und gleichzeitig kühl genug, daß es erfrischend ist. Wir schwimmen, liegen in der Sonne, essen, spielen, lieben uns, erzählen uns Geschichten. Wir haben auch Bücher zum Lesen, Arbeiten zu verrichten, Materialien für künstlerische und handwerkliche Tätigkeiten und spirituelle Wege des Teilens.«

»Ich bin eine heilige Nymphe, die im heiligsten Tempel der Welt auf einem Berggipfel lebt, hoch über den Wolken, umgeben von schönen Kristallen, Nebeln in den Farben von Regenbogen, erlesenen Möbeln und vielen Instrumenten, um den Mond und die Sterne zu beobachten. Trotz dieser Höhe ist es niemals zu kalt. Ich habe einen Geliebten, der mein ständiger Begleiter ist. Wir leben immer in diesem erregten, romantischen Zustand zusammen, wie er für die erste Zeit der Liebe so typisch ist. Es kommt nie vor, daß wir einander überdrüssig sind, nicht miteinander übereinstimmen oder aufeinander ärgerlich werden. Wir erfreuen uns fortwährend an unserer Liebe. Ich studiere den Himmel und meditiere. Die Dinge, die ich tue, können auf magische Weise den Auf- und Untergang von Sonne und Mond beeinflussen. Ihr Licht fällt auf meinen Tempel, noch bevor es irgend etwas anderes auf der Erde berührt. Ich bestimme die Farben und Formen aller Sonnenauf- und untergänge.«

»Ich kann durch den Weltraum fliegen, viel schneller als mit Lichtgeschwindigkeit. Ich bereise die interstellaren und sogar intergalaktischen Räume. Ich besuche die Planeten anderer Sonnensysteme, die sich alle völlig voneinander unterscheiden. Der Vielfalt, die ich sehen und erfahren kann, ist kein Ende gesetzt. Ich möchte für immer durch den Weltraum reisen.«

In einer Welt, in der Männer ihre kollektiven Phantasien immer in die Figur Gottes gegossen haben, überrascht es bestimmt nicht, daß die inneren Phantasien von Frauen so sehr nach archetypischen Göttinnenbildern klingen.

# Wiedergeburt

Zu allen Zeiten und an allen Orten haben Männer das weibliche Wunder der Geburt als die Urmetapher für den Übergang in eine neue Lebensphase aufgegriffen: Taufen, Initiationen, Pubertätsriten und alle anderen Übergänge. Obwohl Männer den Akt des Gebärens überhaupt nicht erleben, haben sie immer verbissen versucht, sich mit ihm zu identifizieren und eine höhere Bedeutung für ihre eigenen Symbole dafür zu beanspruchen. Noch heute ritualisieren viele Männergruppen eine zweite Geburt als Initiation. Von primitiven männlichen Pubertätszeremonien zu christlichen Taufen liegt die Betonung auf der Idee des Wiedergeborenwerdens. In Indien waren früher sowohl Initiationen als auch Reinigungen damit verbunden, den Kandidaten mit dem ganzen Körper durch eine riesige Yoni (Vulva-Symbol) zu ziehen.

Ursprünglich konnte man natürlich nur von einer stellvertretenden Mutter, durch Priesterinnen und nicht durch Priester, »wiedergeboren« werden. Als die einzigen wirklichen Gebärenden standen Frauen dem wahren Wunder näher. Man glaubte, daß Frauen das *Mana* besäßen, das eine innere spirituelle Veränderung bewirkte. Wiedergeburtsrituale sind also in höherem Maße mit Frauen verbunden, die immer das natürliche Recht hatten, sie für sich zu beanspruchen. Frauen haben ein natürliches Verständnis für diese Symbolik. Es ist angebracht, daß Frauen heute Wiedergeburtsrituale erfinden sollten, um ihr eigenes Wunder von denen zurückzuerobern, die es widersinnigerweise an sich gerissen haben.

Die symbolische Wiedergeburt kann zu jedem Zeitpunkt im Leben, der als ein spiritueller Wendepunkt empfunden wird, feierlich begangen werden; dazu gehören etwa ein Vorsatz, sein Leben zu ändern, die Genesung von einer Krankheit, das Auftreten einer unangenehmen Situation oder die Festigung einer neuen Mitgliedschaft. Eine ganze Gruppe kann Wiedergeburtsrituale für ein, mehrere oder alle Mitglieder planen. Solche Rituale können auf vielfältige Weise vollzogen werden.

Bei einer einfachen und üblichen Methode gehen oder kriechen die Teilnehmerinnen einen spiralförmigen Weg entlang, der auf dem Boden angelegt wurde. Seit der Steinzeit steht die Spirale für das Eintreten in magische uterine Tiefen und das Wiederauftauchen aus ihnen. Die Spirale zählt zu den weiblichen Ursymbolen. Sie stellt den geheimnisvollen »Schoß der Gnade« dar, aus dem man geboren wird, wie es in der Bibel heißt – das heißt das Innere der Mutter. Im Freien kann die Spirale auf dem Boden mit Hilfe von Holzpflöcken, Steinen, Spänen, in die Erde gesteckten Zweigen, Farbe, gemähten Wegen durch ein Feld und so weiter gekennzeichnet werden. Drinnen kann sie auf ein überdurchschnittlich großes Laken (oder mehrere) aufgemalt werden, das auf den Fußboden gelegt wird, oder durch Schnüre, Bänder, Papier oder Tarotkarten markiert werden. Eine Teilnehmerin nach der anderen kann sich dem Vorgang der Wiedergeburt unterziehen, indem sie die Spirale betritt, sich in die Mitte begibt, wo sie sich für eine Weile in Fötusstellung zusammenrollt, um sich dann wieder aufzurichten und langsam denselben Weg zurückzugehen. Dieser Prozeß kann von Schweigen, Musik, einem einzelnen langsamen Trommelschlag, dem leisen Summen der Gruppe oder einem begleitenden Kommentar zu den Empfindungen und Bedeutungen des Rituals begleitet werden.

Bei einem komplizierteren Projekt wird ein dreidimensionales Mutterschoß-Symbol aus Holz, Stoff, Kissen, Möbel oder (im Freien) aus Zweigen, Erdwällen oder Bausteinen errichtet. Man könnte sogar einen Tunnel beispielsweise in einen Hang graben. Der Zweck der Sache ist, daß jedes Gruppenmitglied eine Weile zusammengekauert in diesem engen Bau verbringt und schließlich von den anderen Teilnehmerinnen herausgezogen wird, die als spirituelle Hebammen auftreten. In alten Zeiten bediente man sich oft schmaler Öffnungen in heiligen Höhlen zum Zweck der Wiedergeburt. Nachdem die betreffende Person Stunden oder sogar Tage in einem solchen irdischen »Mutterschoß« verbracht hatte, wurde sie herausgezogen und anschließend eine Zeitlang wie ein Baby nur mit Milch gefüttert.

Die Gruppenmitglieder können ihren eigenen Körper als gemeinsames Mutterschoß-Symbol einsetzen. Auch dieser

Brauch ist uralt. Priesterweihen und offizielle Adoptionen umfaßten häufig einen Ritus, bei dem der Kandidat aus den Röcken einer Frau hervorkroch oder sich zwischen den Beinen der Adoptivmutter hindurchbewegte. Die Frauen können sich dicht hintereinander mit gespreizten Beinen aufstellen, um einen Tunnel oder »Geburtskanal« zu bilden, durch den eine nach der anderen hindurchkriecht. Sie können auch einen engen Kreis bilden, indem sie ihre Arme umeinander schlingen, während das Mitglied, das geboren werden soll, sich in der Mitte zusammenkauert und auf eine Öffnung wartet, um sich hindurchzuzwängen. Die ganze Gruppe kann sich rhythmisch wiegen, vibrieren oder näher zusammenrücken, um Wehen darzustellen. Wenn jedes Mitglied »geboren« wurde, kann ihm ein Schluck Milch verabreicht werden, und dann kann es in der Gruppenaufstellung, allgemein als Wiege bekannt, geschaukelt werden.

Bei der Wiege geht es einfach darum, daß eine Person von einigen anderen auf den Händen oder Armen vom Boden bis zur Taillenhöhe der stehenden Gruppe hochgehoben wird – oder sogar über ihre Köpfe, falls genügend Teilnehmerinnen vorhanden sind. Dann sorgt die Gruppe für eine sanfte wiegende oder schaukelnde Bewegung, die sehr angenehm ist. Selbst eine schwere Person kann ohne weiteres von sieben oder acht anderen zusammen hochgehoben werden; je mehr Helferinnen zur Verfügung stehen, um so leichter ist die Last. Diejenige, die hochgehoben werden soll, liegt zunächst flach auf dem Boden, während sich die anderen bücken und ihre Hände unter ihren Körper, ihre Gliedmaßen und ihren Kopf schieben, wohin auch immer sie greifen können. Dann stehen alle gemeinsam auf und bilden die Wiege mit der in ihrer Mitte liegenden Person.

Vor Geburtsritualen wird oft eine Zeit des Fastens oder einer anderen symbolischen Reinigung empfohlen. Reinigung und Fasten dienen seit undenklichen Zeiten als Vorbereitung für spirituelle Veränderungen. Römische Heidinnen fasteten einen Monat lang in abgeschwächter Form nach ihrer jährlich stattfindenden Matronalia (Fest der Mütter), die mit dem Pflanzen im Frühling in Verbindung stand. Ihr Brauch wurde von der frühchristlichen Kirche übernommen und zur Fastenzeit umfunktioniert. Eingedenk einer solchen rituellen Reinigung, die der weiblichen Tradition geraubt wurde, könnte sich eine moderne Gruppe für einige Tage oder eine Woche auf ein gemäßigtes Fasten einlassen. Wahlweise könnten die Gruppenmitglieder übereinkommen, vor einer Wiedergeburt am Abend den ganzen Tag über nichts zu essen, der sich dann ein Festessen anschließt.

»Reinigungen« wie das Fasten sollten niemals übertrieben werden. Auch wenn strenges Fasten lange Zeit eine der gebräuchlichsten Methoden war, um religiöse Visionen hervorzurufen – in Form von hungerbedingten Halluzinationen –, wissen wir heute, daß es für den Körper schädlich ist. Frauengruppen respektieren den Körper und streben nicht danach, ihn zu mißbrauchen. Daher sollte man nichts unternehmen, was der Gesundheit gefährlich ist.

Eine rein geistige oder emotionale Form der Reinigung kann vollzogen werden, indem man Haltungen, Abhängigkeiten, Ängste oder Groll aufgibt, die als Hindernisse für eine neue Lebensphase empfunden werden können. Diese können auf Papier niedergeschrieben werden, das dann verbrannt wird, sie können laut ausgesprochen und mit Gesten weggeschleudert werden, sie können mit Wasser ausgeschüttet werden, oder sie können dadurch »geopfert« werden, daß man einen mit dem Problem assoziierten Gegenstand zerstört. In einem konkreten Fall reinigte eine Frau nach einer bitteren Scheidung ihren bleibenden Groll, indem sie vor einer Wiedergeburt ihr Hochzeitskleid zerriß. Eine andere Frau in einer ähnlichen Situation warf ihren Ehering ins Meer.

Manchmal kann auf eine Wiedergeburt ein Namenswechsel oder die Annahme eines neuen »Seelennamens« folgen. Im alten Heidentum verlieh man Kindern oft einen geheimen Seelennamen, den nur die Eltern kannten und den sie sorgfältig für sich behielten, damit er nicht benutzt werden konnte, um das Kind mit Flüchen zu belegen. Auch Städte erhielten Seelennamen, die geheimgehalten wurden. Gleichermaßen nahmen »wiedergeborene« Mitglieder religiöser Sekten neue Seelennamen an, unter denen sie ihrer bestimmten Gottheit bekannt sein sollten. Auch dieser heidnische Brauch wurde von der frühchristlichen Kirche nachgeahmt und findet auch heute noch Anwendung bei Mitgliedern religiöser Orden, die ihre weltlichen Namen aufgeben und neue annehmen.

Die Wiedergeburt kann also mit einer Neubenennung oder zumindest der Änderung eines Spitznamens verbunden sein. Wie jemand über seinen Namen denkt, beeinflußt oft die Weise, wie er über seine ganze Persönlichkeit denkt; für einen solchen Menschen kann also ein neuer Name eine erhebliche Bedeutung haben.

Eine spirituelle Wiedergeburt kann noch auf andere Weise symbolisch dargestellt werden. Wasser ist natürlich seit vielen Jahrtausenden ein klassisches Mutterschoß-Symbol; und die Wiedergeburt durch Taufe, die durch Besprengen oder Untertauchen erfolgt, ist heutzutage gängige christliche Praxis. Doch für Frauen, die sich nicht um die patriarchalische Konnotation kümmern, kann eine wunderschöne Wiedergeburtszeremonie um einen einsamen Teich oder privaten Swimmingpool in einer mondhellen Nacht vollzogen werden, bei der die Teilnehmerinnen ihre Kleidung ablegen und nackt wie von der Mutter geboren aus dem »uterinen« Wasser zum Vorschein kommen. Natürlich ist eine solche Zeremonie nur bei warmem Wetter möglich. In einer kälteren Jahreszeit können sich die Frauen in Steppdecken einwickeln. Während sie völlig zugedeckt in Fötusstellung daliegen, hören sie eine Weile sanfte Musik, bevor sie sich als wiedergeboren zeigen. Darauf könnte sich eventuell ein kurzes Untertauchen in einer mit warmem Wasser gefüllten Badewanne anschließen. Eine andere jahreszeitliche Idee: Ein Gruppenmitglied wird von den anderen unter einem »Schoß« aus aufgehäuften, trockenen Herbstblättern vollständig zugedeckt. Oder ein Mitglied wird einer Mumie gleich schichtweise in Tücher, zum Beispiel Windeln, eingewickelt, um später wieder ausgewickelt zu werden. (Man achte darauf, Nase und Mund auszusparen, damit die Betreffende atmen kann!)

Eine Gruppe, die gern Komik in Rituale einbringt, kann mit Wiedergeburtsritualen Spaß haben. Die Wiedergeborenen können kindliches Verhalten pantomimisch ausdrücken: Glucksen,

Gurren, Krabbeln, Daumenlutschen, mit Spielzeug spielen und so weiter. Sie können auch große, rechteckige, weiße Tücher mitbringen und als Windeln tragen. Sie können Mutter-und-Kind-Rollen übernehmen, ein Spiel daraus machen und nach einer Zeit die Rollen tauschen. Sie können gemeinsam einen Kindergarten imitieren. Sie können sich vorstellen oder beschreiben, wie sie »heranwachsen«, sich auf die Knie erheben, dann aufstehen und gehen oder tanzen.

Wie auch immer sie vollzogen wird und aus welchem Grund auch immer, die Wiedergeburt kann erfrischend und erneuernd sein.

SPRECHGESANG

Komm hervor, Kind,
öffne die Augen,
sieh die Welt an,
die hier auf dich wartet.
Gesegnet seist du.

## Die acht Angelpunkte des Jahres

Der heidnische Kalender umfaßte acht große religiöse Feiertage, die in Abständen von etwa sechs Wochen über das ganze Jahr verteilt waren. Es waren die Tagundnachtgleichen, die Sonnenwenden und die Quartalstage beziehungsweise Jahreszeitenfeste. Die Frühlingstagundnachtgleiche fällt auf den 21. März, die Sommersonnenwende auf den 21. Juni, die Herbsttagundnachtgleiche auf den 21. September und die Wintersonnenwende auf den 21. Dezember. Dazwischen lagen die Quartalstage – oder präziser gesagt, die Quartalsabende. Heidnische Festtage wurden am Vorabend begangen, vor dem entsprechenden christlichen »Tag des Heiligen«, weil der heidnische Kalender die Tage von Mittag zu Mittag berechnete und nicht von Mitternacht zu Mitternacht. Die Quartalsabende waren: Imbolc (Lichtmeß) am Abend vor dem 1. Februar; Beltane

(Maiabend) am Abend vor dem 1. Mai; Lugnasad (Lammas-Abend) am Abend vor dem 1. August; Samhain (Halloween) am Abend vor dem 1. November.

Zweifellos stellten diese acht Festtage Verschmelzungen von noch älteren Traditionen dar. Manche Völker haben vielleicht nur die Quartalsabende gefeiert, andere nur die Sonnenwenden und Tagundnachtgleichen. Wieder andere haben sie vielleicht auf unterschiedliche Weise mit anderen Festtagen kombiniert. Die katholische Kirche übernahm schließlich alle und wies ihnen – auch wenn sie vom Vorabend auf den folgenden Tag verlegt wurden – erneut verschiedene Heilige zu. Der Tag nach Halloween wurde zum »Allerheiligentag«, weil an dem ursprünglichen Feiertag die Geister aller heidnischen Toten geehrt wurden.

Man glaubte, daß sich an diesen entscheidenden Tagen eine Öffnung zwischen den Welten auftat, die den Kontakt und den gegenseitigen Austausch zwischen der Geisterwelt und der Welt der Sterblichen ermöglichte. Aus diesem Grund konnten die Geister der verstorbenen Ahnen zum Fest an Halloween eingeladen und um Orakelsprüche gebeten werden; und aus diesem Grund konnten Erdgeister wie Feen und Elfen (die eigentlich die alten Toten waren) ihre Hügel und Hügelgräber verlassen, um am Maiabend zu tanzen, der in Deutschland als Walpurgisnacht bekannt ist. Im Zuge der Christianisierung dieses Feiertags erfand man eine heilige Walburga, die in Wirklichkeit jedoch nicht gelebt hat, sondern nur ein frommer Schwindel war.

Symbolische Zeiträder wiesen gewöhnlich acht Speichen auf, die mit diesen acht zeitlichen »Berührungspunkten« in Beziehung standen, als sich die Jahreszeiten spürbar zu ändern schienen und sich bestimmte Dinge während der Sonnenzyklen ereigneten. Diese Anlässe erforderten alten Glaubensvorstellungen angemessene Zeremonien. Die zeitlichen Zyklen der Natur mußten gebührend geehrt werden, so daß alles in der richtigen Aufeinanderfolge bleiben würde. Unsere fernen Ahnen glaubten zweifellos, daß ihre menschlichen Rituale notwendig waren, um die Welt in Gang zu halten und das Eintreten des Jüngsten Gerichts abzuwehren.

Moderne Frauenkreise begehen diese acht Angelpunkte des Jahres gewöhnlich mit ganz besonderen Zeremonien. Jeder dieser Festtage bietet die Gelegenheit für schöpferische Planung, für ein etwas sorgfältiger vorbereitetes Treffen, als es üblicherweise der Fall ist. Einige Gruppen kommen gern eine oder zwei Wochen vor jedem Festtag zusammen, um durch Sammeln von spontanen Einfällen ein Programm aufzustellen. Jedes Mitglied schlägt verschiedene Arten von Ritualen vor, die es ausprobieren möchte. Alle steuern Ideen zu Musik, Tanz, Aktionen, Anrufungen, Vorträgen von Gedichten und anderen Handlungen bei, um das Kernthema des jahreszeitlichen Festtags zum Ausdruck zu bringen.

Den acht Festtagen sind bestimmte traditionelle Farben zugeordnet. Gruppen können vereinbaren, sich in der passenden Farbe zu kleiden oder andernfalls für bunte Schals oder Bänder für alle Teilnehmerinnen zu sorgen. Kerzen, Speisen, Kränze und andere Dekorationen können auf das jeweilige Farbthema abgestimmt werden.

Beltane war stets das Frühlingsritual, das zu Ehren des frischen grünen Gewandes der Erde mit dem »Tragen grüner Kleider« verknüpft war. Folglich ist Grün die heilige Farbe am Maiabend. Lammas, das Erntefest, zeichnet sich durch Rot aus, für die Mutter-Göttin, für die Hitze des Sommers und für das Blut, den Wein und das Feuer, die für das fortwährende Leben stehen. Schwarz war schon immer die Halloween-Farbe, die Farbe der Greisin-Göttin, die das Fest der Toten führt. Die Farbe für Lichtmeß ist Orange, Gelb oder Gold, die Farbe der Flammen, die in den schwindenden Winterwochen der stärker werdenden Sonne Unterstützung zu geben pflegten.

Zum Zeichen der Wiedergeburt ebendieser Sonne wird zur Wintersonnenwende Weiß getragen. Weiß ist außerdem die Farbe der Jungfrau-Göttin, die ursprünglich die Sonne gebar. Der Sommersonnenwende ist die Farbe Purpur für die temporäre Inthronisierung der Sonne am Himmelsgipfel zugeordnet. Die Tagundnachtgleichen verlangen nach einer Kombination aus Schwarz und Weiß oder hell- und dunkelblauen Farbtönen: hell über dunkel im Frühling, dunkel über hell im Herbst.

Blumen und andere Pflanzendekorationen sollten zu den Jahreszeiten passen. Einer der heiteren alten Bräuche bestand darin, daß die Feiernden Kränze aus jahreszeitlichen Blumen, Blättern oder Gräsern um den Kopf oder den Hals trugen oder sich zumindest einen Zweig ins Haar steckten. Altardekorationen sind besonders ansprechend, wenn sie die Jahreszeit widerspiegeln.

Die folgenden acht Anregungen zu Ritualen behandeln der Reihe nach die acht Angelpunkte mit bestimmten Details, die in die Feierlichkeiten einbezogen werden können. Vergessen Sie bitte nicht, daß es nur Anregungen sind, und wenn eine Gruppe etwas ganz anderes ausprobieren möchte, sollte sie das auch tun. Jeder dieser acht Festtage sollte ein einzigartiges Ereignis sein, und sowohl seine geplanten als auch unvorhergesehenen Bestandteile sollten der besonderen Zeit in dem besonderen Jahr gewidmet sein. Betrachten Sie die Feiertage als Zeiten von verstärkter Kreativität und Ausdrucksfreiheit.

## Frühlingstagundnachtgleiche (21. März)

Bereiten Sie vier Bögen Papier mit den folgenden Fragen und Antworten vor, die auf jedes Blatt geschrieben werden. Nach Anrufung und Segnung des Raumes nehmen vier Teilnehmerinnen jeweils einen Bogen und eine Kerze und stellen sich außerhalb des Kreises in eine der vier Himmelsrichtungen, mit dem Gesicht nach innen gewandt. Dann liest immer eine im Wechselgesangsstil laut den Text vor, wobei die Person mit dem Rücken zum Norden (N) beginnt. Ihr antwortet der Süden (S). Dann spricht der Osten (O), der Antwort vom Westen (W) erhält.

WECHSELGESANG

N: Was ist das für eine Nacht?
S: Es ist die Nacht der Frühlingstagundnachtgleiche.
O: Welche Bedeutung hat diese Nacht?

W: Es ist die Nacht des Gleichgewichts.
N: Welche Elemente gleichen sich in dieser Nacht aus?
S: Heute nacht sind sich die Dunkelheit und das Licht ebenbürtig.
O: Was wird nach dieser Nacht des Gleichgewichts die Oberhand gewinnen?
W: Von dieser Nacht an wird das Licht die Oberhand über die Dunkelheit gewinnen.
N: Wie erkennen wir uns selbst in dieser Nacht?
S: Wir wenden uns von der Dunkelheit ab. Wir umarmen das Licht. Wir finden das Licht in uns selbst.
O: Wer hilft uns?
W: Unsere Göttin hilft uns.
N: Was ist unsere Göttin?
S: Sie ist der Schatten und die Helligkeit, das Feuer und die Asche, der Morgen und der Abend.
O: Wer ist unsere Göttin?
W: Sie ist die Jungfrau des Lichts, die Greisin der Dunkelheit, die Mutter der Zeit.
N: Wo ist unsere Göttin?
S: Sie ist in unseren Herzen in allen Jahreszeiten des Jahreskreises.
O: Wer ist unsere Göttin?
W: Siehe, sie ist wir selbst.

Dieser Sprechgesang ist in fünf Abschnitte unterteilt, die alle mit der Frage des Nordens eingeleitet werden. Wenn der Boden mit einem Pentagramm versehen ist, kann der ganze Kreis langsam um das Pentagramm herumgehen; während jedes der fünf Abschnitte passiert man eine Spitze des Sterns und kehrt am Ende zu den Ausgangspositionen zurück. Wahlweise können die Sprecher selbst während des Sprechgesangs langsam außen um den Kreis herumgehen, allerdings behalten sie die Richtungen, die sie repräsentieren, bei. Dieses vorgeschlagene Ritual wird mit geringfügigen Änderungen für jeden der acht jahreszeitlichen Festtage wiederholt.

Die Frühlingstagundnachtgleiche galt früher als der Anfang des neuen Jahres. Es war eine Zeit der Freude, hervorgerufen durch die Auferstehung des »Lichtes der Welt« (Sonnengott) aus der Unterwelt des Winters. Sein an den Mond gebundenes Fest Ostern wurde ursprünglich nach der angelsächsischen Göttin Eostre benannt, einer nordischen Variante der Astarte, deren mit der Knospenzeit assoziierter Retter-Gott auferstand, wenn das Licht zum erstenmal in jedem Frühling die Oberhand über die Dunkelheit gewann.

Rituale zur Frühlingstagundnachtgleiche drehen sich um die jährliche Erwärmung der Erde und die Erneuerung ihrer Fruchtbarkeit, die Samen, die nach einem Winter der Ruhe in der Dunkelheit keimen, und den Aufgang der Frühlingskonstellationen am Nachthimmel. Geeignete Dekorationen sind knospende Zweige, Krokusse, Weidenkätzchen, die ersten Triebe von Gräsern oder Weizensprossen in einem Tongefäß, wie die berühmten »Adonisgärtlein«, die Frauen jedes Jahr für die Auferstehung von Eostres Vegetationsgott pflanzten.

Man kann Eis in einem Sieb schmelzen und über der Erde in ein Steingutgefäß herabtröpfeln lassen, wodurch das Auftauen im Frühling symbolisiert wird. Schlamm ist ein gutes Symbol für den Frühlingsanfang, mit dem in der nördlichen Klimazone meist Matschwetter einhergeht. Das englische Wort für Matsch, Schlamm, *mud*, rührt von demselben Stammwort wie Mutter, *mother*, her, weil der Schoß der Göttin, die das Universum gebar, als »Ur-Suppe« aus den beiden weiblichen Elementen, Erde und Wasser, angesehen wurde.

Tänze können das Sprießen neuer Keime aus der Erde und den Aufstieg der Sonne in ihrer Bahn immer höher am Himmel pantomimisch darstellen. Sprechgesänge können spontan aus einer Kombination von Sätzen über den Frühling gedichtet werden, die eine nach der anderen im Kreis von sich gibt, wie zum Beispiel: »Neues Licht!« »Blumen werden kommen!« »Jungfräulicher Frühling, wir grüßen dich!« »Lebenskraft erwacht!« »Gebieterin Erde lebt!« »Heil, liebe Sonne, scheine heller!« »Bring uns mildere Tage!« Und so weiter.

Eine besondere Kerze kann im Kreis die Runde machen, während jede über der Flamme einen Wunsch nach Erneuerung von etwas hegt – Hoffnung, Kreativität, Gesundheit, Freundlichkeit, Weisheit, Erfolg bei einem Projekt, bessere Beziehungen. Spezielle Wünsche für sich selbst oder für andere können geäußert werden. Die Wunschkerze läßt man bis zum Ende des Abends herunterbrennen. Um sicherzugehen, beginnt man mit einer kleinen oder kurzen Kerze.

Die Frühlingstagundnachtgleiche ist außerdem eine gute Zeit, um Vorsätze zu fassen. »In diesem Sommer werde ich fünf Pfund abnehmen.« »Vor Beltane werde ich mein Dachgeschoß ausräumen.« »In diesem Monat werde ich das angefangene Buch zu Ende lesen.« »Von diesem Tag an werde ich den Fernseher erst nach dem Abendessen einschalten.« »Bis Mittsommer werde ich die Kleider und Blusen genäht haben, für die ich Stoff gekauft habe.« »Was immer es kostet, ich werde mit meiner Schwägerin, von der ich mich entfremdet habe, Frieden schließen.«

Da es das heidnische neue Jahr ist, können einige der Bräuche, die unsere Gesellschaft dem 1. Januar zugeschrieben hat, auf die Frühlingstagundnachtgleiche verlegt werden: Feuerwerks- und Knallkörper zünden, Konfetti werfen, vielleicht sogar ein gemeinsames Schlückchen Sekt genießen. Es ist eine Zeit der Erneuerung und der Hoffnung. Es ist ein Festtag der Frische. Lassen Sie Ihre kreativen Rituale diese Vorstellung reflektieren.

## Beltane (Maiabend)

Der Monat Mai war eine der frohesten Zeiten im alten Kalender. Im alten England gab man sich während des ganzen Monats Festlichkeiten im Freien, »Maireiten«, dem Tragen grüner Kleidung und sexuellen Freiheiten hin. Man glaubte, daß die grüngekleideten Feen (heidnische Geister) den Monat Mai regierten und Mutter Erde halfen, damit sie sich noch in Grün kleide, so daß das Leben für ihre Menschen- und Tierkinder weitergehen konnte. Wie für die Frühlingstagundnachtgleiche wird der Wechselgesang vorbereitet:

N: Was ist das für eine Nacht?
S: Es ist die Beltane-Nacht.
O: Welche Bedeutung hat diese Nacht?
W: Es ist das Fest des neuen Wachstums.
N: Was ehren wir in dieser Nacht?
S: Wir ehren die Erneuerung der Lebenskraft und die fortwährend erneute Schönheit unserer Erde.
O: Was werden wir nach diesem Fest des neuen Wachstums tun?
W: Wir werden arbeiten, damit aus unseren Mühen Früchte hervorgehen.
N: Wie erkennen wir uns selbst in dieser Nacht?
S: Wir tanzen mit Freude. Wir blühen mit den Blumen. Wir beschwören die Jungfrau, die neues Leben bringt.
O: Wer hilft uns?
W: Unsere Göttin hilft uns.
N: Was ist unsere Göttin?
S: Sie ist der süße Duft der Rose, die Anmut der Lilie, der Atem des Südwindes.
O: Wer ist unsere Göttin?
W: Sie ist die Jungfrau des Lichts, die Greisin der Dunkelheit, die Mutter der Zeit.
N: Wo ist unsere Göttin?
S: Sie ist in unseren Herzen in allen Jahreszeiten des Jahreskreises.
O: Wer ist unsere Göttin?
W: Siehe, sie ist wir selbst.

Das Hauptsymbol von Beltane war der Maibaum, den christliche Autoritäten als teuflische Obszönität verdammten, denn sie wußten, daß er einen Phallus repräsentierte, der in Mutter Erde gepflanzt wurde, um ihren Schoß zu befruchten. Das Volk liebte ihn und wollte ihn nicht aufgeben. Selbst in puritanischen Zeiten, als er von der Kanzel herab als ein abscheuliches Götzenbild angeprangert wurde, wurde der Maibaum weiterhin alljährlich aufgestellt, mit Fahnen, Blumen und Bändern geschmückt, umtanzt und angebetet.

Der Maibaumtanz ist wohl das passendste traditionelle Beltane-Ritual. Seine sexuelle Zweideutigkeit ist selbst in einer reinen Frauengruppe nicht unangebracht. Im Gegenteil: Alte matrifokale Religionen waren stets in hohem Maße mit angemessenen sexuellen Beziehungen zwischen der Göttin und ihrem Gemahl befaßt.

Im Freien kann fast jeder Baum als Maibaum dienen, andernfalls wird ein Loch in den Boden gegraben und ein Pfahl hineingestellt. Das Loch sollte tief sein und wird nach Aufstellung des Pfahls mit Steinen und Erde aufgefüllt, damit der Maibaum gerade und stabil steht. Im Haus genügt eine Stange, ein Hutständer oder ein Stück Holz, wenn das Objekt in senkrechter Position abgestützt ist. Der Maibaum muß in der Mitte eines offenen Raumes frei stehen, wenn um ihn herumgetanzt werden soll.

Beim traditionellen Maibaumtanz werden zunächst lange Bänder hoch oben am Baum befestigt. Jeder Tänzer hält das Ende eines Bandes. Der Kreis der Tänzer steht weit weg von dem Baum, so daß die Bänder ziemlich straff gehalten werden. Die Zahl der Tänzer sollte gerade sein; sie blicken abwechselnd in den Uhrzeigersinn und in den Gegenuhrzeigersinn. Alle Tänzerinnen bewegen sich in Blickrichtung und gehen rechtsschultrig an der ersten Person vorbei, dann linksschultrig an der nächsten und so weiter (siehe Beschreibung im Kapitel »Tanzen«, Seite 70), um die Bänder von oben und unten um den Baum herum zu flechten. Die Tänzerinnen, die innen passieren, werden sich ducken müssen. Diejenigen, die außen passieren, halten ihre Bänder hoch, um sie hinüberzuziehen.

Falls es aus irgendwelchen Umständen nicht möglich ist, den Maibaumtanz aufzuführen, kann der Altar mit grünen Bändern geschmückt werden, die kreisförmig oder zu Pentagrammen angelegt sind. Zum Schluß können die Bänder zerschnitten und an alle Teilnehmerinnen verteilt werden, die später ihr Stück Band um einen Baum oder Pfahl ihrer Wahl binden.

Wenn es keinen Maibaum geben soll, ist das zeremonielle Einpflanzen ein angemessener Beltane-Brauch, der draußen oder drinnen mit einem Gefäß vollzogen werden kann. Beliebige Samen, Zwiebeln, Setzlinge, Sämlinge oder ein junger Baum genügen. Alle Gruppenmitglieder können sich am Graben beteiligen und auch ein wenig Erde mit nach Hause nehmen, um sie für den privaten Altar zu verwenden.

Ein Frühlingsblumenfest pflegte an das klassische Drama der mit der Rückkehr der Jungfrau aus der Unterwelt einhergehenden Blütezeit zu erinnern. Zum Zeichen dessen kann eine Frauengruppe ihr jüngstes Mitglied mit Blumen schmükken und es als Jungfrau unter Namen wie Kore, Flora, Freya, Blodeuwedd oder Persephone begrüßen. Eine Puppe oder Statue kann ebenfalls als Dekorationsobjekt dienen.

Besondere Speisen können aufgetragen werden, wie etwa kandierte Blütenblätter oder Granatäpfel, die traditionelle, den Schoß symbolisierende Speise in Persephones Unterwelt. Teilnehmerinnen können außerdem aus buntem Papier, Filz oder Stoff künstliche Blumen anfertigen. Andere geeignete Dinge, die im Maikreis verteilt werden können, sind: Räucherstäbchen mit Blumenduft, Parfums, Duftbeutel mit getrockneten Blumenblättern, künstliche Blumen aus Seide oder Perlen, mit Blumen dekorierte Postkarten, grüne Kräuter, Maibowle und Rosenknospen.

## Sommersonnenwende (21. Juni)

Diese Sonnenwende kennzeichnet den höchsten Stand der Sonne am Himmel, wodurch sie zum längsten Tag des Jahres wird. Licht und Wärme sind die Themen eines Sonnenwendfestes zu dieser Zeit. Heiden brachten diese Themen mit mittsommerlichen Freudenfeuern zum Ausdruck. Junge Männer und Frauen sprangen über die Flammen. Alte Frauen behaupteten, daß die Feldfrüchte des Sommers so hoch wachsen würden, wie die jungen Leute gesprungen sind; so bemühten sich alle nach Leibeskräften zugunsten der Früchte.

Wie für die Frühlingstagundnachtgleiche wird der Wechselgesang vorbereitet:

N: Was ist das für eine Nacht?
S: Es ist die Nacht der Sommersonnenwende.
O: Welche Bedeutung hat diese Nacht?
W: Es ist ein Höhepunkt der Macht.
N: Welches Element regiert diese Nacht?
S: Heute nacht erreicht das Licht die Grenze seiner Macht über die Dunkelheit.
O: Welches Element wird nach dieser Nacht der Macht schwächer werden?
W: Von dieser Nacht an wird das Licht schwächer und die Dunkelheit stärker werden.
N: Wie erkennen wir uns selbst in dieser Nacht?
S: Wir grüßen die Sonne und freuen uns über das Licht.
O: Wer hilft uns?
W: Unsere Göttin hilft uns.
N: Was ist unsere Göttin?
S: Sie ist das strahlende Feuer des Himmels, die lebendige Hitze, die goldenen Mittagszeiten der Welt.
O: Wer ist unsere Göttin?
W: Sie ist die Jungfrau des Lichts, die Greisin der Dunkelheit, die Mutter der Zeit.
N: Wo ist unsere Göttin?
S: Sie ist in unseren Herzen in allen Jahreszeiten des Jahreskreises.
O: Wer ist unsere Göttin?
W: Siehe, sie ist wir selbst.

Da es in dieser Zeit gewöhnlich warm ist, möchten Gruppen vielleicht eine Zeremonie im Freien planen, auch wenn die meisten Treffen drinnen stattfinden. Ist ein geeigneter Platz für ein Freudenfeuer gefunden, so wollen die Teilnehmerinnen möglicherweise die Zeremonie des Feuerspringens ausprobieren. Natürlich sollte man dabei Vorsicht walten lassen. Das Feuer muß unter Kontrolle gehalten werden. Im Haus genügt ein bescheidener symbolischer Sprung über eine Kerze vollkommen.

Dekorationen können groß, rund, prunkvoll sein: Sonnenscheiben mit leuchtenden Strahlen, aus Folie ausgeschnittene

Kreise, Münzen oder Medaillons, vergoldete Teller, Kristallkugeln, Sonnenblumen. Lichter, Kristalle, Linsen, Prismen und andere Symbole der Klarheit sind geeignet. Die Teilnehmerinnen können sich wie Königinnen in Purpur und Gold und mit viel Schmuck herausputzen; oder haben, wenn es sehr warm ist, möglicherweise so wenig wie möglich oder überhaupt nichts an (siehe Kapitel »Nacktheit«, Seite 195).

Das Fest des Lichtes ist eine gute Zeit für Tänze, deren Schrittfolgen die Acht zugrundeliegt, die den Wandel der Jahreszyklen zum Ausdruck bringen, und für die Anrufung verschiedener Verkörperungen der Sonnengöttin (Sul, Atthar, Aditi). Es ist eine gute Zeit für positive Energie, um Beschlüsse zu fassen und Versprechen zu geben, die innere Kraft erfordern. Es ist eine gute Zeit dafür, Lebensregeln zu entwerfen oder sich mit den Gesetzen der Göttin zu beschäftigen (siehe Seite 237). Symbole solcher Ambitionen können auf den Altar plaziert werden oder im Kreis für unterstützende Bemerkungen herumgehen.

Geführte Meditationen für diese Jahreszeit sollten Mut, intellektuelle Kompetenz, Heldinnenfiguren, Herrscherinnen, Selbstvertrauen und eine direkte, effektive Haltung gegenüber Problemen hervorheben. Offenheit, Vernunft und die Bereitschaft, sich auf aufrichtige, ungezwungene Kommunikation einzulassen, sind wünschenswert. Man sollte Blockaden, die durch eingebildete Ängste verursacht wurden, ins Auge sehen und sich von ihnen befreien. Die Themen von Licht und Klarheit können mit Hilfe beliebiger ritueller Wege, die die Gruppe bevorzugt, gestaltet werden.

## Lammas (Augustabend)

Lammas ist das Fest des Brotes. Es war ein Festtag der Weizenernte. Sein älterer Name, Lugnasad, bedeutet das Opfer des Gottes Lug oder Lud, dessen Name noch immer in London (ehemals Lugdunum) erhalten ist, wo der Schrein des Gottes auf dem Ludgate Hill stand. Wie andere Vegetationsgötter auch wurde Lug getötet (geerntet) und begraben (gepflanzt), damit er als neue Feldfrucht von den Toten auferstehen konnte.

Wie für die Frühlingstagundnachtgleiche wird der Wechselgesang vorbereitet:

N: Was ist das für eine Nacht?
S: Es ist die Lammas-Nacht.
O: Welche Bedeutung hat diese Nacht?
W: Es ist das Fest des Brotes.
N: Was ehren wir in dieser Nacht?
S: Wir ehren die Früchte der Erde, unsere fortwährende Erhaltung.
O: Was werden wir nach diesem Fest des Brotes tun?
W: Wir werden auf unsere Ernte achten und sie einbringen und aufbewahren, was zum Leben notwendig ist.
N: Wie erkennen wir uns selbst in dieser Nacht?
S: Wir kneten den Teig. Wir backen das gute Brot. Wir wenden uns an die Mutter, die uns unsere tägliche Nahrung gibt.
O: Wer hilft uns?
W: Unsere Göttin hilft uns.
N: Was ist unsere Göttin?
S: Sie ist die Wohltätigkeit unseres Mutterplaneten, die reichen Geschenke ihrer Erde, die Nahrung unserer Körper.
O: Wer ist unsere Göttin?
W: Sie ist die Jungfrau des Lichts, die Greisin der Dunkelheit, die Mutter der Zeit.
N: Wo ist unsere Göttin?
S: Sie ist in unseren Herzen in allen Jahreszeiten des Jahreskreises.
O: Wer ist unsere Göttin?
W: Siehe, sie ist wir selbst.

Beim Fest des Brotes steht natürlich Brot im Vordergrund, vorzugsweise selbstgebackenes aus Vollkornmehl. Wenn ein Backofen vorhanden ist, kann die Gruppe an Ort und Stelle Brot backen. Die frischen Laibe können am Ende des Treffens geteilt werden.

Der Getreidegott Lug kann als Teigfigur hergestellt werden, wie der Ingwerbrotmann aus dem Märchen. Die Figur wird im Kreis herumgereicht und aufgeteilt, da jede ein Stück von ihr ißt. Dies war eine der ursprünglichen Formen des heiligen Abendmahls, als das Fleisch der Korngötter wie Osiris, Adonis und Tammuz von ihren Anbetern zeremoniell verzehrt wurde, die somit symbolisch miteinander eins wurden, während sie gleichfalls ihre Gottheit verinnerlichten. Dieser Vorgang allein sollte die Kommunikanten gottähnlich (unsterblich) machen, so daß sie ein gottähnliches ewiges Leben erlangen konnten. Diese Idee wurde vom Christentum übernommen – das ganze christliche »Mysterium« der Erlösung beruhte darauf –, aber sie war heidnischen Ursprungs.

Unsere Ahninnen betrachteten Getreide mit großer Ehrfurcht und verstanden die Tatsache, daß es Samen und zugleich eßbare Frucht ist, als ein heiliges Mysterium. Folglich glaubte man, daß es alle drei Aspekte der Göttin umfaßt: Jungfrau (Kind der Erde, Frucht), Mutter (lebenspendend, fruchtbarer Nahrungsgeist) und Greisin (verwelkte Pflanze, heruntergekommen, bereit zum Rückzug in die Unterwelt und zur späteren Auferstehung). Solch unergründliche Naturmagie war in hohem Maße Gegenstand der Kontemplation in den Tempeln der Demeter, Ceres, Ops, Hera und anderer Erdmütter. Bei den berühmten Eleusinischen Mysterien wurde eine »in Schweigen geerntete« Getreideähre als höchste Offenbarung gezeigt. Entsprechend beteten die Indianer und die Völker Mexikos und Perus den Mais aus fast den gleichen Gründen an. Folglich ist ein Maiskolben wie jede andere Getreidepflanze auch für ein Lammas-Ritual geeignet.

Alle möglichen Samen können an Lammas verwendet werden, um Pentagramme, Bilder, abstrakte Muster für Orakeldeutungen, dekorative Gegenstände oder Geschenke anzufertigen. Man kann Samen auf rechteckigen oder kreisförmigen Karton kleben, und schon hat man ein Bild. Man kann Samen an Fäden oder Draht aufreihen und sie als Lammas-Armbänder und -Halsketten tragen. Man kann Samen in kleine Gefäße mit Schraubverschluß füllen und sie dann als Rasseln verwenden. Die Mitglieder können mit einem Kreis aus Samen, Brotkrumen oder Mehl umgeben sein. Im Freien kann die Gruppe durch einen Wald ziehen und dabei eine Spur aus Brot oder Samen für die Vögel und andere Tiere auslegen. Gleichzeitig kann jede einen besonderen Zweig, Stein oder Blatt für den Altar auflesen.

Lammas ist außerdem ein passender Zeitpunkt, um eine Maispuppe anzufertigen. Gewöhnlich handelt es sich dabei um eine Figur aus zusammengebundenen Maishülsen, die mit Rock, Schürze und Haube versehen und an einem besonderen Platz aufbewahrt wird, um ein Jahr später zur selben Zeit zusammen mit dem Samenkorn zeremoniell begraben zu werden.

Dankbarkeit für die Ernte, Festessen und allgemeine Fröhlichkeit sind vorherrschend beim Erntefest überall in der Welt seit den fernen Zeiten, als die Menschen zum erstenmal anfingen, Ackerbau zu betreiben.

## Herbsttagundnachtgleiche (21. September)

Auch die Herbsttagundnachtgleiche ist ein Erntefest und dient als Vorbereitung auf die bevorstehende kühlere, dunklere Zeit, wenn die Tage kürzer werden.

Wie für die Frühlingstagundnachtgleiche wird der Wechselgesang vorbereitet.

N: Was ist das für eine Nacht?
S: Es ist die Nacht der Herbsttagundnachtgleiche.
O: Welche Bedeutung hat diese Nacht?
W: Es ist die Nacht des Gleichgewichts.
N: Welche Elemente gleichen sich in dieser Nacht aus?
S: Heute nacht sind sich das Licht und die Dunkelheit ebenbürtig.
O: Was wird nach dieser Nacht des Gleichgewichts die Oberhand gewinnen?
W: Von dieser Nacht an wird die Dunkelheit die Oberhand über das Licht gewinnen.

N: Wie erkennen wir uns selbst in dieser Nacht?
S: Wir wenden uns vom Licht ab. Wir umarmen die Dunkelheit. Wir finden die Dunkelheit in uns selbst.
O: Wer hilft uns?
W: Unsere Göttin hilft uns.
N: Was ist unsere Göttin?
S: Sie ist die Helligkeit und der Schatten, die Asche und das Feuer, der Abend und der Morgen.
O: Wer ist unsere Göttin?
W: Sie ist die Jungfrau des Lichts, die Greisin der Dunkelheit, die Mutter der Zeit.
N: Wo ist unsere Göttin?
S: Sie ist in unseren Herzen in allen Jahreszeiten des Jahreskreises.
O: Wer ist unsere Göttin?
W: Siehe, sie ist wir selbst.

Durch Herbsttänze kann das Fallen der Blätter, das Kürzerwerden der Tage, das Erschlaffen der kreativen Energien zu einer Ruhezeit im dunklen Kern der Dinge pantomimisch ausgedrückt werden. Einer beginnenden Schwangerschaft gleich, wenn alles im verborgenen vor sich geht, ist dies eine frauenzentrierte Zeit. Alte matrifokale Religionen, die nicht ausschließlich damit befaßt waren, auf das Ideal von Licht hin zu streben, erkannten die Ebenbürtigkeit und gleichwertige Notwendigkeit von Schatten und Höhlen, von Innen und Außen, von Winter und Sommer an. Daher zelebrieren Frauenrituale das Nahen der dunklen Zeit als unentbehrlich für die Erneuerung des Zyklus.

Herbstblätter und Wildblumen bieten sich als Altardekoration geradezu an. Desgleichen eignen sich Andenken an Sommerferien, Symbole von abgeschlossenen Projekten, Federn, die aufkommende Winde symbolisieren, Eicheln, Insektenkokons, spätsommerliche Früchte wie Beeren, Trauben und Äpfel. Die Herbsttagundnachtgleiche ist eine gute Zeit, um Äpfel quer aufzuschneiden, so daß ihr Pentagramm sichtbar wird, und im Kreis zu teilen. Es ist eine Zeit, um sich Geschichten zu erzählen. Es ist eine Zeit, um mit dem Erlernen von etwas Neuem anzufangen. Es ist eine Zeit, um eine weitere Wunschkerze anzuzünden und niederbrennen zu lassen, so daß alle Wünsche zusammen in die Atmosphäre aufgenommen werden.

Für dieses Fest kann man besondere Kleidung nach dem Muster des farbenprächtigen Clownskostüms, das die Bäume tragen oder bald tragen werden, anfertigen. Die Teilnehmerinnen bringen Taschen voller Stoffreste und -schnipsel in leuchtenden Farben, Bänder, Stoffetzen und andere Reste sowie einen großen Vorrat an Sicherheitsnadeln mit. Sie schmücken sich gegenseitig, indem sie diese »Blätter« überall an ihrer Kleidung befestigen, und tanzen dann wie leuchtende Herbstbäume im Wind. Die »Blätter« können eines nach dem anderen gelöst und fallen gelassen werden, wodurch die Bäume, die ihren Blätterputz in Erwartung des Winters abwerfen, nachgeahmt werden.

# Samhain (Novemberabend, Halloween)

Samhain oder Halloween zählte zu den wichtigsten heidnischen Jahresfesten, was auch der Grund dafür war, daß die mittelalterliche Kirche es derart diabolisierte, daß es in der allgemeinen Meinung noch immer mit Teufeln, Hexen, Kobolden und anderen unheiligen Wesen assoziiert wird. Der Geist verkörpert diesen Festtag am echtesten, weil Samhain den Geistern aller Ahnengenerationen geweiht war, zu einer Zeit, als die Anbetung der Ahnen (oder vielmehr Ahninnen) die Grundlage des Stammeszusammenhalts darstellte. Jeder Geist wurde zum Festessen des Klans als Gast eingeladen (»Geist« und »Gast« waren früher dasselbe Wort), und konnte, nachdem er angemessen bewirtet wurde, seinen Nachkommen orakelhafte Ratschläge erteilen. Dieses Fest der Toten galt als einer der wichtigsten Zeitrisse zwischen den Welten.

Außergewöhnlich verehrte Ahnen wurden schließlich zu Göttern und Göttinnen. Gerade diese heidnischen Geister bezeichnete die Kirche als Teufel, die von Stammespriesterinnen, von der Kirche Hexen genannt, aus dem Jenseits angerufen werden konnten. Das in der Nacht begangene Fest der Heiden bekam also diabolische Untertöne, während der darauffolgende Allerheiligentag einfach die heidnische Vorstellung plagiierte und sie eben auf christianisierte Geister anwendete.

Wie für die Frühlingstagundnachtgleiche wird der Wechselgesang vorbereitet:

N: Was ist das für eine Nacht?
S: Es ist die Samhain-Nacht.
O: Welche Bedeutung hat diese Nacht?
W: Es ist das Fest der Toten.
N: Was ehren wir in dieser Nacht?
S: Wir ehren jene, die vor uns in die Dunkelheit gegangen sind und uns das Vermächtnis ihrer Existenz zurückließen.
O: Was werden wir nach diesem Fest der Toten tun?

W: Wir werden von den Schatten lernen und uns auf unsere eigene Nacht vorbereiten.

N: Wie erkennen wir uns selbst in dieser Nacht?

S: Wir hüllen uns in Dunkelheit ein. Wir studieren die tiefen Geheimnisse. Wir werden weise.

O: Wer hilft uns?

W: Unsere Göttin hilft uns.

N: Was ist unsere Göttin?

S: Sie ist die verborgene Leere der Zukunft, die große schwarze Matrix, der Anfang und das Ende aller Dinge.

O: Wer ist unsere Göttin?

W: Sie ist die Jungfrau des Lichts, die Greisin der Dunkelheit, die Mutter der Zeit.

N: Wo ist unsere Göttin?

S: Sie ist in unseren Herzen in allen Jahreszeiten des Jahreskreises.

O: Wer ist unsere Göttin?

W: Siehe, sie ist wir selbst.

Da es ein Fest der Toten ist, ist es angemessen, das Leben und Werk von verstorbenen Frauen zu ehren, als Gegenmittel gegen die patriarchale Geschichte, die selten Notiz von ihnen nimmt. Jede Teilnehmerin sollte vorbereitet erscheinen, um über eine verstorbene Frau zu reden, die großen Einfluß auf sie ausübte. Das kann eine Verwandte (Mutter, Großmutter, Tante) sein, eine historische Persönlichkeit oder eine Lieblingsautorin, -künstlerin oder -komponistin. Jede Teilnehmerin erzählt die Geschichte von ihrer ausgewählten Frau, und reicht, wenn möglich, eine persönliche Erinnerung herum, zitiert die Worte von ihr oder ruft auf irgendeine andere Weise ihren Geist an. Bei einer geführten Meditation versucht man, sich alle Geister der verstorbenen Frauen vorzustellen, die dem Kreis der Lebenden beiwohnen und jeweils hinter der Frau, die ihre Geschichte erzählt hat, stehen.

Schwarze Kerzen, Knochen, Eulenfedern, die Tarotkarte »Der Tod«, Miniatursärge und andere mit dem Tod assoziierte Objekte können zum Dekorieren verwendet werden, wie auch traditionelle Kürbislaternen oder Halloween-Schädel, Kobolde und Figuren in Form schwarzer Katzen. Das Schwert oder Athame sollte im Vordergrund stehen. Ein schwarzer Eisenkessel ist ein hervorragendes Requisit. Eine moderne Variante des Hexenfeuers kann im Kessel angezündet werden: Eine geringfügige Mischung aus Alkohol für medizinische Zwecke und Epsomer Bittersalz zu gleichen Teilen brennt ohne Rauch und kann also gefahrlos im Haus benutzt werden. Man sollte jedoch darauf achten, daß der Kessel stabil auf einer feuerfesten Unterlage steht.

Beim Begehen des Festes der Toten mit verschiedenen makabren Dekorationen sollte nicht vergessen werden, daß solche Festlichkeiten darauf abzielten, die Angst vor dem Tod zu überwinden, indem eine gewisse Vertrautheit mit ihm geschaffen wurde – indem man sozusagen das furchtbare Gesicht der todbringenden Greisin betrachtete. Alte Weise pflegten zu sagen, daß die Göttin demjenigen unbekannt bleibe, der ihren Todesaspekt nicht verstehe. Um das Leben besser würdigen und wertschätzen zu können, solange es währt, sollte also ein Kalender der Festtage auch eine Würdigung der Sterblichkeit enthalten. Jemand, der sich weigert, sich der Tatsache des Todes zu stellen, wird die Welt der Lebenden nicht gebührend respektieren.

Die Greisin regiert Halloween noch immer in ihrer archetypischen Hexengestalt. Frauen möchten sich vielleicht mit ihr identifizieren und nicht nur die üblichen schwarzen Gewänder tragen, sondern auch Kostüme, Masken und Schminke, alles, was so »hexenhaft« wie möglich ist. Vielleicht möchten sie die »hexenhaftesten« Aspekte von sich selbst entsprechend ihrer eigenen Begriffsinterpretation darstellen. Manche Frauen finden es sehr befreiend oder bestätigend, eine Weile eine häßliche oder furchteinflößende Rolle in einer patriarchalen Welt zu spielen, die bestrebt ist, ihnen beides zu verbieten.

# Wintersonnenwende (21. Dezember)

Diese Sonnenwende ist der kürzeste Tag und die längste Nacht des Jahres, ein Ereignis, das bei den Alten erhebliche Angst auslöste. Jedes Jahr machten sie sich Sorgen darum, daß die Sonne nicht imstande sein könnte, ihre Wärme wieder zurückzugewinnen. (In nördlichen Ländern glaubte man, daß der Beginn des Jüngsten Gerichts durch einen drei volle Jahre währenden Winter gekennzeichnet sei.) Feste zur Wintersonnenwende zentrierten sich daher um die Idee der Wiedergeburt, um der »neugeborenen« Sonne beizustehen, an Kraft zuzunehmen, wenn sie aus dem dunklen Schoß der Nacht zum Vorschein kam.

Erlöserkulte wie solche von Attis und Jesus bestimmten ebenfalls diese traditionelle Geburtszeit für ihre jeweiligen Helden, weil die Menschen daran gewohnt waren, zu dieser Zeit eine göttliche Geburt feierlich zu begehen, neun Monate nach dem Tod des Gottes und seiner erneuten Empfängnis zur Frühlingstagundnachtgleiche – die die Christen in das Fest der Verkündigung Mariä umbenannten. Das wirkliche Geburtsdatum von Jesus oder einem anderen Erlösergott war und ist unbekannt. Als die Kirche im vierten Jahrhundert schließlich entschied, das Weihnachtsfest von den Heiden zu übernehmen, war es noch genauer nach der Sonnenwende ausgerichtet, die seitdem vorgerückt ist.

Wie für die Frühlingstagundnachtgleiche wird der Wechselgesang vorbereitet:

N: Was ist das für eine Nacht?
S: Es ist die Nacht der Wintersonnenwende.
O: Welche Bedeutung hat diese Nacht?
W: Es ist ein Höhepunkt der Macht.
N: Welches Element regiert in dieser Nacht?
S: Heute nacht erreicht die Dunkelheit die Grenze ihrer Macht über das Licht.
O: Welches Element wird nach dieser Nacht der Macht schwächer werden?

W: Von dieser Nacht an wird die Dunkelheit schwächer und das Licht stärker werden.
N: Wie erkennen wir uns selbst in dieser Nacht?
S: Wir grüßen den Mond und freuen uns über die Dunkelheit.
O: Wer hilft uns?
W: Unsere Göttin hilft uns.
N: Was ist unsere Göttin?
S: Sie ist die Kälte des Raums, der lichtlose Schoß der Existenz, der tiefste Abgrund.
O: Wer ist unsere Göttin?
W: Sie ist die Jungfrau des Lichts, die Greisin der Dunkelheit, die Mutter der Zeit.
N: Wo ist unsere Göttin?
S: Sie ist in unseren Herzen in allen Jahreszeiten des Jahreskreises.
O: Wer ist unsere Göttin?
W: Siehe, sie ist wir selbst.

Stechpalmenzweige eignen sich als Dekoration für diesen Festtag, weil sie vom heidnischen Julfest übernommen und ursprünglich nach der dunklen Greisin-Göttin der Unterwelt, Holle oder Hel, benannt wurden, aus deren Schoß die Sonne hervorging. Den ältesten Glaubensvorstellungen zufolge symbolisierten die roten Beeren der Stechpalme das heilige Blut der Göttin, Gestalterin allen Lebens. England weist noch immer viele »Hollywells« oder »Holywells« auf, die einst als yonische Schreine dieser Göttin galten. Die immergrünen Blätter der Stechpalme standen für die Fortdauer des Lebens, das den Winter hindurch seine Vitalität behielt und somit Unsterblichkeit implizierte.

Das Thema dieser Sonnenwende ist die Geburt – oder vielmehr die Wiedergeburt – mit Betonung auf der göttlichen Gebärenden und nicht auf dem Geborenen wie in der christlichen Überarbeitung. Die Gebärende ist Hel oder die Dunkle Göttin, unter anderem auch bekannt als Mutter Nacht, Hekate, Myrrha, Cerridwen, Kybele-Nana, Schwarze Demeter. Alle Teilnehmerinnen können ihre Hebammen-Priesterinnen-Gehilfin-

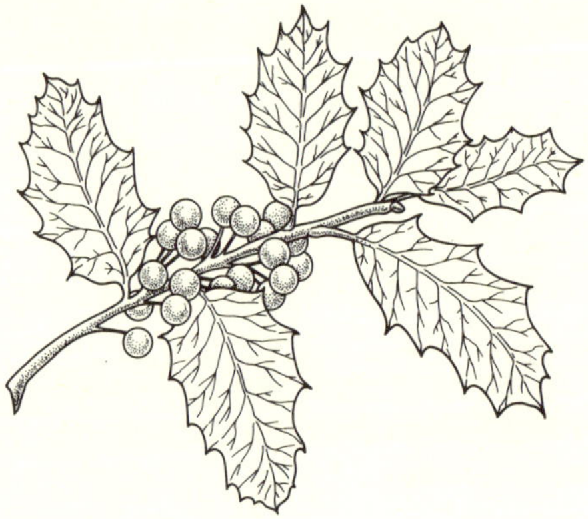

nen verkörpern. Das jüngste Mitglied der Gruppe trägt einen dunklen Schleier, wird von allen Händen berührt und schließlich als eine Verkörperung der neuen Tochter der Sonne hervorgeholt (denn die alten Jul-Zelebranten betrachteten die Sonne als weiblich).

Es ist außerdem eine gute Zeit, um Wege zu finden, patriarchal eingeflößte Ängste vor der weiblichen Dunkelheit zu überwinden, indem man erkennt, daß die geheimen Schwangerschaften für alle Manifestationen der Helligkeit oder Erleuchtung notwendig sind. Dies kann man symbolisch ausdrücken, indem man dem eigenen Schatten begegnet und mit ihm tanzt, sich der Sonnen-Jungfrau gleich unter eine Umhüllung zurückzieht, um dann wieder zum Vorschein zu kommen, neue Kerzen entzündet; durch die eigenen Beine hindurch einen Blick »zurück« wirft; sich vom Kreis abwendet, für kurze Zeit still und in Abgeschiedenheit meditiert und dann fröhlich singend zurückkehrt.

Einen Baum zu schmücken, Geschenke zu machen (besonders Kindern), ein Schwein zu braten, ein Julscheit zu verbrennen, Mistelzweige zu sammeln und Immergrünzweige aufzuhängen gehörte zu den heidnischen Praktiken, die allmählich in die christliche Tradition übergingen. Bei einem Sonnenwendfest könnte man sich daher alle beliebigen Abwandlungen dieser Bräuche wieder aneignen.

# Lichtmeß (Februarabend)

Lichtmeß steht im heiligen Jahreskreis dem Lammas-Fest gegenüber und war wahrscheinlich eines der ältesten aller jahreszeitlichen Feste. Früher hieß dieser Tag Imbolc, was etwa »im Bauch« bedeutet, eine Anspielung auf das erneute Reifen des Weltgeistes in der Mutter. Es wurde ein Feuer-Fest, das die potentielle Wärme einer neuen Saatzeit, das sexuelle Feuer der Göttin und das Entfachen eines reinigenden »neuen Feuers« in jedem Herd (auch auf den Altären der Kirchen, wo neue Kerzen angezündet wurden) ankündigte. Heidnische römische Festlichkeiten zu Ehren der leidenschaftlichen sexuellen Ekstasen der Göttin Juno Februata, wurden in ein christliches »Fest der Reinigung der Jungfrau« umgewandelt. Lichtmeß wird noch immer in dieser Form gefeiert.

Wie für die Frühlingstagundnachtgleiche wird der Wechselgesang vorbereitet:

N: Was ist das für eine Nacht?
S: Es ist die Lichtmeß-Nacht.
O: Welche Bedeutung hat diese Nacht?
W: Es ist das Fest des neuen Feuers.
N: Was ehren wir in dieser Nacht?
S: Wir ehren die verborgene Hitze des Lebens, den nicht ausgelöschten Geist in der Kälte.
O: Was werden wir nach diesem Fest des neuen Feuers tun?
W: Wir werden unsere Lichter wieder entzünden und einer heiteren Zukunft erwartungsvoll entgegensehen.
N: Wie erkennen wir uns selbst in dieser Nacht?
S: Wir halten das Feuer hoch. Wir fühlen die Regungen des Lebens. Wir rufen die Mutter an, die uns den Frühling bringt.
O: Wer hilft uns?
W: Unsere Göttin hilft uns.
N: Was ist unsere Göttin?
S: Sie ist das ewige Versprechen, das Feuer im Fleisch, der unsterbliche Geist von Blut und Atem, Regen und Sonnenschein.

O: Wer ist unsere Göttin?
W: Sie ist die Jungfrau des Lichts, die Greisin der Dunkelheit, die Mutter der Zeit.
N: Wo ist unsere Göttin?
S: Sie ist in unseren Herzen in allen Jahreszeiten des Jahreskreises.
O: Wer ist unsere Göttin?
W: Siehe, sie ist wir selbst.

Wie in uralten Zeiten kann Lichtmeß zelebriert werden, indem man alle Feuer (Kerzen) löscht und dann jedes einzelne mit einem bestimmten geweihten Objekt wieder entfacht, beispielsweise einer roten Duftkerze, die von Hand zu Hand gereicht wird, einem Feuerzeug mit einer symbolischen Figur oder einer rosa (fleischfarbenen) Kerze, die sich versteckt hinter einem Schirm in einer fernen Ecke befindet und an der die Gruppenmitglieder mit ihren eigenen Kerzen vorbeigehen.

Valentinsherzen können in die Dekoration eingebracht werden, auch wenn Lichtmeß zwei Wochen früher fällt als die moderne Version des Valentinstages. Der Grund dafür ist, daß die ursprünglichen Valentinsgrüße »Liebeslose« waren, die alljährlich zu dieser Zeit eingedenk Junos sexuellem Fieber (*febris*) unter jungen Leuten im heidnischen Rom ausgetauscht wurden. Christliche Autoritäten versuchten, die zügellosen »Valentinsgrüße« durch Bibeltexte zu ersetzen, was keinen Anklang fand. Später erfanden die Geistlichen einen mythischen heiligen Valentin und behaupteten, er sei ein unverheirateter Bischof gewesen; aber er blieb widersinnigerweise der Schutzheilige der Liebenden. Trotz des fiktiven Heiligen war Lichtmeß nach wie vor den Frauen und der Göttin der Liebe geweiht.

Lichtmeß war außerdem eine Zeit, Orakelsprüche für die kommende Jahreszeit zu verkünden. Unter diesem Aspekt wurde dieser Festtag zum Groundhog Day (Tag des Waldmurmeltiers), wobei die Wettervorhersagen auf der angeblichen Meinung des Winterschlaf haltenden Waldmurmeltiers beruhten. In früheren Jahrhunderten tauchte das Tier nicht auf, als es einfach hieß, daß, wenn es an Lichtmeß schön sei, der Winter noch einmal zurückkehre, während »der Winter endgültig vorbei sei«, wenn es regnen würde. Man las Orakelsprüche aus Tieren, Vögeln, Feuern, Würfeln, Apfelschalen, Teeblättern und vielen anderen Quellen, nicht nur wegen des Wetters, sondern auch wegen vieler anderer Themen.

Frauengruppen können Lichtmeß mit einem Orakelspiel zelebrieren. Jedes Mitglied bringt einen Beutel mit verschiedenen kleinen Objekten mit, die alle zu einem Haufen zusammengelegt und gemischt werden. Ein Mitglied nach dem anderen greift dann mit verbundenen oder geschlossenen Augen in den Haufen und nimmt das erste Objekt, das es berührt, in die Hand. Wenn alle gewählt haben, gibt jede eine Interpretation ihres Objektes in Form einer improvisierten Prophezeiung oder andere machen die Prophezeihung für sie. Damit das Spiel länger anhält, kann jedes Mitglied drei Objekte ziehen, die in Beziehung zueinander interpretiert werden. Ihnen kann die klassische mystische Bestimmung als Symbole für Körper, Geist und Seele zugewiesen werden.

## Die Erde ehren

In allen Jahreszeiten sollten wir unserer Mutter Erde und der alten Denkweisen über sie mit Verehrung, Dankbarkeit und Achtsamkeit gedenken – nicht in der gierigen, ausbeuterischen Weise, wie sie vom westlichen Patriarchat gefördert wird, deren Gott dem Menschen befahl, sich die Erde untertan zu machen und über die ganze Natur zu herrschen (1. Mose 1,28).

Wir wissen heute, daß eine solche Haltung gegenüber unserem Mutterplaneten zur Zerstörung von allem, was auf ihm existiert, einschließlich des Menschen, führen kann. Es liegt bereits klar auf der Hand, daß die Generationen unserer Kinder und Enkelkinder Schwierigkeiten haben werden, trinkbares Wasser und reine Luft zum Atmen zu finden, ganz zu schweigen von ausreichender und unverseuchter Nahrung. Viele Frauen glauben, daß diese Situation nicht entstanden wäre, wenn über die Jahrhunderte hinweg unsere Zivilisation ihr Bild von der heiligen Göttin Erde aufrechterhalten hätte, in deren Körper alle Dinge lebten und sich bewegten und ihr Dasein hatten, ganz im Gegensatz zu einem unnahbaren Gott in einem entfernten Wolkenkuckucksheim-Himmel. Es existieren noch immer altägyptische Gesetze der Göttin, die die Verschmutzung des Wassers und den Mißbrauch des Landes verbieten.

Weil patriarchale Religionen Mutter Erde oder Mutter Natur eher als die Sklavin des Menschen betrachteten und nicht als die Gottheit, die ihm zu leben erlaubte, besinnen sich Frauenrituale wieder auf die ehrfürchtige Haltung uralter Völker, die zweifellos ihre Abhängigkeit von der universalen Mutter verstanden. Matrifokale Religionen unterhielten eine engere Beziehung zur Gottheit als es in unserer eigenen Kultur der Fall ist. Sich selbst als ihre Kinder betrachtend (buchstäblich als Fleisch von ihrem Fleisch, weil alles, was sie aßen, um zu leben, von der Erde stammte), waren die Alten auf wissenschaftliche Art sogar realistischer als heutige Theologen. Es trifft zu, daß wir alle aus denselben Elementen bestehen, so wie die Pflanzen, der Boden und selbst die Steine der Erde: Wir alle sind Produkte der Erde und Teil der Wechselbeziehung zwischen allen Lebensformen auf diesem Planeten.

Wie unsere Vorfahren können wir die Erde als eine Trinität von Jungfrau, Mutter und Greisin ehren: Sie erscheint als die alljährlich wiedergeborene Blumenjungfrau des Frühlings, erfüllt mit Kraft, als die fruchtbare Erdmutter des Sommers und der Ernte und als die scharfsinnige Greisin der Weisheit, des Winters und des Todes, die Offenbarerin der verborgenen Bedeutungen. Diese Phasen spiegeln sich jeden Tag in sterblichen Frauen wider und treten im Laufe der Zeit im Leben einer jeden Frau auf. Jede Phase sollte geehrt werden, doch die Phase der Alten am meisten, weil diese von patriarchalen Männern, die die Weisheit alter Frauen verachteten und spirituelle Autorität nur alten Männern zugestanden, am stärksten verunglimpft wurde.

Symbole für diese drei Phasen können zu einer Zeremonie zur Ehrung der Erde mitgebracht werden. Die Gruppenmitglieder können sie sogar verkörpern, wenn die Gruppe junge Mädchen, reife Frauen und Frauen, die die Menopause überschritten haben, umfaßt. Nach der Art der Alten ist es üblich, junge Frauen in Weiß, reife Frauen in Rot und Frauen nach der Menopause in Schwarz zu kleiden: die Farben von Tochter, Mutter, Großmutter.

Man könnte eine unendlich lange Liste über mögliche symbolische Objekte aufstellen. Mitgebracht werden können eine Blume, eine Wurzel, ein wenig Erde, ein Stück Lava, ein Zweig, ein Stein, ein Sprechgesang, ein Gedicht, ein Lied, ein Symbol, das auf Papier gezeichnet oder in Holz geschnitzt wurde, eine Landkarte, ein Landschaftsgemälde, eine Tonfigur, ein Globus, ein Stück Metall oder Metallerz, ein Edelstein, ein Foto, ein Göttinnen- oder anderes Bild, eine Frucht, eine Nuß, ein Ei, ein Bündel getrockneter Gräser. Wenn alle Objekte in der Mitte des Kreises aufgestellt sind, beschreibt jede ihre Gabe nach Art des Spiels »Zeigen und Beschreiben«. Die Teilnehmerinnen meditieren gemeinsam über die Bedeutungen und Qualitäten unseres Heimatplaneten. Hinterher kann der Sprecherstab die Runde machen, damit die Teilnehmerinnen ihre geistigen Bilder miteinander teilen können.

Man könnte eine Lesung von Prosa oder Gedichten, die um das Thema Erde kreisen, halten. Die Teilnehmerinnen können sich gegenseitig kurze Geschichten darüber erzählen, wie sie ihr Erdbewußtsein beibehalten und versuchen, bei der Rettung unserer gemeinsamen Mutter zu helfen.

## WECHSELGESANG

Ertha, Mutter,
Spenderin des Lebens,
Ursprung unserer Energie,
Nährerin, Erhalterin,
Quelle unserer Körper und Seelen,
gesegnet sei Sie.
Laßt uns Ihrer gedenken,
laßt uns die ganze Schönheit in Ihr lieben,
laßt uns nicht unsere Schuld Ihr gegenüber vergessen,

laßt uns Ihre anderen Kinder schützen,
unsere Tier-Schwestern,
die Schwimmerinnen, Kriecherinnen, Läuferinnen,
Kletterinnen, Fliegerinnen,
laßt uns gegen alle kämpfen, die ihnen Schaden zufügen.
Laßt uns Göttin Ertha lieben,
bis Sie uns mit sich nimmt,
um noch einmal zu Ihrer Substanz zurückzukehren,
um von Ihrem Schoß aufgenommen zu werden,
um wieder Mutter zu werden,
um Ertha zu sein.
Gesegnet sei Sie.

## Geschichten erzählen

Dabei werden nicht nur beliebige Geschichten erzählt – es handelt sich vielmehr um das Nacherzählen aus dem traditionellen Schatz von Geschichten. Besonders geeignet für dieses Nacherzählen sind Mythen, Sagen, Märchen, Volkserzählungen und »Altweibergeschichten«, womit Geschichten gemeint sind, die durch die Jahrhunderte hinweg von Frauen weitergegeben wurden. »Altweibergeschichten« ist ein von Männern erfundenes, abschätziges Wort – von Männern, die die Aussprüche von Frauen verspotteten, aber zugleich absurde »Altmännergeschichten« hochschätzten, die als religiöse Offenbarung, inspirierte Dichtung, gechannelte Heiligenbiographien, bezaubernde Phantasien oder bedeutungsvolle Allegorien galten. Umgekehrt betrachteten sie Frauengeschichten gewöhnlich als Lügen, Hirngespinste oder Unsinn. Diese Ansichten sind besonders aus dem Grund voller Ironie, weil viele von Männern wiederholte traditionelle Geschichten ursprünglich uralte Göttinnenlegenden der Frauen plagiierten und veränderten, um die weibliche Gottheit zu verschleiern.

Wenn Frauen das Geschichtenerzählen als rituelle Handlung einsetzen, geht es darum, patriarchale Überarbeitungen aufzuheben und auf die frauenorientierte Bedeutung der Geschichte zurückzukommen. Die Phantasie kann einige Details liefern, die Zusammenhänge aber fördert die moderne wissenschaftliche Forschung zutage; eine vorausgehende intensive Beschäftigung ist also empfehlenswert.*

Besonders reich an göttlichen Implikationen sind traditionelle weibliche Figuren, die diabolisiert oder als Hexen abgestempelt wurden, sowie verschiedene weibliche Heilige und Märtyrerinnen, die zwar neue Transformationen der Göttin darstellten, jedoch niemals existierten. Überraschenderweise liegen den Traditionen so zwiespältige Figuren wie zum Beispiel Lilith, Eva, die Hexe von Endor, die Hure von Babylon, Hel, Medea, Medusa, Melusine, Morrigan, die Weiße Frau, die Banshee, Lamie, Hekate, die Hag oder die Böse Stiefmutter zugrunde.

Bei der folgenden Geschichte handelt es sich um eine Nacherzählung von »Aschenputtel«, im angelsächsischen Sprachraum unter dem Namen »Cinderella« bekannt, eine Geschichte, die in der frühen Renaissance die Runde machte, als man im verborgenen stark gegen die christliche Theokratie opponierte. »Aschenputtel« ergibt einen Sinn als antiklerikale Allegorie und geheimes Feiern der Göttin. In der ursprünglichen altdeutschen Version war die feenhafte Gottesmutter tatsächlich ein Feenbaum, ein altes Symbol für Göttinnengeschenke. Die Heldin scheint die heidnische oder »ländliche« Frau und zugleich die heidnische Jungfrauenfigur repräsentiert zu haben, die bei jahreszeitlichen Festen von jungen, für diesen besonderen Anlaß herausgeputzten Dorfmädchen dargestellt wurde.

Es war einmal ein magisches Mädchen namens Ella, Tochter von Hella oder Hel oder Holle, die keine andere war als die große unterirdische Erdmutter, deren feuriger Schoß anfangs alle Dinge gebar und sie am Ende wieder zurückfordern wür-

* Einige gute Quellen sind unter anderem: Merlin Stone: *Ancient Mirrors of Womanhood;* Robert von Ranke-Graves: *Griechische Mythologie* und *Die Weiße Göttin;* Barbara G. Walker: *Das geheime Wissen der Frauen* und *Die geheimen Symbole der Frauen.*

de. Ella war die Jungfrau-Inkarnation der Großen Mutter, da ja die Göttin regelmäßig wiederkehrende Veränderungen und Lebensphasen zu erleben pflegte. Aber leider war Ella eine schwache Inkarnation. Die Menschen hatten angefangen, den Männern zu glauben, die sagten, das Göttinnenfeuer sei zu schwarzer Asche heruntergebrannt, so daß die Mutter selbst tot sei, und darum wurde Ellas Name geändert, und sie war jetzt nur noch das Aschenmädchen oder Aschenputtel.

Die Greisin-Inkarnation der Großen Mutter lebte noch; aber weil sie in alten Zeiten die Todesbringerin war, behaupteten die Männer des neuen Gottes, sie sei durch und durch schlecht, eine böse Hexe, eine herzlose Stiefmutter, die Erdmutter als teuflische Verschlingerin der Toten. Selbst die Männer, die noch treu am alten Glauben festhielten, mußten zugeben, daß die Greisin furchterregend war. Sie war es, die den alten Gott verurteilte und vernichtete, nachdem er sich mit der Jungfrau vermählt und seinen Nachfolger gezeugt hatte. Die Greisin war es, die seinen jährlichen Tod als heiliger König und seine Auferstehung in jedem neuen Frühling bestimmte.

Manche sagten, daß die alte Greisin-Mutter Erde nun zwei böse Töchter, Nobilita und Ecclesia, geboren habe. Nobilita bildete sich ein, eine sehr bedeutende Person zu sein. Sie war arrogant und gierig. Sie bestand darauf, Hermelinumhänge, Diamanthalsketten und juwelenbesetzte Kronen zu tragen. Sie nahm dem Aschenputtel seine schönen Kleider weg und ließ dem Mädchen nichts außer häßliche Fetzen zum Tragen. Sie besaß Waffen und benutzte sie auch, um zu drohen und zu verletzen. Sie konnte gefährlich sein. Sie behandelte Aschenputtel wie ihre Sklavin. Sie erteilte dem Mädchen jeden Tag Tausende von belanglosen Befehlen und zwang es, ihr in allem zu dienen, von Haushaltspflichten bis hin zu schwerer Feldarbeit.

Ecclesia war in mancher Hinsicht sogar noch schlimmer. Fromme Bescheidenheit vorgebend, protzte sie niemals mit feinen Kleidern oder mit Schmuck. Sie war so überzeugt von ihrer Rechtschaffenheit, daß sie genauso arrogant war wie ihre Schwester, wenn nicht noch schlimmer. Mit der Behauptung, daß eine höhere spirituelle Autorität alles rechtfertige, was sie verlangte, zwang sie Aschenputtel ebenfalls, sich für sie zu plagen. Scheinheilig gab sie vor, es sei eine Sünde, wenn man ihr nicht gehorche. Ecclesia hatte eine sadistische Ader und eine diabolische Gerissenheit an sich, wenn es darum ging, sich subtile Qualen, sowohl körperliche als auch geistige, auszudenken, um ihr Opfer zu quälen.

Das große jahreszeitliche Fest der Heirat des heiligen Königs näherte sich. Ein neuer König sollte gekrönt werden. Die schönste Jungfrau im ganzen Land sollte als seine Königin neben ihm sitzen, denn so war es Brauch seit undenklichen Zeiten, von der Zeit an, als jeder König verpflichtet wurde, eine Göttin-Stellvertreterin zu heiraten, bevor er regieren konnte. Auf dem Fest sollte die königliche Jungfrau gewählt werden.

Aschenputtels Stiefschwestern waren beide überzeugt davon, allein geeignet zu sein, den Platz des jungfräulichen Aspekts der alten Göttin einzunehmen. Nobilita beteuerte beharrlich, daß sie von Natur aus eine Königin sei und keine andere diese Rolle so gut spielen könne. Ecclesia beteuerte beharrlich, daß alle göttliche Macht jetzt allein in ihr ruhe und wenn der junge Prinz irgendeine andere zur Frau nähme, dann würden er und sein ganzes Land verdammt und verloren sein.

Die Schwestern stritten sich noch häßlicher als sonst und wollten in ihrer Wut schon getrennt auf das Fest gehen. Aber ihre Kostüme waren so entworfen, daß sie einander ergänzten. Die Wirkung der einen hing von der harmonischen Unterstützung der anderen ab. In Erkenntnis ihrer gegenseitigen Abhängigkeit schluckten die Schwestern ihre Eifersucht hinunter und ließen ihre schlechte Laune an Aschenputtel aus. Wenn Aschenputtel davoneilte, um eine Nadel oder ein Band für Nobilita zu besorgen, schrie Ecclesia auf und verfluchte sie. Wenn Aschenputtel für Ecclesia einen Knopf annähte oder eine Rüsche stärkte, schlug Nobilita mit der Reitpeitsche nach ihr.

Schließlich waren die Stiefschwestern bereit. Bevor sie ihre kunstvolle Kutsche bestiegen, versetzten sie Aschenputtel noch ein paar letzte Schläge, und machten sich, von einem Gespann aus Eseln, Stieren und Ebern gezogen, zum Fest auf.

Als sie verschwunden waren, fertigte Aschenputtel traurig ihren traditionellen Erntezauber an: einen ausgehöhlten Kürbis mit einer Kerze, die den prallen orangefarbenen Erntemond symbolisierte. Sich an die göttliche Mutter erinnernd, die sie alle Mondzauber gelehrt hatte, ging sie mit dem Kürbis zu Hellas Grab an einen Hang und setzte sich weinend hin. »O weh, Mutter«, sagte sie zu der Erde, »mein Herz ist wund. Meine Schwestern mißhandeln mich. Ich darf das Fest nicht genießen. Allein muß ich hierbleiben und einsam Zauber wirken.«

Da sah Aschenputtel, daß ein silberner Baum aus dem Grab ihrer Mutter hervorwuchs, ähnlich dem Baum der Feengeschenke in den alten Geschichten. Es war tatsächlich ein magischer, feenhafter Mutter-Baum, dessen Zweige mit Geschenken, Lichtern und Juwelen beladen waren, sogar noch schöner als die Julbäume. Eine silberhelle Stimme ertönte aus dem Baum: »Nimm diese Geschenke, Aschenputtel. Schmücke dich und geh zum Fest. Der Mondkürbis wird dich dorthin bringen, wohin du möchtest. Aber vergiß nicht, daß sich Feengeschenke am Wendepunkt der Nacht auflösen. Mehr kann ich im Augenblick nicht für dich tun.«

An den Ästen des Baums hingen ein wunderschönes Kleid aus weißer und scharlachroter Seide, eine mit Diamanten und Rubinen besetzte Krone mit passenden Armreifen, ein silbernes Pentagramm an einer Schnur aus seltenen schwarzen Perlen, ein Ring in Form einer Schlange mit Kristallaugen und ein Paar Tanzschuhe aus weichem, weißem Ziegenleder, mit Glasperlen besetzt und mit roter Seide gefüttert. Aschenputtel legte eilig den Putz an. Währenddessen schwoll der Mondkürbis zu einer goldenen, kürbisförmigen Kutsche an, und acht Ratten kamen herbeigelaufen und verwandelten sich in Pferde und Kutscher.

Als Aschenputtel auf dem Fest ankam, begrüßte der zukünftige junge König gerade ihre zwei Stiefschwestern. Er küßte Ecclesias beringte Hand und wollte gerade Nobilitas Hand küssen, als er Aschenputtel sah, wie sie aus ihrer Kürbiskutsche stieg. Er war für einen Augenblick wie erstarrt, als wäre er zu Stein geworden. Dann ließ er Nobilitas Hand fallen,

lief zu Aschenputtel und kniete vor ihr nieder. »Schöne Dame, wie ist dein Name?« fragte er. »Ist die Feenkönigin gar persönlich gekommen, um meine Hochzeit zu ehren? Schöne Dame, möchtest du mit mir tanzen?«

Für den restlichen Abend tanzte er nur noch mit Aschenputtel. Er sah kein anderes Mädchen an. Allen war klar, daß er Aschenputtel zu seiner Königin machen wollte. Nobilita und Ecclesia waren wütend, wagten aber nicht, ihren Zorn in der Öffentlichkeit zu zeigen.

Aschenputtel begriff, daß sie die Königin sein sollte, als der Prinz sie bat, sie solle ihm ihren Schuh geben, damit er das königliche Zepter in ihn einführen könne. Seit Tausenden von Jahren war es üblich, die heilige Heirat auf diese Weise symbolisch anzuzeigen. Schon in den ältesten Zeiten war das Zepter Phallus, und der Schuh wurde so angefertigt, daß er einer rot ausgekleideten Yoni ähnelte. Aschenputtel zog den Schuh aus und gab ihn her. Da erkannte sie auf einmal, daß die Nacht ihren Wendepunkt erreicht hatte.

Von panischem Schrecken erfaßt flüchtete sie zu ihrer Kutsche. Noch während sie lief, verwandelte sich ihr Seidenkleid in Spinnengewebe und löste sich von ihrem Körper. Ihre Rubine und Diamanten lösten sich in Blut und Tränen auf. Ihr Pentagramm wurde zu einem Apfelkern. Aus ihren schwarzen Perlen wurden Kohlenstücke. Ihr Schlangenring wurde ein kleiner Regenwurm und fiel zu Boden. Sie war nackt, ihre Kutsche eine bloße Kürbislaterne, und ihre Rattenkutscher liefen von dannen.

Beschämt versteckte sie sich im Wald und ging auf einem Umweg nach Hause. Am Grab ihrer Mutter fand sie ihre alten Fetzen auf dem Boden liegen und zog sie wieder an. Aus dem Feenbaum war wieder eine gewöhnliche Weide geworden. Aschenputtel ging heim und legte sich schlafen, um von ihrem kurzen Glück zu träumen.

Aber nun schrieb der älteste Brauch des Volkes vor, daß der Prinz sie wiederfinden mußte. Da er sein Zepter in ihren Schuh eingeführt hatte, war er durch das Gesetz der Göttin unwiderruflich an sie gebunden. Er konnte keine andere heiraten, aus Furcht, Mutter Erde selbst zu beleidigen, was zur Folge haben konnte, daß das Land von Mißernten heimgesucht würde, denen sich Tod und Hunger anschließen würden. Er besaß noch immer den magischen, mit roter Seide gefütterten und mit Glasperlen besetzten Schuh aus weißem Ziegenleder. Der Schuh, den Aschenputtel bei ihrer Flucht nicht getragen hatte, hatte sich nicht wie ihre übrige Kleidung aufgelöst. Als er sah, daß der magische Schuh ungewöhnlich klein war (und somit ein passendes Symbol für Jungfräulichkeit), machte sich der Prinz mit ihm auf die Suche nach dem richtigen Mädchen, in der Hoffnung, es an seinem kleinen Fuß zu erkennen.

Als er Aschenputtels Haus erreichte, eilten die beiden Stiefschwestern geschäftig herbei; sie bedienten ihn, schmeichelten ihm, umwarben ihn. Sie boten ihm Wein und Kuchen an, ein Kissen für seinen Rücken und zeigten ihm eine Sammlung von Porträts berühmter Vorfahren, damit er sie sich ansehen konnte. Der Prinz war gelangweilt, aber er kam seiner Pflicht nach und ließ die Schwestern den magischen Schuh anprobieren, nur um festzustellen, daß sie ihre großen Füße nicht in ihn hineinzwängen konnten.

Dann erblickte er Aschenputtel, die am Herd hockte. Ihr Gesichtsausdruck rief eine schwache Erinnerung in seinem nicht gerade scharfen Geist wach. »Wer ist das?« fragte er. »Niemand, nur ein Küchenmädchen«, gab Nobilita zur Antwort. Der Prinz sah auf Aschenputtels Füße, die ziemlich klein zu sein schienen. »Trotzdem soll sie den Schuh anprobieren«, sagte er entschlossen. »Es wurde angeordnet, alle Frauen im Königreich zu überprüfen.«

Als Aschenputtel ihren Fuß in den magischen Schuh steckte, paßte er natürlich wie angegossen, der Scheide gleich, die das Schwert umfaßt.

So war also die Eine Wahre Jungfrau wiedergefunden worden. Die Dorfbewohner waren hocherfreut, daß sowohl Aschenputtel als auch sie selbst von der Gier und Verleumdung der zänkischen Schwestern Nobilita und Ecclesia befreit waren, die in Ungnade fielen und vertrieben wurden. Aschenputtel lehrte ihren König altruistische Regierungsprinzipien. Der Stiefmutter wurde aufs neue ihre rechtmäßige Funktion als offizielle Greisin übergeben, wieder in Besitz genommen vom Geist der Wahren Mutter Hella, deren Grab ein magischer Heiltempel und Pilgerzentrum wurde. Ihr heiliger Weidenbaum steht bis auf den heutigen Tag noch da, in einer heiligen Anlage, umgeben von aufrechten Steinen. Am Eingang verkaufen Souvenirhändler Holzminiaturen des heiligen Baums und kleine Glasschuhe mit Plastiknachbildungen des königlichen Zepters.

## Geführte Meditation: Der Weg der Göttin

Sie bewegen sich durch einen dunklen Tunnel hindurch, der sich in Raum oder Zeit oder beidem erstrecken kann. Das Tunnelinnere ist glatt und weist keine bestimmten Merkmale auf. Sie gleiten mühelos weiter. Vielleicht rutschen Sie oder befinden sich in einer Art Fahrzeug.

Plötzlich endet der Tunnel. Sie kommen aus der Dunkelheit ins Licht hervor. Vor Ihnen erstreckt sich eine weite, mit Sonnenlicht überflutete Ebene. Grüne Feldfrüchte wachsen auf Feldern. In der Ferne können Sie die winzigen Gestalten von Menschen erkennen, die in ihren Gärten arbeiten. Der Himmel ist blau und klar.

Vor Ihnen erhebt sich ein von federartigen Bäumen umgebenes riesengroßes Gebäude auf der Ebene. Es ist größer als jedes andere Gebäude, das Sie je gesehen haben. Es ragt einem Berg gleich empor. Es ist aus einem gelblichen Stein gebaut, in dem sich die Sonne widerspiegelt. Fenster können Sie nicht erkennen.

Sie stehen auf einer breiten, gepflasterten Prachtstraße, die zu diesem Gebäude durch einen Durchgang aus steinernen Kolossalstatuen führt. Sie gehen auf das Gebäude zu und betrachten die Statuen, während Sie an ihnen vorbeigehen. Bei einigen scheint es sich um Tiere zu handeln. Andere sehen fast menschlich aus. Sie haben Flügel, Hufe, Hörner, schlangenähnliche Schwänze, gewaltige Schultern, große, mit Reißzähnen versehene Mäuler. Die Statuen erwecken den Eindruck, empfindungsfähig und wachsam zu sein.

Sie erreichen das Ende der großen Prachtstraße und gehen eine große Treppe mit breiten Stufen hinauf zu dem hochgelegenen Eingang des Gebäudes. Es ist sehr anstrengend. Ihre Beine sind müde, als Sie schließlich ein weitläufiges Portal erreichen. Sein Dach wird von Säulen getragen, die fast drei Meter hoch sind, einen Durchmesser von fast zwei Metern haben und aus funkelndem grünem Stein bestehen. Die Portaldecke ist mit Kacheln in leuchtenden Farben ausgelegt, die in seltsamen Mustern angeordnet sind. In der Mitte des Portals befindet sich eine gewaltige Bronzetür mit kunstvollen Intarsien. Sie ist verschlossen.

Sie erreichen die Tür. Sie hat keine Klinke, sondern nur einen großen, zentral gelegenen Knauf, der hoch über Ihrem Kopf angebracht ist. Sie fragen sich, ob dieser Ort für Riesen gebaut wurde. Sie greifen nach oben, so weit Sie können, und klopfen an das Metall.

Geräuschlos schwingt die Tür nach innen auf. Sie sehen in einen ausgedehnten Hof hinein, der in der Mitte offen und ringsumher überdacht und mit Säulen- und Bogengängen versehen ist. In der Mitte steht ein schöner Springbrunnen aus schneeweißem Marmor, der klares Wasser ins Sonnenlicht hochschleudert, das weite Flächen von regenbogenfarbigem Dunst bildet. Phantastische Fische, Pferde, Meerjungfrauen und andere Figuren schmücken das Becken, das aus einem leuchtendgelben Metall wie Gold gemeißelt ist. Ihre Augen scheinen aus Edelsteinen zu sein. Wie die Statuen auf der großen Prachtstraße wirken sie irgendwie lebendig.

Sie können keinen anderen Ausgang sehen, der aus dem Hof hinausführt, nur eine Tür, die der ersten gegenüberliegt. Sie gehen um den Springbrunnen herum auf diese zweite Tür zu. Der Boden ist mit roten Steinen gepflastert, die glitzern, als enthielten sie eine Million winziger Glimmersplitter. In den Ecken des Hofes stehen überall exotische Pflanzen in schwarzen Emailletöpfen, die große, prächtige Blüten tragen, von denen keine vertraut aussieht. Ansonsten ist der Hof leer.

Sie stellen fest, daß die zweite Tür offensteht. Hinter ihr zieht sich ein langer, gerader, gewölbter Korridor hin, der in einen Nebelschleier mündet. Flackernde Fackeln, die in Haltern entlang der Wände stecken, sorgen für einen hellen Lichtschein. Sie begeben sich den Korridor hinunter. Die Decke ist so hoch, daß Sie sie überhaupt nicht sehen können. Oberhalb des Fackelscheins ist alles in Dunkelheit gehüllt.

Während Sie in den Nebel am Ende des Korridors eindringen, neigen sich die Wände zur Seite, und Sie stehen in einer Dunkelheit da, die der Nacht im Freien gleicht. Hoch oben funkeln Sterne. Dann lichtet sich der Nebel, und Ihnen wird bewußt, daß die Sterne eine raffinierte Illusion sind. Eine riesenhafte Decke, die sich mehr als dreißig Meter über Ihnen erstreckt, ist mit winzigen Löchern durchbohrt, die Funken von Sonnenlicht hereinlassen. Die Löcher sind so angeordnet, daß sie wie die Sternbilder aussehen.

Eine niedrigere, gewölbte Türöffnung am anderen Ende dieses großen Raums strahlt von einem hellen Licht. Sie gehen zu dieser Tür und werfen einen Blick auf das, was hinter ihr liegt. Es ist ein weiterer hoher Saal, von einem einzigen Sonnenstrahl beleuchtet, der durch eine runde Dachöffnung eindringt. Der Strahl fällt direkt auf einen erhöhten Thron in der Mitte des Saals: Es ist ein massiv gebauter Sessel aus silbrigem Metall und mit purpurroten Samtpolstern versehen, der auf einem hohen Podium mit dreizehn grünen Marmorstufen steht. Auf dem Thron sitzt eine Frau.

Sie ist so still, daß Sie sie zuerst für eine Statue halten. Doch dann sehen Sie, daß ihre Augen Sie beobachten. Sie erhebt sich. Sie schauen erstaunt zu ihr auf. Ihr Körper ist hochgewachsen und gerade, aber sie scheint sehr alt zu sein. Ihr langes Haar ist silberweiß und fein wie Distelwolle. Tiefe Falten durchziehen ihr Gesicht. Nur ihre Augen blicken klar und scharf. Sie trägt ein einfaches schwarzes Gewand, das gerade von den Schultern bis zu den Füßen fällt. Um den Hals trägt sie einen Edelstein an einer Kette: einen großen blutroten Sternrubin, dessen sechs silberne Zacken aufblitzen.

Sie kommt die dreizehn Stufen des Podiums herunter und ergreift herzlich Ihre beiden Hände. Sie lächelt. »Ich habe auf dich gewartet«, sagt sie. »Ich bin die Herrin, deine Priesterin. Ich werde dir den Weg zeigen.«

Von einem Weg haben Sie nichts gewußt, aber Sie sind keineswegs überrascht, davon zu hören. Es klingt bekannt. Die Priesterin führt Sie an Ihrer linken Hand zum weitentfernten Ende der Halle. Sie hebt eine Falltür im Boden und zeigt Ihnen eine Treppenflucht, die nach unten in die Dunkelheit führt.

»Dort ist der Platz der Inkubation, an dem du dich auf deine Wiedergeburt vorbereiten wirst«, erklärt sie. »Die Stufen führen zum zentral gelegenen Innersten unseres Mutterlandes. Nur bestimmte Auserwählte dürfen hier ruhen. Du bist auserwählt. Nimm das.« Sie reicht Ihnen eine mit funkelnder, rotgoldener Flüssigkeit gefüllte Kristallflasche. »Das ist das Blut unserer Erde. Es wird dich in der Dunkelheit trösten und im Licht beruhigen. Zu einer späteren Zeit werde ich wieder mit dir sprechen. Geh jetzt.«

Ihr Ton ist gebieterisch und zugleich beruhigend. Voller Vertrauen gehorchen Sie ihr. Sie treten durch die Falltür. Sie schließt sie hinter Ihnen. Sie sind jetzt von völliger Dunkelheit umgeben. Sie tasten sich vorsichtig die Stufen hinunter. Die Wände fühlen sich merkwürdig warm und weich an, als wären sie mit seidenen Steppdecken gepolstert. Die Stufen enden. Sie befinden sich in einer winzigen kreisförmigen Kammer, so klein, daß Sie nicht einmal die Arme ausstrecken können. Sie müssen sich bücken, weil die Decke für Ihre Größe zu niedrig ist. Auch sie ist wattiert. Der Boden ist mit Kissen versehen. Sie denken darüber nach, daß der Platz eigentlich unerträglich stickig sein müßte; trotzdem ist die Luft frisch. Sie können die Quelle der Luftzufuhr aber nicht ausmachen.

Etwas zischt sanft in der Dunkelheit. Sie finden heraus, daß die Öffnung zur Treppe geschlossen wurde. Sie können keine Tür ertasten. Die Wände der Kammer scheinen jetzt nahtlos ineinander überzugehen. Sie werden einen schwachen, tiefen Klang gewahr, der überall um Sie herum schwingt, wie das langsame Schlagen einer großen Trommel in der Ferne. Sie ruhen sich in den Kissen aus. Nach einer Zeitlang lullt Sie das pochende Schlagen ein.

Erschrocken wachen Sie auf und erkennen, daß eine Stimme zu Ihnen spricht. Es ist eine ruhige, angenehme Männerstimme, die Ihren Namen gegen das trommelartige Pochen ausspricht. Sie fragen: »Wer bist du?« Die männliche Stimme antwortet: »Ich bin dein Incubus. Ich bin die mit dir geborene plazentare Entität. Ich bin der Zwilling deiner Seele. Hast du keinen Namen für mich?«

»Ich weiß nicht.«

»Macht nichts. Du wirst mich nie sehen, sofern du es nicht mußt. Ich lehre in der Dunkelheit.«

Sie spüren eine Berührung, wie die Berührung einer Hand, über der Mitte Ihres Bauches. Ein seltsames Prickeln verbreitet sich ganz langsam von Ihrem Nabel überallhin in Ihren Unterleib und Ihre Brust, überflutet Ihre Beine und Arme bis hinunter zu den Zehen und Fingerspitzen, steigt empor in Ihren Kopf. Es ist eine merkwürdige, aber nicht unangenehme physische Empfindung, die schließlich ein Gefühl der Neugestaltung in Ihrem Denken hervorruft. Sie spüren, daß Sie sich die Gedanken und Einstellungen einer anderen Person – vielleicht vieler anderer Personen – aneignen. Ihr Gehirn nimmt so viel in sich auf, daß es sich über die Grenzen des Schädels hinaus auszudehnen scheint. Sie sehen andere Orte, an denen Sie nie gewesen sind, die aber Gefühle von Erinnerungen vermitteln. Sie sehen ferne Zeiten, uralte Städte, öde Wüsten, Wälder, Berge, seltsame unirdische Landschaften. Sie spüren, wie es wäre, in einem Körper zu leben, der nicht der Ihre ist, sogar einem Körper von grundlegend anderer Gestalt, geflügelt, mit Pelz oder vierbeinig. Sie erfahren Angst und Liebe und Freude und Haß und Kummer – Gefühle, die niemals Ihre eigenen waren.

Dieselbe angenehme männliche Stimme lenkt Ihre Aufmerksamkeit erneut auf sich selbst. Sie sagt: »Ich verzeihe dir, daß du ohne mich lebst. Wir werden uns hinter dem siebenten Schleier wieder begegnen.« Die Berührung auf Ihrem Nabel endet. Plötzlich sind Sie erschrocken. Sie schreien: »Bitte verlaß mich nicht!« Es kommt keine Antwort, nur ein schwächer werdendes Kichern.

Die Riesentrommel schlägt lauter und etwas schneller. Die warme Dunkelheit macht Ihnen sehr zu schaffen. Sie nehmen eine entsetzliche Schwäche wahr, eine todesähnliche Erschöpfung, einen Hunger in Ihrem Bauch, als wäre er nie mit Nahrung gefüllt worden. Sie fragen sich, ob Sie im Sterben liegen. Sie strecken eine Hand aus, als würden Sie Hilfe erflehen, und berühren die Kristallflasche. Hastig lösen Sie den Verschluß, heben die Flasche an Ihren Mund und trinken. Sie haben das Gefühl, als würde eine flüssige Lebenskraft Sie mit sprühender neuer Energie erfüllen. Der nagende Hunger läßt ein wenig nach.

Sie haben keine Vorstellung, wie lange Sie sich schon in dieser Kammer aufhalten. Stunden? Tage? Wochen? Es scheint, als wäre eine sehr lange Zeit verstrichen. Sie schlafen wieder. Noch mehr Zeit verstreicht. Sie werden von einem plötzlichen beunruhigenden Anschwellen des fernen Trommelschlags wach. Er hört sich lauter an, näher, Ihren Raum füllend.

Vor Ihren Augen geht etwas vor sich, etwas, das Sie sehen können. Licht! Ein Teil der Wand hat sich wie ein Nebelschleier aufgelöst. Dahinter können Sie ein silberhelles Licht erkennen. In dem Licht erhebt sich die gigantische Gestalt einer Frau, die in wehende weiße Schleier eingehüllt ist. In ihrer linken Hand hält sie eine Kristallflasche, die wie jene geformt ist, aus der Sie getrunken haben, aber größer. Sie ist mit einer schneeweißen, diamanthellen Flüssigkeit gefüllt, die von glänzenden Lichtern glitzert und funkelt. Ihnen kommt der Gedanke: Sternenmilch.

Sie bewegen sich auf die gigantische Frau zu. Das Licht scheint von ihr auszugehen und wird von ihren Schleiern gedämpft. In einer freundlichen Geste neigt sie ihren Kopf zu Ihnen. Sie bietet Ihnen die Flasche Sternenmilch an. Voller Dankbarkeit nehmen Sie einen Schluck. Sie ist herrlich erfrischend. Sie ist wie eine Lebensessenz. Sie empfinden eine überwältigende Liebe für diese große Frau. Sie fallen vor ihr auf die Knie.

Sie lüftet den Schleier, der ihren Kopf bedeckt. Langsam, anmutig beugt sie sich zu Ihnen herunter und hebt Ihr Kinn an, damit Sie ihr ins Gesicht blicken können. Sie sehen auf und keuchen vor Überraschung. Es ist Ihr eigenes Gesicht.

SPRECHGESANG

Ave atque vale,
Magna Mater.
(Heil und Lebwohl,
Große Mutter.)

# Thealogie

Theologie oder »Gotteslehre« ist eine von Männern erfundene Pseudowissenschaft, um den Gott zu definieren und zu beschreiben, den sie gleichzeitig als undefinierbar und unbeschreibbar bezeichnen. Wahre Wissenschaft ist das Studium objektiver Phänomene. Theologie jedoch ist das Studium einer kollektiven männlichen Phantasie. Ein Großteil der theologischen Bemühung geht dahin, die Tatsache zu verschleiern, daß Gott kein objektives Phänomen ist, sondern ein konstruiertes Gebilde aus Männervorstellungen, die auf dem eigenen Gefühl dafür basieren, was sie sind, was sie sein möchten oder was sie ihrer Meinung nach sein sollten. Wie Sir Richard Francis Burton weise bemerkte, haben Männer niemals etwas anderes als sich selbst angebetet.

Thealogie oder die »Göttinnenlehre« mag, nachdem sie lange in der Versenkung verschwunden war, als ein ähnliches kollektives Bild wiederhergestellt werden, entwickelt von Frauen, die den ethischen Unzulänglichkeiten der patriarchalischen Kultur kritisch gegenüberstehen. Viele Frauen haben alle Hoffnung aufgegeben, daß die Theologie einige wirkungsvolle Wege im Umgang mit Kriegen, Verbrechen, Ausbeutung, Grausamkeit und Ungerechtigkeit ersinnt, die der patriarchale Gott meist bereitwillig zu unterstützen schien. Selbst frauenhassende Männer haben oft zugegeben, daß die immanente Moral von Frauen mehr zum Mitgefühl, zur Fürsorge und Pflege von anderen tendiert als die Moral von Männern und daß die Welt dringend mehr von dem ersteren und weniger von dem letzteren braucht.

Die patriarchale Gesellschaft jedoch könnte niemals zulassen, daß Frauen bei der Artikulation von moralischen Maßstäben offiziell etwas mitzureden haben. Seit vielen Jahrhunderten wird westlichen Frauen der Zugang zu theologischen Konzilen verboten, seitdem der heilige Paulus bestimmte, daß Frauen sich in der Kirche passiv zu verhalten hätten und nur zu Hause von ihren Ehemännern religiöse Belehrung erhalten dürften. Im Mittelalter, wo die theokratische Kontrolle über das Denken vorherrschte, wurden sogar Nonnen dafür bestraft, wenn sie theologische Streitfragen innerhalb ihrer Klöster diskutierten.

Derartige Bestimmungen merzten erfolgreich die von der heidnischen Kultur geerbten Überreste der weiblichen Gottheit aus und ließen den Gott der Männer in alleiniger Verantwortung mehr denn je zu einer deutlichen Projektion des männlichen Ego werden. Die Frau von heute neigt dazu, mit dieser Projektion unzufrieden zu sein, die für sie kaum auf ihr innerstes Gefühl für Recht und Unrecht in wahren femininen Kategorien zu beziehen ist. Allmählich bildet sich aus der modernen Spiritualitätsbewegung der Frauen die Neubeurteilung des Göttinnenbildes als ein lebensfähigeres Modell für menschliches Denken, Fühlen und Verhalten heraus.

Die Theologen etablierten ihren Gott unter dem Vorwand seiner objektiven Existenz. Thealoginnen müssen nicht auf eine solche Heuchelei zurückgreifen. Es ist möglich, sich mit dem Bild von Göttlichkeit als dem kollektiven Selbstausdruck, der er wirklich ist, zu befassen, als einem Symbol für das wahre Wissen von Frauen und als dem durch die ältesten Mütter der Menschheit repräsentierten Richter über moralische Belehrung. Das ist an der natürlichen Art und Weise ersichtlich, wie Frauen die Göttin definieren, eine thealogische Übung, die jeder weiblichen Ritualgruppe zu empfehlen ist. Die folgenden Beispiele zeigen die Antworten auf, die Frauen geben, wenn die Frage: »Was ist die Göttin?« die Runde macht.

»Die Göttin ist Liebe und alles, was Liebe impliziert: nähren, sorgen, helfen, trösten, ein guter Freund sein, da sein, wenn man gebraucht wird, Dinge für andere leichter oder angenehmer machen und andere hochschätzen, die das gleiche für einen selbst tun. Natürlich steht die Göttin auch für die sinnlichen Bedeutungen der Liebe: körperliche Freuden geben und empfangen, alles genießen, was mit guten Gefühlen einhergeht – Musik, Kunst, Gedichte, Natur, alles, von den taktilen Empfindungen einer Baumrinde oder eines Tierfells bis hin zum Sex. Göttin bedeutet, sich in den Beziehungen mit anderen Menschen und mit der Welt durch die eigenen Sinne und Emotionen gut zu fühlen. Das alles ist lediglich eine andere Möglichkeit, um Liebe zu definieren.«

»Die Göttin ist Macht, die Art von Macht, die ich spüren kann, wenn ich mir meiner sicher und überzeugt davon bin, daß ich mit einer Situation umgehen kann; die Macht, mit Problemen fertig zu werden; die Macht zu *tun*, gute Dinge geschehen zu lassen. Mir gefällt das alte Konzept von der Göttin als Shakti, Energie, Bewegung, Fähigkeit zu handeln. Sie war die Macht, die den Göttern fehlte und die sie immer von ihr beziehen mußten!«

»Die Göttin ist Natur: alles, was an der Natur schön ist, und gleichfalls alles, was wild und dunkel und zerstörerisch ist. Man kann nicht die schöne Jungfrau der Geburt ohne die häßliche Greisin des Todes haben! Das ist die Weisheit der Natur. Göttin umschließt alle Zyklen – ewiges Geborenwerden und Sterben, Schöpfung und Zerstörung, was die ganze Zeit über vor sich geht – dieses vielschichtige Ineinandergreifen, das die patriarchalen Götter nicht ertragen konnten und auf eine einfache lineare Betrachtungsweise beschneiden mußten.«

»Die Göttin ist definitive Weiblichkeit, wie ich sie in mir selbst fühlen kann, eine innere Vorstellung, die sagt, daß dies die richtige Daseinsform ist und nicht die falsche, wie in jüdisch-christlichen Lehren. Göttin bedeutet, es ist keine Sünde, in diese Welt geboren zu werden, sondern eine Freude. Zumindest sollte es eine Freude sein. Es liegt an uns, es so zu gestalten.«

»Die Göttin ist weibliche Moral, die Art von Moral, die besagt, daß Verletzen und Töten schlecht sind, daß Waffen schlecht sind, daß das Ausplündern der Erde schlecht ist. Krieg ist das schlimmste Übel von allem, weder glorreich noch heldenhaft, ganz und gar nicht der ›heilige Krieg‹, den Gott zu billigen pflegte. Göttinnenmoral besagt, daß Mut heißt, andere zu beschützen, und nicht, sie zu bekämpfen; und Feigheit bedeutet Tyrannisieren und Gewalt.«

»Göttin ist die unwiderstehliche Kraft, die, wie ich spürte, Gebrauch von meinem Körper machte, als ich gebar.«

»Göttin ist das Universum, und Göttinnenanbetung ist damit verbunden, daß wir soviel wie möglich vom Universum erfahren, aber niemals vorgeben, mehr zu wissen, als es tatsächlich der Fall ist. Der größte Teil des Göttinnenuniversums wird uns immer unbekannt bleiben, und es ist reine Hybris, anders zu denken.«

»Die Göttin ist die Schöpferkraft, die ich spüre, wie sie mich antreibt, die mir sagt, was ich tun muß, was ich möglicherweise *nicht* tun darf. Manchmal ist es unangenehm. Sie setzt mir härter zu, als mir lieb ist. Aber ich muß zugeben, daß es nie härter ist, als ich bewältigen kann. Irgendwie kann ich alles erreichen. Sie scheint zu wissen, was ich zu meinen Lebzeiten zu erreichen habe, und dafür hat sie einen ›Zeitplan‹. Ich muß ihrem Zeitplan vertrauen. Darum wird es wohl wirklich ein Teil von mir sein, oder nicht?«

»Die Göttin ist die älteste Macht im Universum. Alle Götter wurden von ihr geboren, so wie jeder Mann von einer Frau geboren wird.«

»Die Göttin ist die Erde, unsere einzige Mutter, immer jung und immer alt. Bis jetzt hat sie die menschliche Rasse ruhig hingenommen, aber ich fürchte, wir sind wie verzogene Kinder, die fast die Grenzen ihrer Nachsicht ausgereizt haben. Ich finde, wir müssen den Irrtum in unseren Verhaltensweisen einsehen und sie um Verzeihung bitten, bevor es zu spät ist. Ich glaube, die Erde wird uns bald nicht mehr unterstützen, wegen all dem, was wir ihr antun, und es ist unsere eigene Schuld.«

»Für mich ist das beste Symbol der Göttin einfach das, was die Menschen schon immer und überall anerkannt haben: der Mond. Ich habe den Vollmond niemals aufgehen sehen, ohne daß mir das Herz nicht ein wenig flatterte. Er kommt mir immer vor wie ein freundliches, sanftes Gesicht, das mich anstrahlt. Sogar in bezug auf ihr Blut sprechen alle Frauen in der Welt auf den Mond an. Das ist sehr wichtig. Der Mond verkörpert eine Lebensgrundlage, lebendig und lebenspendend im weiblichen Kontext.«

»Die Göttin ist der Zorn, den ich für die Welt empfinde, die das Patriarchat hervorgebracht hat und weiterhin hervorbringt. Die Ausbeutung, die Lügen, die Gewalt. Die entfremdeten Familien. Die übel zugerichteten Frauen und Kinder. Die selbstgerechten Politiker. Die verschwenderische Konsumgesellschaft. Vor Jahren sollten wir das alles akzeptieren, als wäre es ganz normal und richtig. Jetzt können die Frauen sagen, daß es falsch ist, und ihrem Zorn freien Lauf lassen. Für mich ist das Göttinnenmacht.«

»Die Göttin ist unser schärfster Sinn dafür, was die Welt braucht, um Leiden zu lindern und das Leben für die meisten Menschen lebenswerter zu gestalten. Die Begrenzung der Bevölkerung auf leicht zu handhabende Größen, die Wiederherstellung der Gesundheit der Umwelt, besserer Umgang mit unseren Abfällen und Ressourcen – all dies sind diese Bemühungen, von denen wir so klar wissen, daß sie unternommen werden müssen, die aber nicht unternommen werden, weil galoppierende männliche Habgier sie blockiert. Unsere Göttin weiß, was recht ist, und wir sollten lieber auf sie hören, bevor es zu spät ist.«

»Für mich bedeutet die Göttin alles, worauf ich mich spirituell oder ästhetisch beziehen kann: die Erde, das Meer, die Sterne, der Mond. Zeit. Raum. Zyklen von Geburt und Tod.

Mein Empfindungsvermögen, mit dem ich zumindest einen Teil der Welt wahrnehmen und ein wenig verstehen kann. Die Göttin bedeutet alles im Leben, was für mich wichtig, schön oder bedeutungsvoll ist.«

»Am besten gefällt mir die alte heidnische Vorstellung von der Göttin als der Trinität aus Jungfrau, Mutter und Greisin. Das klingt plausibel. Genauso läuft wirklich alles ab: Lebenszeiten, Jahreszeiten, Aufstieg und Untergang menschlicher Kulturen, selbst die unermeßlich langen Existenzen der Sterne. Man kann sagen, daß die christliche Gottestrinität nur eine Kopie von diesem Konzept war, weil es für diesen Gott keine wahre Bedeutung als Dreifaltigkeit gibt. Die drei Aspekte standen für nichts, was von Natur aus auf sie hinweisen würde. Aber die aus Jungfrau, Mutter und Greisin bestehende Trinität war die Essenz des Lebens.«

»Ich kann mir nicht vorstellen, wie die westliche Welt so viele Jahrhunderte lang ohne ein Göttinnenkonzept zurechtgekommen ist, in Anbetracht dessen, daß fünfzig Prozent aller Menschen weiblich sind und hundert Prozent aller Menschen von Frauen geboren werden. Wie hat uns doch dieses männliche Gotteskonzept verarmen lassen! Es trifft zu, was vor langem gesagt wurde, daß der einzige Elternteil, von dem wir in unserem Innersten wissen können, die Mutter ist.«

»Als Männer behaupteten, daß ihr Gott voller Licht und Helligkeit und Glanz sei, ließen sie alles im Dunkeln – und das Universum ist zum größten Teil dunkel –, ohne irgendeine Personifikation, abgesehen von dem unvermeidlichen Bösen. Aber die Göttin symbolisierte gleichfalls die Essenz der Dunkelheit, weil sich nur in der Dunkelheit wahre Schöpfung ereignet: Keimen, Empfängnis, die unbewußten Triebfedern der schöpferischen Kraft im Geist. Licht wird aus der Dunkelheit geboren, und nicht die Dunkelheit aus dem Licht. Der dunkle Schoß ist das größte Göttinnensymbol. Es umfaßt alles. Dunkelheit kann als eine weibliche Qualität verstanden werden, aber sie ist nicht negativ. Dunkelheit ist die Quelle, und das bedeutet die Göttin.«

»Für mich bedeutet Göttinnenreligion den körperorientierten Zugang zu Spiritualität: das Fühlen des Körpers, besonders des weiblichen Körpers, als etwas Heiliges und nicht etwas Verdorbenes und Schlechtes, wie uns die Kirchenväter gelehrt haben. Ich hasse diese Verteufelung von Sexualität und Weiblichkeit als die Essenz der Sünde. Ich glaube, daß einer der wirksamsten Wege zum wahren Spirituellen über den Körper führt. Schließlich erfahren wir doch alles durch unsere körperlichen Sinne.«

»In meiner Schulzeit brachte man mir bei, Hymnen zu singen, die mich für zu unwürdig erklärten, um von Gott beachtet zu werden. Es war ein äußerst erniedrigender Gedanke. Die Göttinnenreligion befreit mich von dieser inneren Scham. Sie verleiht mir ein Gefühl des Selbstwertes, das meiner Meinung nach jede Frau braucht. Sie befreit mich von den falschen, entwürdigenden Bildern, mit denen das Patriarchat die Frauen belegt.«

»Wenn jeder Mensch einen Funken Göttlichkeit in sich trägt, dann muß der Funke in jeder Frau notwendigerweise weiblich sein. Das ist die Bedeutung der Göttin für mich. Warum sollten Frauen ihren inneren göttlichen Funken mit männlichen Begriffen beschreiben? Ich kann mir nicht vorstellen warum. Das sollte man den Männern überlassen, wenn es das ist, was sie ersehnen. Aber warum sollten wir uns ein männliches Bild zu eigen machen? Mir mißfallen die neuen Halbheiten, wie etwa Gott als ›Vater-Mutter‹ zu bezeichnen oder als einen bisexuellen Androgynen oder eine neutrale ›Kraft‹, ganz und gar ohne Sexualität. Menschen sexualisieren immer ihre Vorstellungen von Gottheit. Das ist ganz natürlich, weil man sich seiner eigenen Sexualität lebhaft bewußt ist. Ich ziehe es vor, meine Gottheit auf meine Art und Weise zu sexualisieren. Meine innere Gottheit ist Göttin und Göttin allein.«

»Die Göttin ist der Kessel-Schoß, die ewige Matrix, aus der alles kommt und zu der alles zu seiner unentrinnbaren Zeit zurückkehrt. Dieses Bild zu leugnen bedeutet, die Natur und die deutlich erkennbaren Zyklen der Natur zu leugnen, und genau das versucht das Patriarchat seit Tausenden von Jahren. Das Patriarchat lehrt, daß der Körper verachtet werden muß, weil er vergänglich ist. Aber das bedeutet, das Leben zu verachten. Alle lebenden Formen sind notwendigerweise vergänglich. Jede lebende Form entsteht aus der Auflösung von anderen heraus. Ideen von diesen universalen Zyklen finden sich in allen alten Göttinnenreligionen. Sie sind bei weitem realistischer als die einseitige Lebensvorstellung und die grundlegende Trennung von Körper und Geist des Patriarchats.«

»Die Göttin ist die liebevolle Kreativität in Frauen, die sie dazu bringt, ihr Zuhause so schön wie möglich zu gestalten, zu versuchen, eine unterstützende und angenehme Atmosphäre zu schaffen, mit kleinen Dingen die ihnen nahestehenden Menschen zu erfreuen, rücksichtsvoll gegen andere zu sein. Die meisten Frauen tun das fast die ganze Zeit, unwillkürlich, und halten es nicht einmal für etwas Ungewöhnliches. Frauen sind freundlich und erfinderisch darin, Freundlichkeit zum Ausdruck zu bringen. Das ist Göttinnengeist. Er sollte geehrt und niemals als selbstverständlich hingenommen werden.«

»Die Göttin ist Mutter. Wenn man das sagt, ist alles gesagt. Es gibt nichts Größeres.«

## Die Dunkle Reise

Die Dunkle Reise ist ein wohldurchdachtes und höchst denkwürdiges, nach dem Vorbild der göttinnenorientierten Mysterienreligionen der Vorzeit gestaltetes Ritual; in jenen wurden Glaubensgrundsätze auf geführten Reisen durch labyrinthische Höhlentempel oder entlang düsterer, gewundener Korridore zu einer letzten Offenbarung in der zentralen Kammer des Tempels hin anschaulich demonstriert. Dies war das Allerheiligste und enthielt gewöhnlich eine Statue der Göttin. Ein fernes Echo dieser uralten Bräuche findet sich noch immer in der Trumpffarbe des Tarot, dessen letzte Karte eine nackte weibliche Gestalt zeigt, die umgeben von den Symbolen der Jahreszeiten, Himmelsrichtungen, Elemente usw. im Mittelpunkt steht.

Während dieser symbolischen Reisen wurden Erfahrungen arrangiert, Lehren übermittelt und Konfrontationen mit den Gottheiten inszeniert. Die letztgenannten wurden entweder durch maskierte und kostümierte Tempelinsassen oder durch Statuen verkörpert. Wir können uns ohne Schwierigkeiten einige der alten Tempel und heiligen Höhlen als eindrucksvolle Umgebungen vorstellen, wo die Priester und Priesterinnen die Unterwelt, den kosmischen Schoß, den Himmelsberg und die Wohnorte der Götter nachahmen konnten. Man setzte umfassend Hilfsmittel ein, um sinnliche Erfahrung zu begünstigen, wie zum Beispiel Räucherwerk, Musik, Dunkelheit oder Augenbinden, besondere Speisen und Düfte, Berührungen, Zeiten der stillen Kontemplation in Abgeschiedenheit, überraschende Offenbarungen und aufblitzendes Licht oder plötzliche Erscheinungen.

Traditionen wie diese existierten noch in Arabien zur Zeit Marco Polos. Er beschrieb das geheime »Paradies« von Alamut, wo neuinitiierte Krieger unter Drogen gesetzt wurden und ihnen eine Vorausschau auf den Himmel von schönen, aufreizenden Engeln gegeben wurde, die in Aussicht stellten, daß ein Heldentod in der Schlacht eine sofortige Rückkehr zu den vielen Freuden ihrer Gesellschaft bedeuten würde. Auf diese Weise wurden die Soldaten Allahs furchtlos gemacht, denn sie glaubten, daß sie den Himmel wirklich besucht hätten, wo sie später in alle Ewigkeit leben konnten.

Moderne Frauen möchten derartige primitive Täuschungen nicht begehen. Trotzdem können die alten Traditionen der dunklen Reise zu einem interessanten Ritual inspirieren, bei dem Sinnlichkeit mit Spiritualität, Spiel mit Theater verknüpft wird. Es unterscheidet sich von anderen darin, daß es nicht von allen Gruppenmitgliedern gleichzeitig erlebt werden kann, sondern immer nur von einem. Darüber hinaus erfordert es, daß ein, zwei oder drei Mitglieder das Ritual vorbereiten und die einzelnen Schritte im voraus wissen, die jedoch vor denen, die es erfahren sollen, geheimgehalten werden. Benötigt wird ein abgetrennter Raum, damit die Wartenden nichts sehen oder hören können, und ein zweiter, großer Raum, in dem das Licht gedämpft werden kann und die Materialien für die Reise zuvor hergerichtet werden können.

Angenommen, der gewählte Raum ist groß und leer, lediglich von einer oder zwei Kerzen beleuchtet und mit einigen Tischen mit den notwendigen bereitgestellten Materialien ausgestattet. Nachdem der Kandidatin sorgfältig die Augen verbunden wurden, wird sie in den Raum geführt. Sanfte Musik wird gespielt. Weihrauch brennt. Die Kandidatin wird mehrmals herumgedreht, damit sie die Orientierung verliert, und dann in die eine Richtung und in die andere geführt, als wäre sie auf einem verworrenen, sich windenden Pfad, während ihr verschiedenartige, nichtvisuelle Erfahrungen verschafft werden.

Eine Parfümflasche wird ihr unter die Nase gehalten. Dann wird sie zu einer anderen Stelle geführt, und jemand flüstert ihr ins Ohr: »Öffne deinen Mund.« Darauf wird ihr ein mundgerechtes Stück süße Frucht in den Mund gelegt. Nach einigen Schritten in eine andere Richtung kommt jemand von hinten und hüllt sie in eine warme pelzartige Robe oder Decke ein und umarmt sie dabei kurz. Wenn die Robe oder Decke entfernt wird, kämmt ihr jemand sanft das Haar. Ein paar Schritte weiter in eine andere Richtung wird ihr etwas Weiches oder Seidiges zum Befühlen in die Hand gelegt: ein Strang Wolle, ein Knäuel Baumwolle, ein Satinnadelkissen (natürlich ohne Nadeln), ein Stück Plüsch oder ein kleines Stofftier. Nach einigen weiteren Schritten streichelt ihr jemand die Wange mit einer in Samt gehüllten Hand. Wieder ein paar Schritte weiter massiert ihr jemand sanft den Nacken. Dann hält ihr jemand eine Meeresmuschel ans Ohr. Man kann ihr ein anderes Parfüm zum Riechen oder eine andere Frucht zum Kosten geben. Sie kann mit Federn oder mit warmen Händen gestreichelt werden. Ihrem Gesicht kann zugefächelt werden. Ihr Rücken kann eingerieben werden. Wenn sie barfuß ist, kann eine sehr dicke, weiche Matte ausgelegt werden, über die sie gehen soll. Ihre Finger können einzeln umfaßt und gestreichelt werden. Kurzum, es werden so viele angenehme Erfahrungen wie möglich für alle Sinne, außer dem Gesichtssinn, geboten.

Dies ist eine gute Gelegenheit, der Kandidatin einen kleinen Talisman zu schenken, den sie zum Andenken an die Reise behalten kann. Ihre Hand kann in einen Beutel oder eine Schale mit losen, verschiedenartigen kleinen Objekten geführt werden: Knöpfe, Perlen, Murmeln, getrocknete Bohnen, Eicheln, Kieselsteine, Fingerhüte, Muscheln, Glücksmünzen, polierte

Steine und dergleichen. Eine Stimme an ihrem Ohr weist sie an, herumzutasten, eines der Objekte auszuwählen und es zu behalten. Objekte für diese Auswahl sollten klein sein und keine scharfen Ränder oder Spitzen haben.

Am Ende der dunklen Reise wird der Kandidatin gesagt, daß sie als nächstes die Göttin sehen wird. Eine Helferin hält vor ihrem Gesicht einen dreiteiligen, zusammenklappbaren Frisierspiegel hoch (die Seitenteile sind hilfreich, um Ablenkungen von den Seiten zu verhindern), während eine andere ihr für ein paar Sekunden die Augenbinde abnimmt. Eine einzelne Kerze wird entweder über oder unter den Spiegel gehalten, so daß ihr Licht auf das Gesicht fällt, das sie im Spiegel sieht. Dann werden ihr wieder die Augen verbunden. Danach kann die Kandidatin in einen anderen Raum geführt werden. Hier wird ihr geholfen, sich auf eine Decke oder einen dicken Teppich zu legen. Sie wird liebevoll zugedeckt und in der Dunkelheit zum Meditieren allein gelassen.

Wenn alle Kandidatinnen den gleichen Prozeß durchlaufen haben, werden die Materialien für die Dunkle Reise verstaut, und ein reguläres Treffen kann abgehalten werden.

Durch den Gebrauch von Augenbinden kann man mit überraschend einfachen Techniken denkwürdige Erfahrungen bewirken. Wir sind so sehr daran gewöhnt, durch unsere Augen zu leben, daß, wenn das Sehvermögen außer Kraft gesetzt wird, die durch andere Sinne gewonnenen Eindrücke in hohem Maße verstärkt zu sein scheinen. Die meisten Frauen finden außerdem die Offenbarung der Göttin in sich selbst mit Hilfe eines Spiegels sehr bewegend.

Von männlichen Gruppen erfundene Initiationen machen von einer ähnlichen Dramaturgie Gebrauch und liefern Erfahrungen, die sich aufgrund ihrer Einzigartigkeit einprägen werden. Jedoch sind die Erfahrungen bei brüderlichen Initiationen oft schmerzhaft, furchterregend, entwürdigend oder streng asketisch. Im Gegensatz dazu sollten Frauen immer versuchen, das Vergnügen bei den Erfahrungen, die sie füreinander schaffen, hervorzuheben – nichts Unangenehmes, Schmerzliches oder Unheimliches. Die Lektion der Dunklen Reise besteht darin, daß man sich bei sich selbst wohl fühlt.

# Requisiten

Wenn eine Gruppe eine Zeitlang zusammengearbeitet hat, möchten die Mitglieder vielleicht die vier traditionellen Priesterinnenrequisiten selbst besitzen. Dabei handelt es sich um Objekte, die die vier Elemente des Altertums symbolisieren, so wie sie durch die Tarotfarben mit all ihren Konnotationen symbolisiert werden. Es sind ein Kelch, ein Stab, ein Messer oder *Athame* (Schwert) und ein Pentagramm, Stein, Kristall oder anderes Symbol für die Erde.

Vier gesonderte Treffen können der rituellen Übertragung und gemeinsamen Weihe der Requisiten gewidmet werden: ein Treffen für alle Kelche, ein anderes für alle Stäbe, ein drittes für alle Messer und ein letztes für alle Erdsymbole.

Für das Kelch-Treffen bringt jedes Mitglied einen persönlichen Zeremonialkelch seiner Wahl mit. Es könnte ein Zinnbecher sein, ein Kelch aus geschliffenem Kristall, ein silberner Kinderbecher, ein antikes Sherryglas, ein Steingutbecher, ein selbstangefertigtes Tongefäß, ein bevorzugtes Wasserglas: etwas Beliebiges, das für die einzelne von Bedeutung ist. Es gibt keine Richtlinien. Es ist jedoch umsichtig, ein nicht allzu zerbrechliches Trinkgefäß zu wählen. Ein hauchdünnes Weinglas beispielsweise hält möglicherweise wiederholtem Gebrauch nicht stand.

Nach den üblichen Eröffnungsmeditationen, Anrufungen und dergleichen stellen die Teilnehmerinnen ihre Kelche um den Altar herum auf. Eine nach der anderen erklärt ihre Wahl nach Art des Spiels »Zeigen und Beschreiben«. Jeder Kelch wird herumgereicht, damit die anderen Mitglieder ihn berühren, Anmerkungen machen und ihn würdigen können. Wenn alle Kelche die Runde gemacht haben, kann ein kollektives Ritual vollzogen werden, mit dem alle Kelche zusammen geweiht werden.

Eine Möglichkeit dazu ist, jeden Kelch mit Wasser zu füllen und dann alle Kelche zusammen in eine große Schale in der Mitte des Raumes auszugießen. Dann schöpft jede Frau etwas von diesem vermengten Wasser in ihren Kelch, und alle trin-

ken gemeinsam. In der tantrischen Tradition war das Vermischen von Wasser aus einzelnen Gefäßen in einem Gefäß eine allgemein bekannte Metapher für vollkommene Liebe.

Die Weihung von Messern ist ein ähnliches Ritual. Jede Frau bringt ein Messer ihrer Wahl mit. Die Auswahl kann Küchenmesser, Brieföffner, Klappmesser, Schweizer Offiziersmesser, Stilette, Macheten, Zierdolche umfassen oder irgendeinen anderen Gegenstand, der zum Schneiden geeignet ist. Das Messer kann bei zukünftigen Ritualen eingesetzt werden, um etwas symbolisch zu schneiden – wie das »Abschneiden« von unerwünschten emotionalen Hindernissen – oder buchstäblich, um Brot oder Früchte aufzuschneiden, die geteilt werden, um einen magischen Kreis auf dem Boden zu markieren, um Fäden oder Bänder durchzuschneiden oder um es als Teil eines Kostüms zu tragen. Bei den alten Kelten und noch im christlichen Irland war ein Messer im Gürtel ein unerläßlicher Bestandteil der zeremoniellen Tracht einer Braut.

Wie die Kelche werden die Messer für Begutachtungen und Kommentare herumgereicht und schließlich zusammen geweiht. Die Gruppenmitglieder können singen, während sie eine »Pyramide aus Messerspitzen« über dem Altar bilden, so wie Ritter ihre Schwerter über ein Freudenfeuer zusammenhielten, um ihre Gelübde und Schwüre abzulegen. Als »Abendmahl« unter den Mitgliedern kann ein Laib Brot oder ein Kuchen mit allen Messern der Reihe nach aufgeschnitten und geteilt werden.

Stäbe können zu Hause hergerichtet und zum Treffen mitgebracht oder sogar beim Treffen selbst angefertigt werden. Im letztgenannten Fall bringt jede Teilnehmerin einen Stock ihrer Wahl und einige Materialien zur Fertigung oder Verzierung der Stäbe mit. Dazu können Farben, Kordel, Klebstreifen, Leim, Perlen, Muscheln, Garn, Borte, Spitze, Fransen, Schere, Draht zählen und alle anderen Materialien, die sich beim Schmücken eines Stocks als nützlich erweisen können. Manche ziehen es vielleicht vor, ihre Stäbe überhaupt nicht zu verzieren, da sie einen unbearbeiteten Stock mit einer ansprechenden, ästhetischen Form gefunden oder sich vielleicht für einen bereits fabrikmäßig hergestellten Stab entschieden haben. Man kann aber einen attraktiven Stab anfertigen, indem ein Quarzkristall auf die Spitze des Stocks geklebt und er mit Lederstreifen umwickelt wird.

Auch bei dem Erdsymbol kann es sich um einen Kristall handeln oder um einen besonderen Stein, der von dem einzelnen gewählt wurde. Manche Steine und Mineralien sind ei- oder kugelförmig poliert, was sie zu geeigneten Erdsymbolen macht. Wie im Tarot ist das Pentagramm ebenfalls ein gutes Erdsymbol. Im alten Ägypten standen fünfzackige Sterne für die gesamte Unterwelt.

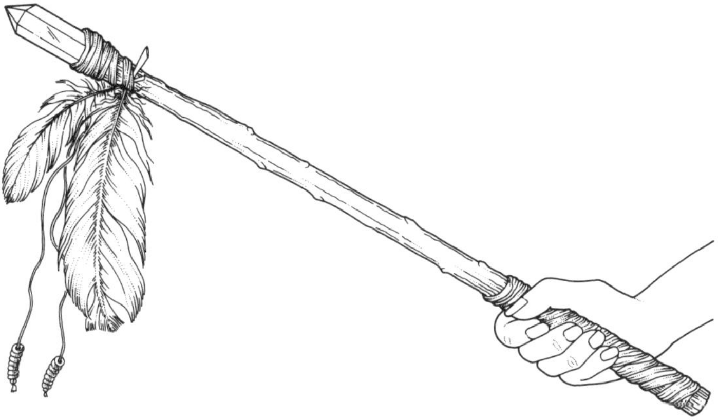

Das Pentagramm ist ein wichtiges Symbol der weiblichen Spiritualität, weil es ein uraltes Emblem der Göttin ist, das die patriarchalen Usurpatoren niemals an sich gerissen haben. Anfangs wurde es nach natürlichen Formen gezeichnet, wie zum Beispiel dem Seestern, der fünfblättrigen Rose und dem fünflappigen Apfelblatt. Der Apfel zählte zu den frühesten Symbolen für mystisches Wissen und die Lebenskraft, die der erste Mensch von der nahöstlichen Erdmutter erhielt – respektive der Mutter aller, die da leben, wie es in der Bibel heißt (1. Mose 3,20). Die Skandinavier glaubten, daß sogar das Leben der Götter von der geheimen Weisheit des Apfels der Göttin mit seinem in ihm verborgenen Fünfstern abhing und daß Äpfel Auferstehungszauber bewirken. Die Zigeuner schrieben die Lebens- und Liebesmagie dem »Stern der Erkenntnis« (Pentagramm) zu, der sich durch den diagonalen Schnitt durch einen Apfel offenbart.

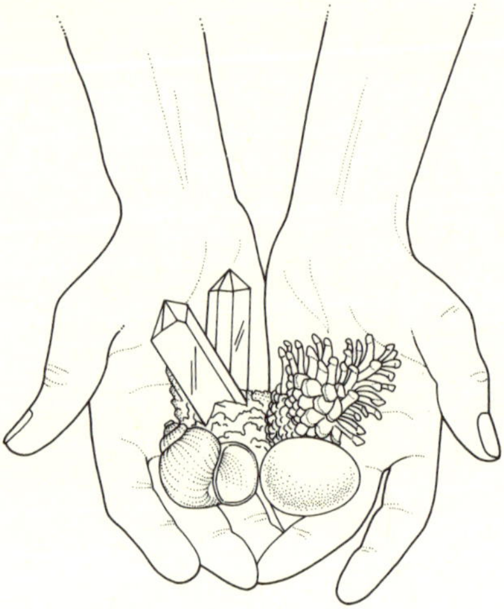

Die Rose und der Apfel gingen in den komplexen mittelalterlichen Synkretismus der Göttin/Jungfrau Maria ein, die gleichfalls ein »Stern« *(Stella Maris)* war. Es hieß, daß die Fünf die der Marienanbetung geweihte Zahl sei. Dennoch verehrten Frauen weiterhin die Göttin in ihrer älteren Form; sie benutzten das Pentagramm als Schutzzeichen und bekreuzigten sich mit dem fünffachen Kreuz (siehe Kapitel »Anrufung«, S. 31). So kamen die Kirchenmänner dazu, das Pentagramm mit »Hexen« zu assoziieren und zu behaupten, daß das Vollziehen des Pentagramms am Körper eine pervertierte Nachahmung ihres Kreuzzeichens sei. Ursprünglich waren es die Christen gewesen, die den Brauch vom Heidentum nachgeahmt hatten.

Weil es zu den sogenannten »torlosen« Figuren zählt, die aus einer fortlaufenden Linie konstruiert sind, symbolisiert das Pentagramm seit langem einen geheiligten Freiraum, zu dem sich unwillkommene Einflüsse keinen Zutritt verschaffen können. Hexen und Zauberer benutzten angeblich das Pentagramm als Abwehr gegen angerufene Dämonen. Kirchenmänner behaupteten ferner, daß das Pentagramm mit einer Spitze nach unten den Kopf des Gehörnten Gottes darstelle, den sie mit ihrem eigenen Teufel verwechselten. Das Pentagramm hat viele Interpretationen erfahren, aber es wird immer noch begeistert von denen angenommen, die das Göttinnenbild verehren und sich an seine ursprünglich erdzentrierten, femininen Bedeutungen erinnern.

Manche tragen gern ein Pentagramm aus Metall an einer Halskette, nicht nur bei ihren Spiritualitätstreffen, sondern auch als magischen Schmuck. Einige bewahren gern einen Kristall in einem kleinen Amulettbeutel auf, den sie sich an einer Schnur um den Hals hängen. Als Erdsymbole sind ferner natürliche Objekte wie zum Beispiel Schneckenhäuser, Kiefernzapfen, Wurzeln und Fossilien brauchbar. Jedes beliebige kleine, rundliche, fabrikmäßig hergestellte Objekt aus Metall oder Ton kann ebenfalls als Erdsymbol dienen. Diese Kategorie gibt die größtmögliche Vielfalt bei der Wahl persönlicher Werkzeuge her. Jede einzelne wählt, was auch immer ihr gefällt, und erklärt den anderen, wie sie das Objekt auf das Erdkonzept bezieht.

Ein wichtiger Punkt ist, daß sich alle Mitglieder bei der Vorstellung und Weihung ihrer Werkzeuge daran erinnern sollten, daß sie das Recht der anderen bejahen, eine individuelle Wahl zu treffen, für sich selbst zu entscheiden, was sie persönlich für heilig und bedeutsam erachten. Es sollte niemals eine Andeutung der Kritik gegenüber der Entscheidung einer Person geäußert werden noch sollten irgendwelche Konkurrenzgefühle in Hinblick darauf, wessen Objekt »besser« ist, aufkommen. Alle Kommentare sollten positiv und unterstützend sein. Die Erklärung der persönlichen Wahl von Ritualwerkzeugen kann ein neues Gefühl für die inneren Entscheidungsfähigkeiten bedeuten, besonders bei Frauen, die sich vielleicht unsicher sind. Es scheint ein kleiner Schritt zu sein; aber wenn jemand mehr Selbstvertrauen braucht, ist es hilfreich, wenn er imstande ist zu sagen: »Diesen Gegenstand wähle ich, damit er mir heilig ist.« Es ist erstaunlich befreiend, wenn man erkennt, daß die fabrizierten Objekte, die von traditionellen Religionen für die Anbetung benutzt werden, nicht heiliger sind als Objekte, die man für sich selbst wählt; tatsächlich können sie sogar in geringerem Maße heilig sein, aus dem einfachen Grund, weil sie von irgend jemand anderem hergestellt wurden. Ein schöner Stein, den man beim Spaziergang an einem denkwürdigen Tag aufhebt, ist von größerer persönlicher Bedeutung als eine Kirchenstatue oder eine offizielle Ikone. Eine Priesterin für sich selbst zu werden bedeutet daher, seine eigenen heiligen Objekte zu schaffen und ihnen durch bewußte, freiwillige Akte Bedeutung zu verleihen.

## SPRECHGESÄNGE

Heil, Kelch,
Träger von lebenden Wassern,
Durstlöscher,
Gefäß der Liebe,
Wiege der Geburt.
Wir grüßen dich.

Heil, Pentagramm,
geheimer Erdenstern,
zyklisches Emblem,
Apfelherz,
Göttinnenschild.
Wir grüßen dich.

Heil, Stab,
Fackel des heiligen Feuers,
Wegweiser,
Wegbereiter,
gerader und zuverlässiger Stock.
Wir grüßen dich.

Heil, Schwert,
Bringer von Untergang,
Schneider von Fäden,
Hand der Schicksalsgöttinnen,
strahlender Verteidiger.
Wir grüßen dich.

Heil, Vier Werkzeuge,
paßt gut in unsere Hände,
führt uns zu Weisheit,
durch Wasser, Feuer, Erde und Luft.
Wir grüßen euch.

# Nacktheit

In früheren Jahrhunderten war es für manche Gruppen von Göttinnenanbetern üblich, ihre Rituale nackt zu vollziehen. Der gebräuchliche Begriff für diese Nacktheit ist »himmelsbekleidet«, eine Übersetzung des Sanskrit-Wortes *digambara*. Kreise von Göttinnenanbetern entledigten sich ihrer Kleidung und ihres Schmucks, um zu verstehen zu geben, daß in den Augen der Mutter – das heißt, der Natur – alle gleich sind, ohne künstliche Kennzeichen des Rangs oder Status. Sie wollten so erscheinen, wie die Mutter sie erschaffen hatte, wie sie aus dem Schoß gekommen waren. Unter nackten Menschen gibt es kaum Anhaltspunkte dafür, Reiche von Armen, Aristokraten von Bürgerlichen, Priester von Laien zu unterscheiden. Es ging darum, künstliche Unterschiede zu beseitigen, so daß sich die Mitglieder des Kreises wahrhaftig wie Brüder und Schwestern unter demselben Himmel empfinden konnten, die dieselbe Erde teilen und sich auf derselben Ebene des Menschseins begegnen.

Natürlich kam es in Kreisen, in denen Männer und Frauen gemeinsam das kosmische Prinzip der Fruchtbarkeit anbeteten, oft vor, daß ihre Nacktheit ein anerkanntes Vorspiel zu sexuellen Orgien war, die den Höhepunkt der Feierlichkeiten bildeten. In heidnischen Systemen galten solche sexuellen Ausdrucksweisen als geweiht und heilig. Der sexuelle Orgasmus selbst wurde als ein kurzer Moment der Teilnahme an der ewigen Glückseligkeit der Götter betrachtet: ein Vorgeschmack auf den Himmel oder eine Mitwirkung am göttlichen schöpferischen Akt.

Es waren die asketischen patriarchalen Sekten, die derartige freimütige sexuelle Bräuche für teuflisch oder sündig erklärten. Seit dem politischen Triumph des religiösen Patriarchats ist diese Haltung in unserer Gesellschaft vorherrschend. Daher sträuben sich viele von uns automatisch gegen die Vorstellung von ritueller Nacktheit als unanständig, das Schamgefühl verletzend oder geradezu unmoralisch – ganz und gar undenkbar für eine gemischte Gruppe aus Männern und Frauen.

In der Regel haben jedoch gemischte Gruppen, die kühn genug waren, es auszuprobieren, festgestellt, daß es nicht nur sexuell stimulierend ist, sondern sogar die gegenteilige Wirkung eintreten kann. Wie Besucher von Nudistenkolonien erzählen Gruppenmitglieder, daß der Reiz des Neuen, sich öffentlich nackt zu zeigen, bald verfliegt. Sie kommen dahin, die eigenen unbekleideten Körper und die der anderen als etwas Selbstverständliches zu akzeptieren, so wie sie Kleidung akzeptieren. Folglich kann es sein, daß selbst in einer gemischten Gruppe Nacktheit kaum sexuellen Anreiz bieten kann und vielleicht nur eine rituelle Bedeutung hat.

Trotzdem ist die Idee der rituellen Nacktheit zweifellos für viele Menschen mit einer schweren Last der Angst verbunden. Es gibt alle möglichen Ängste, mit denen man sich auseinandersetzen muß, außer den durch traditionelle religiöse Lehren eingeimpften Ängsten. Sowohl Frauen wie auch Männer können sich für ihren Körper schämen, weil sie konventionellen Schönheitsbegriffen nicht entsprechen. Sie halten sich für zu dick, zu dünn, zu alt, zu unförmig; sie haben irgendeine Verunstaltung oder Entstellung; sie glauben, daß ihre Kleidung einen unentbehrlichen Schutz darstellt. Männer befürchten, daß ihr Körper sie mit unpassenden Erektionen verraten wird, oder sie fürchten den Vergleich zwischen ihren Genitalien oder Muskeln und denen anderer Männer. Frauen möchten keine Schwangerschaftsstreifen, Narben, Hängebusen, schlaffen Bäuche, Krampfadern oder was auch immer zeigen. Selbst abgesehen von dem puritanischen Hintergrund unserer Kultur reagieren viele von uns äußerst empfindlich darauf, ihren Körper sehen zu lassen.

In einer reinen Frauengruppe besteht von Natur aus weniger Ängstlichkeit vor Nacktheit. Die Möglichkeit des orgiastischen Verhaltens – zumindest der heterosexuellen Art – stellt kein Problem dar, mit dem man sich auseinandersetzen muß. Trotzdem haben viele Frauen solche tief verwurzelten Schamgefühle, daß sie sich unbehaglich fühlen würden, sich ihrer Kleidung in Gesellschaft zu entledigen.

Da Frauenrituale darauf abzielen, allen Teilnehmerinnen Beruhigung und Behaglichkeit zu bieten, sollte der Einsatz von Nacktheit in diesem Kontext nur dann erwogen werden, wenn sich alle damit wohl fühlen können. Unter keinen Umständen sollte eine Gruppe gegen den Wunsch eines Mitglieds entscheiden, »himmelsbekleidet« zu gehen. Solange die Gruppe schamhafte Mitglieder hat, auch wenn sie eine Minderheit darstellen, sollte ihr Schamgefühl respektiert werden.

Darüber hinaus sollte man den rein praktischen Aspekt der Temperatur in Erwägung ziehen. Vergangene Gesellschaften, die von ritueller Nacktheit umfassend Gebrauch machten, lebten gewöhnlich in tropischen oder subtropischen Klimazonen. Heutzutage sind in den gemäßigten Zonen die meisten Räume im Winter nicht gut genug geheizt, um für nackte Menschen behaglich zu sein. Um rituelle Nacktheit zu praktizieren, könnte man zu diesem Anlaß die Heizung höher stellen oder sich auf warme Sommerabende entweder im Haus oder im Freien beschränken, sofern absolute Ungestörtheit sichergestellt werden kann. Jedenfalls: Wenn eine Gruppe plant, ein himmelsbekleidetes Treffen auszuprobieren, muß die Außentemperatur berücksichtigt werden.

Eine Gruppe kann es mit Nacktheit gelegentlich, zu einer besonderen Gelegenheit oder aus einem bestimmten Grund versuchen. Göttinnenanbeter haben oft darauf hingewiesen, daß die Nacktheit von Frauen echte physische Reaktionen hervorrufen kann, wie zum Beispiel Erektionen bei Männern oder Appetit bei Säuglingen; folglich ist sie eine Quelle von *mana* oder Kraft. Viele nackte Frauen zusammen erzeugen dann eine kollektive emotionale Kraft, die alle Teilnehmerinnen spüren können, als ob sich das tief vergrabene kindliche Selbst sogar in einem Erwachsenen an den mütterlichen Körper auf einer tiefen emotionalen Ebene erinnern könnte. Zumindest kann das von all denen, die nichts gegen Nacktheit einzuwenden haben, empfunden werden. Es sollte hier noch einmal hervorgehoben werden, daß man es nicht ausprobieren sollte, wenn einige Gruppenmitglieder Einwände haben.

Jedes beliebige Ritual oder eine Kombination von Ritualen kann von nackten Teilnehmerinnen vollzogen werden. In der Regel verändert sich dadurch das allgemeine Gefühl und die Qualität des Ereignisses spürbar. Es ist aufschlußreich, ein

Gruppenritual bekleidet durchzuführen und es bei einer späteren Gelegenheit nackt zu wiederholen. Bei einem anschließenden Gespräch über ihr Verhalten und ihre Reaktionen auf die beiden Methoden sind Frauen oft über den grundlegenden Unterschied in ihren Haltungen überrascht. Sie können gemeinsam die Ansicht vertreten, daß Nacktheit eine in höherem Maße lohnende und intensive Erfahrung bietet. Oder sie kommen vielleicht zu dem Schluß, daß die versteckte Verlegenheit allzu groß war, um das Ritual zu genießen. Die Reaktionen hängen von der Beschaffenheit und dem allgemeinen Hintergrund der Gruppe ab.

Jedoch genügt es zu erkennen, daß rituelle Nacktheit eine Möglichkeit ist, sehr alten und angesehenen Traditionen entnommen, die dem Patriarchat um Tausende von Jahren vorausgingen. Daher mag sie für Frauen von besonderem Interesse sein. Ob sie im modernen Kontext angemessen ist oder nicht, ist eine Angelegenheit, die jede Gruppe für sich selbst entscheiden muß.

## Das Gewand

Wie magischer Schmuck tragen zeremonielle Gewänder zum visuellen Interesse bei einem Ritualtreffen bei. Manchen Gruppen gefällt es, sich selbst mit handgearbeiteten Gewändern zu versorgen, die entweder von jeder Frau allein oder von einer geschickten Näherin angefertigt werden, die sich vielleicht anbietet, für alle zu nähen.

Für die hier angegebenen Nähanleitungen zu einem Gewand ist keine besondere Geschicklichkeit erforderlich. Man sollte lediglich die grundlegendste Stichart beherrschen. Dieses Gewand kann jede und sogar ohne Nähmaschine anfertigen. Es sind nur zwei lange Nähte anzulegen, und die können ohne allzuviel Mühe mit der Hand genäht werden.

Dieses anmutig fließende Gewand gibt ein recht nützliches Kleidungsstück ab. Es ist ein Einteiler und für jede Figur passend. Es paßt sich jeder Stellung und Bewegung an, ob man nun tanzt, sitzt, steht oder geht. Man kann jede beliebige Farbe und jeden beliebigen Stoff nehmen, von dickem Wollstoff bis zur dünnsten, leichtesten Baumwolle, sogar anschmiegsame Seide, fließender Chiffon oder prächtige Spitze. Es läßt sich vielseitig verwenden, als Gastgeberkleid, Morgenmantel, Strandkleid oder Bademantel. Man kann, muß aber nicht, es über anderen Kleidungsstücken tragen. In seinen Falten verborgen kann man sich sogar in der Öffentlichkeit umziehen. Vorder- und Rückseite sind identisch, so daß man es auf beiden Seiten tragen kann. Und das beste von allem ist, daß seine Herstellung so leicht ist wie das Säumen eines Vorhangs.

Ein solches Gewand ist so bequem, daß man sich schnell eine ganze Garderobe davon in verschiedenen Farben, Stoffen und Längen zusammenstellen kann. Wenn es kurz ist und nur bis zur Hüfte reicht, läßt es sich als locker fallendes Oberteil mit einer Hose tragen. Ist es knielang, ergibt es ein hübsches einfaches Kleid. Es kann mit Gürtel oder Schärpe getragen oder mit einem Tuch oder Schmuck aufgepeppt werden. Der Stoff kann einfarbig oder gemustert sein oder zum Schluß mit Borten, Perlen, Applikationen, Stoffarben oder Stickereien versehen werden. Einige der schönsten bestickten Gewänder der Welt wurden nach Vorlagen kreiert, die so einfach und grundlegend sind wie die hier vorgestellte.

## NÄHANLEITUNG

1. Um ein bodenlanges Gewand zu nähen, nehmen Sie eine gerade Bahn Stoff, 90 bis 120 cm breit und *doppelt* so lang wie der Abstand zwischen Ihrer Schulterspitze und Ihren Füßen. Wenn also Ihre Körpergröße ohne Kopf 1,50 Meter beträgt, werden Sie 3 Meter Stoff benötigen.
2. Falten Sie die Stoffbahn zweimal: eine Falte quer über die Breite am Mittelpunkt und eine andere die Länge hinunter in der Mitte, so daß alle vier Webkanten zusammenliegen. (Anmerkung: Wenn der Stoff ein einseitiges Muster hat oder mit Noppen versehen ist, wird dieses Muster auf einer Seite des fertigen Gewandes nach oben verlaufen und auf der anderen Seite nach unten. Falls das nicht er-

wünscht ist, schneiden Sie am Mittelpunkt quer durch die Breite durch, schlagen eine Hälfte um und nähen, während die rechten Seiten sich gegenüberliegen, die zwei geschnittenen Kanten zusammen. Diese Naht wird dann die Schulter-und-Ärmel-Naht des fertigen Gewandes, statt der nahtlosen Oberlinie, die durch das Falten entsteht. Achten Sie darauf, daß die oberen Enden des Musters auf diese Naht gerichtet sind.)

3. Wie in Abbildung A dargestellt, schneiden Sie in den zu vier Lagen gefalteten Stoff einen Viertelkreis mit einem Radius von etwa 8 cm an der doppelt gefalteten Ecke aus. Wenn der Stoff entfaltet wird, ist dieser in der Mitte gelegene offene Kreis der Halsausschnitt.
4. Messen Sie 25 cm von den oberen Falten entlang der Webkanten nach unten und bringen Sie eine Markierung an. Messen Sie 8 cm von den unteren Bruchkanten des Stoffes entlang der Webkanten nach oben und bringen Sie eine zweite Markierung an. Messen Sie entlang der langen gefalteten Kante von den oberen Falten nach unten entsprechend der Länge Ihres Maßes vom Hals zur Taille – etwa 40 cm für die meisten. Von dieser Stelle messen Sie geradewegs quer über die Breite von der gefalteten Kante zu einem Punkt, der ein Viertel der gewünschten Breite des fertigen Gewandes an seiner schmalsten Stelle betragen wird. Lassen Sie hier eine großzügige Menge an Stoff übrig. Eine Gesamtbreite von 122 bis 127 cm um den Taillenbereich des fertigen Gewandes ist nicht zuviel, auch nicht für eine kleine, schlanke Person. Sie werden in Ihrem Gewand sehr viel Spielraum brauchen. Daher sollte dieser gemessene Abstand mindestens 30 cm (ein Viertel von 120 cm) betragen. Bringen Sie an dieser Stelle eine dritte Markierung an.
5. Zeichnen Sie gerade Kreidelinien ein, um diese drei Markierungen zu verbinden, aber beschreiben Sie eine sanfte Rundung entlang der mittleren Markierung, anstatt einen spitzen Winkel zu zeichnen (siehe Abbildung A). Diese Rundung wird die Rundung des Unterärmels sein. Zeichnen Sie eine andere weite, sanfte Rundung von der unte-

Abbildung A 4 Lagen

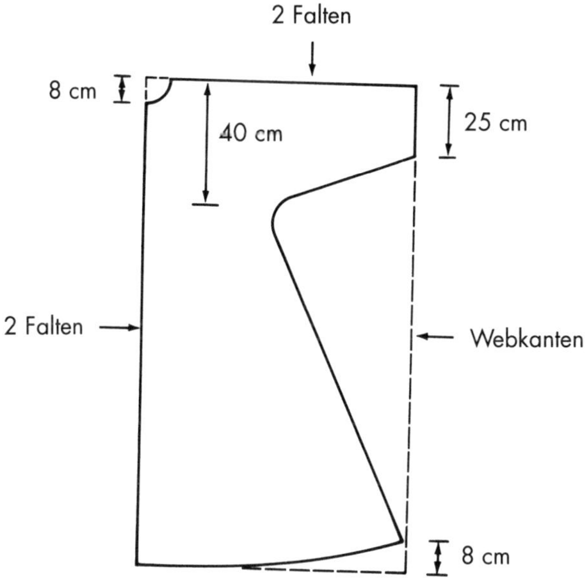


Abbildung B 2 Lagen

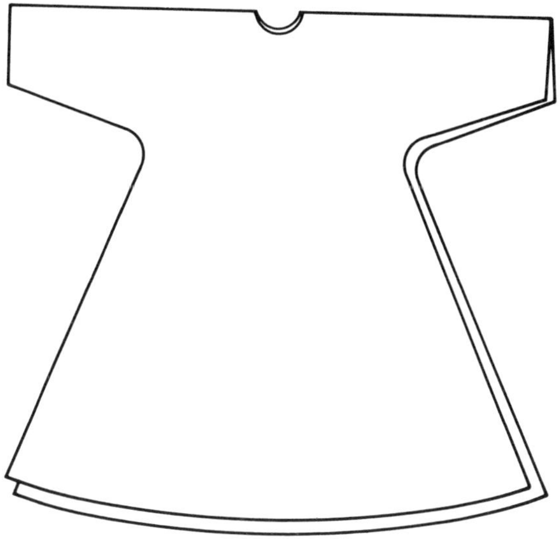

ren Webkantenmarkierung bis ganz nach unten zu den gefalteten Bruchkanten, um dem Rocksaum Kontur zu geben. Schneiden Sie das Kleidungsstück an diesen Linien durch alle Stofflagen zugleich aus.

6. Wenn Sie den Stoff ausbreiten, werden Sie sehen, daß Vorder- und Rückseite gleich sind und entlang der oberen Kanten bereits miteinander verbunden sind. Sie müssen jetzt also nur noch die Seitennähte vernähen und den unteren Teil säumen (siehe Abbildung B). Zuerst jedoch sollte der Halsausschnitt fertiggestellt werden.
7. Mit einem Radius von 8 cm ist der runde Halsausschnitt immer noch zu klein, um bequem über den Kopf zu passen. Wenn Sie den Ausschnitt mit einem einfachen Schrägstreifen oder einem anderen Besatz fertigstellen möchten, werden Sie noch einen guten Zentimeter ringsherum wegschneiden müssen, bis sich der Ausschnitt leicht über Ihren Kopf ziehen läßt. Aber wenn Sie eine Halseinfassung hinzufügen möchten, werden Sie diesen zusätzlichen Stoff als Saumzugabe benötigen.
8. Um eine Halseinfassung aus einem der Reststücke zuzuschneiden, legen Sie den Kreis, den Sie durch Ausschneiden des Halsausschnitts erhalten haben, in die Mitte eines Stoffrestes und zeichnen Sie ihn nach. Dann zeichnen Sie einen weiteren Kreis etwa 6,5 cm außerhalb des ersten ein. Schneiden Sie dieses ringförmige, 6,5 cm breite Stück aus, das die Halseinfassung sein wird.
9. Stecken Sie die Einfassung rechts auf rechts ringsherum auf den Halsausschnitt, einen guten Zentimter von den Kanten der mittleren Öffnung. Nähen Sie. Schneiden Sie die Saumzugabe rundherum aus. Ziehen Sie sich das Gewand über den Kopf, um zu sehen, ob es jetzt bequem paßt. Wenn nicht, nähen Sie noch einmal etwas außerhalb der ersten Stichlinie und schneiden Sie diese erste Stichlinie aus, um mehr Spielraum zu gewinnen. Schlagen Sie die Einfassung auf die linke Seite des Gewandes um, bügeln und steppen Sie.
10. Vernähen Sie rechts auf rechts die lange Seite und die Säume der Unterärmel. Verstärken Sie den gerundeten Teil,

etwa 20 cm, mit zusätzlichen Stichen, dann schneiden Sie die Saumzugabe um die Rundung herum aus.

11. Wenn der Stoff eine feste Webkante ohne sichtbare Druck- oder Farbveränderungen hat, können Sie die Ärmelenden so belassen. Andernfalls schlagen Sie für einen besseren Abschluß die Ärmelenden zweimal zu schmalen Säumen um und vernähen Sie sie.
12. Schließlich schlagen Sie die untere Kante zu der gewünschten Länge um, schneiden sie gegebenenfalls zurecht und nähen den Saum fest.

Wenn Stoffreste übrigbleiben, kann man Taschen aufsetzen, entweder an der Außenseite des Gewandes oder verborgen an der Innenseite. Weil die Ärmel lose fallen, können Sie mühelos Ihren Arm hineinziehen, um in eine solche Innentasche zu greifen.

Diese Nähanleitung zu einem Gewand mit einfachem kreisförmigem Halsauschnitt ist für eine schnelle und leichte Fertigstellung gedacht. Die erfahrenere Näherin kann das Grundmuster mit eigenen Verschönerungen ergänzen. So könnte sie einen engen Ausschnitt mit rundem Kragen, Reißverschluß oder Knopfleiste vorziehen; oder einen Rollkragen, einen Stehkragen, eine Rüsche oder einen viereckigen Halsausschnitt mit Briefecken. Alles ist möglich. Eine andere attraktive Alternative ist, einen weiten, runden Halsausschnitt zu schneiden und durch den Saum ein Band oder eine Schnur zu ziehen, so daß man ihn zu der gewünschten Breite kräuseln kann.

Vielleicht möchten Sie sich eine ganze Sammlung von Gewändern in den jahreszeitlichen Farben nähen. Beispielsweise ist die traditionelle Frühlingsfarbe, die zu Beltane-Feierlichkeiten (Maitag) getragen wird, Grün. Die traditionelle Farbe für die Sommersonnenwende ist Sonnengold oder Orange, für das Lammas-Fest im August Rot, für Samhain (Halloween), das Fest der Toten, Schwarz und für die Wintersonnenwende, das Fest der Wiedergeburt, Weiß.

# Die Prozession

Jede Prozession ist ein öffentliches Ritual, das darauf zielt, von einigen durchgeführt zu werden, während andere es sich ansehen. Manchmal wünschen sich Frauengruppen vielleicht ein gewisses Maß an Abgeschiedenheit in der Gestaltung einer Prozession. Ein Frauenumzug kann so öffentlich sein wie ein Marsch durch eine Stadt am hellen Mittag mit Bannern, Masken, Kostümen, Musik, Trommeln und Gesang oder so privat wie ein feierlicher Spaziergang durch Wälder bei Mondlicht.

Ein Umzug bedeutet gewöhnlich, daß man sich bis zu einem gewissen Grade an die Öffentlichkeit wendet, um die Solidarität der Gruppe hinsichtlich eines politischen Ziels kundzutun oder um ein größeres Publikum von der Existenz der eigenen Gruppe in Kenntnis zu setzen. Zuschauer können eingeladen werden, sich der Prozession anzuschließen.

Religiöse Prozessionen sind im allgemeinen damit verbunden, daß ein heiliger Gegenstand von einem Platz zu einem anderen oder entlang eines kreisförmigen Weges getragen wird, um ihn der Öffentlichkeit zu einem besonderen Zeitpunkt zu zeigen. So stellten im alten Rom Festtagsprozessionen heilige Bilder und Symbole, Reliquien, Schätze, Herolde, Tänzer, Musiker, Helden des Tages, Priesterinnen, Priester, Clowns und bekränzte und geschmückte Tiere, die den Göttern geopfert und als eucharistische Fleischgabe ausgeteilt wurden, zur Schau. Das christliche Rom ahmte ebendiese Traditionen nach, ließ jedoch die öffentliche Fleischverteilung als zu kostspielig fallen. Alle Weltreligionen machen Gebrauch von feierlichen Prozessionen. Da dieser Brauch zweifellos von Priesterinnen im Zeitalter der Göttin ins Leben gerufen wurde, ist es angemessen, daß Frauen ihn zurückgewinnen sollten.

Die private Prozession einer weiblichen Ritualgruppe könnte die Form einer Pilgerfahrt zu einem abgelegenen Ort annehmen, den ein oder mehrere Mitglieder attraktiv und numinos fanden. Jede Teilnehmerin kann einen persönlich bedeutsamen Gegenstand mit sich tragen, den sie dort zurückläßt oder in der Umgebung niederlegt, so daß er zu einem Me-

mento wird. Ein solcher privater Umzug könnte nachts stattfinden, entweder schweigend oder von Musik oder Gesang begleitet. Beispielsweise könnte jemand einen Spaziergang bei Mondlicht mit einem bestimmten Ziel vorschlagen: ein Baum, eine Lichtung, eine Quelle, ein Wasserfall, die Kuppe eines Hügels, um eine besondere Aussicht zu genießen, das Ufer eines Flusses für ein rituelles Bad, das Haus einer jungen Mutter, um sie und ihr Neugeborenes zu ehren, eine Stelle, an der sich etwas ereignete, was die Gruppe für bedeutsam hält, ein offenes Gelände, um bei Tagesanbruch oder Einbruch der Dunkelheit den Sonnenaufgang oder -untergang zu feiern.

Ein etwas weniger privater Umzug könnte durch vorstädtische Straßen am Tag oder abends führen, bei dem ohne weiteres Nichtmitglieder aufgefordert werden können, sich anzuschließen, wenn sie möchten, aber ohne daß ernsthafte Bemühungen unternommen werden, die Aufmerksamkeit auf die Vorbeiziehenden oder ihr Ziel zu lenken.

Ein ganz und gar öffentlicher Umzug würde in einer dichtbesiedelten Gegend stattfinden, bei dem man so viele Mittel wie möglich einsetzt, um die Aufmerksamkeit auf sich zu lenken, beispielsweise leuchtende Farben, laute Klänge, Kostüme, Flaggen, Rhythmen, Lieder, auffälliges Herzeigen von Ritualobjekten und vielleicht ein Gesang der Göttin zu Ehren. Das ist ein »Coming-out«-Umzug für Frauen, die sich in ihrer feministischen Rolle sicher fühlen. Man könnte einen traditionellen Göttinnengesang anstimmen:

> Wir alle kommen von der Göttin,
> und zu Ihr werden wir zurückkehren,
> wie ein Regentropfen,
> der zum Ozean fließt.

Wie wäre es mit einem Umzug zu Ehren einer historischen Heldin, um ein Gegengewicht zu den männlichen Festtagsparaden für Helden oder gefallene Soldaten zu schaffen? Wie wäre es mit einem Umzug zum Gedenken an all die unschuldigen, am Kampf unbeteiligten Frauen, die in den Kriegen der Männer ermordet wurden? Wie wäre es mit einem Umzug, um vor einem Geschäft zu demonstrieren, das Kriegsspielzeug verkauft, oder Pelzmäntel oder Kosmetika, die unter Qualen an Tieren getestet wurden oder frauenfeindliche Pornographie, oder um auf irgendeinen anderen politischen Streitpunkt aufmerksam zu machen? Wie wäre es mit einem Göttinnenumzug zu einer Kirche während der Sonntagsmesse?

Darüber hinaus kann man einen öffentlichen Umzug durchführen, ohne Aufmerksamkeit zu erregen. Dabei ziehen Frauen in geschlossener Formation oder in einer langen Reihe einfach über öffentliche Plätze, schweigend, ihre jeweiligen Positionen beibehaltend, einer Anführerin folgend und alle ihre Gebärden nachahmend. Sie können besondere Zeichen tragen oder in besonderen Farben gekleidet sein, bleiben jedoch im allgemeinen unauffällig.

## Über Kristalle

Natürliche Kristalle und Halbedelsteine sind zu den beliebtesten Utensilien für Frauenrituale geworden. Als Schmuck tragbar, sehen sie auch auf einem Altar schön aus. Sie sind angenehm zu berühren, und es lohnt sich, sie für Kontemplationen zu verwenden. Sie sind wunderbare Symbole von Mutter Erde, metaphorisch gesehen die destillierte Essenz des chthonischen (Erd-)Geistes. Die Molekularstrukturen der kristallinen Substanzen können als repräsentative Beispiele der kosmischen Ordnung oder der verborgenen Symmetrien der Natur gesehen werden. Eine Meditation über die unermeßlichen Zeitalter, die mit dem unendlich langsamen Wachstum von Kristallen einhergehen, während diese tief im dunklen Schoß der Erde liegen und sich allmählich aus der mineralischen Mutterflüssigkeit heraus miteinander verbinden, rückt flüchtige menschliche Angelegenheiten in eine andere Perspektive. Sie führt zu einer neuen Heiterkeit durch das Wissen um größere, gewaltigere Zeitrechnungen und Entwicklungs- und Transformationszyklen.

Frauen können Gefallen an einem solchen tiefen Verständnis für die ästhetischen Qualitäten und den symbolischen Wert von Kristallen finden, aber sie sollten sich davor hüten, daß ihre Affinität zu Steinen nicht ausgebeutet wird. Es ist immer am besten, wenn man über ein Gebiet von persönlichem Interesse gut informiert ist: über das Gebiet der Mineralien und Kristalle nicht weniger als über jedes andere. Trotzdem akzeptieren überraschend viele Menschen Mythen vor den mineralogischen Tatsachen und zeigen fast keine echte Neugierde – selbst Menschen, die normalerweise alles verfügbare Wissen über irgendein anderes Lieblingsgebiet oder komplexes Hobby ausfindig machen. Wo immer die Unwissenheit Lücken hinterläßt, werden natürlich falsche Informationen Eingang finden.

Viele der noch heute existierenden Mythen unter »Kristallmystikern« sind Tausende von Jahren alt und reichen bis in Zeiten der fast völligen wissenschaftlichen Unwissenheit zurück. Sie halten sich trotz der Erkenntnisse der mineralogischen Wissenschaft, die inzwischen wohlbekannt und ohne weiteres zugänglich sind.*

Mittelalterliche Lehrbücher waren voller Listen über verschiedene Steine, die als Heilmittel gegen diverse Krankheiten berührt, gehalten oder getragen werden sollten. Ferner wurden bestimmte Steine behandelt, die dazu dienen sollten, sich unsichtbar zu machen, Gefängnismauern niederzureißen, Feinde aus der Ferne zu töten, Reichtum zu erwerben, fliegen zu können, auf das andere Geschlecht unwiderstehlich anziehend zu wirken und dergleichen mehr. All die gewöhnlichen menschlichen Träume und Wünsche sind in der Folklore der Steine reichlich vertreten.

Während die meisten dieser nachweisbar falschen Vorstellungen aufgegeben wurden, bestehen die Heilungsmythen nach wie vor weiter. Ein Grund dafür ist, daß noch immer so viele chronische Krankheiten, pathologische Zustände, Unpäßlichkeiten sowie physische und emotionale Symptome außerhalb der Kompetenz der modernen Medizin liegen. Leidende Menschen neigen dazu, bereitwillig alles auszuprobie-

* Siehe Barbara G. Walker: *The Book of Sacred Stones. Fact and Fallacy in the Crystal World.*

ren. Oft kann eine Krankheit oder ein neurotisches Symptom durch einen anderen geistigen Fokus gelindert werden: Dies ist der wohlbekannte Placeboeffekt. Manchmal kann er sogar zur völligen Heilung führen. Viele Dinge, einschließlich Steine, können einen solchen Fokus für den Geist schaffen.

Das ist alles gut und schön. Wenn es funktioniert, um so besser. Doch unglücklicherweise hat ein Mangel an soliden Kenntnissen auf solchen subtilen psychologischen Gebieten zu viel pseudowissenschaftlichem Unsinn geführt, der aus kommerziellen Gründen verbreitet und durch eine allgemeine Verwirrung über die Wirkweisen des physischen Universums verewigt wird. Wahres Wissen bedeutet Beweis, nicht Glauben, Hörensagen oder falsche Verwendung von Begriffen.

»Kristallheiler« sprechen von den »elektrischen Eigenschaften« von Steinen in bezug auf menschliche »Bioelektrizität«, wobei sie zu verstehen geben, daß interatomare elektromagnetische Verbindungen in den Mineralien den menschlichen Körper durch bloße Nähe irgendwie beeinflussen werden. Weder den Heilern noch ihren Klienten scheint der verhängnisvolle Fehler in dieser Behauptung aufzufallen: Daß nämlich bei einer derartig allgemeinen Anwendung der Atomtheorie ein Patient genausogut von den »Schwingungen« beliebiger gewöhnlicher materieller Objekte geheilt werden könnte – Baumstämme, Tische, Meeresmuscheln, Plastikspielzeug, Badezimmerkacheln, Bücher, Glaswaren, Wasserrohrleitungen, Markierungsfähnchen, Gardinenstangen oder die Lenkräder von Autos. Sie alle bestehen gleichermaßen aus schwingenden Atomen.

Warum sollten einem Diamanten magische Eigenschaften zugeschrieben werden, aber nicht einer Bleistiftmine (Graphit), bei der es sich um genau dasselbe Element in einer anderen Erscheinungsform handelt? Warum sollte ein Stück Bergkristall (Quarz) in höherem Maße magisch sein als eine Handvoll Sand, der genau dasselbe Mineral mit derselben Molekularstruktur darstellt? Warum sollte ein Rubin (Korund) als »Blutreiniger« angesehen werden, während dasselbe Mineral in Form von Schmirgel außer zum Schleifen und Polieren zu nichts zu gebrauchen ist? (Zweifellos handelt es sich bei der

Assoziation zwischen roten Steinen und Blut um sympathetische Magie der primitivsten Art, die lediglich auf der Ähnlichkeit von Farben beruht.)

Letzten Endes scheint der wahre Unterschied zwischen »heilkräftigen« Mineralien und den alltäglicheren Erscheinungsformen desselben Minerals vom Preis abzuhängen. Diese oder jede andere Form von medizinischer Quacksalberei aus Profitgründen ist sowohl moralisch verwerflich als auch potentiell gefährlich. Dogmatischer Glaube an magische Heilungen kann Leidtragende veranlassen, lebensbedrohliche Zustände zu unterschätzen, die im Anfangsstadium möglicherweise erfolgreich behandelt werden könnten.

Trotz ihres pseudowissenschaftlichen Jargons wissen Heiler von eigenen Gnaden gewöhnlich nichts über die wahren elektrischen, chemischen oder physikalischen Eigenschaften der Mineralien, mit denen sie umgehen. Manche der immer wiederkehrenden Mythen über das Quarz mögen als Beispiele dienen. Es wird behauptet, daß Quarz »Magnetismus absorbiere«, obwohl doch jeder Mineraloge weiß, daß Quarz nichtmagnetisch ist. Es wird behauptet, daß Quarz Elektrizität leitet, während er tatsächlich so nichtleitend ist wie Glas und folglich ein gleichermaßen guter elektrischer Isolator. Andererseits wird behauptet, daß Quarz, einer Batterie gleich, elektrischen Strom erzeugen kann. Dieser Irrtum rührt von dem Mißverständnis der piezoelektrischen Eigenschaft des Minerals her. Am absurdesten sind die Listen der Krankheiten, die Quarz angeblich heilen soll, im Gegensatz zu völlig unterschiedlichen Listen, die mit demselben Mineral unter einigen seiner anderen Namen assoziiert sind, wie etwa Jaspis, Karneol, Achat, Feuerstein, Onyx, Hämatit, Amethyst und Opal.

Eines der offenkundigsten Beispiele für Betrügereien auf diesem Gebiet ist der lukrative Handel mit »Edelsteinelixieren«: Gewöhnliches Wasser wird unter dem Vorwand verkauft, es habe die magische Qualität des Steins, der in ihm eingetaucht war, absorbiert. Da die meisten dieser Steine im Wasser völlig unlöslich sind (die meisten können nicht einmal in starken Säuren aufgelöst werden), liegt es auf der Hand, daß das flüssige »Elixier« nicht ein einziges Molekül des Minerals enthält. Tatsächlich ist es immer noch einfaches Wasser, so wie es aus dem Hahn kommt.

In Anbetracht der zahlreichen Mythen, Gaunermethoden und Bauernfängereien, die heutzutage mit dem Kristallhandel verbunden sind, sollten sich interessierte Frauen eingehend mit diesem Gebiet beschäftigen und es nicht zulassen, daß windige Händler ihre natürliche Aufgeschlossenheit für schöne Gegenstände ausnutzen. Wissen ist der beste Schutz gegen »faulen Zauber« und Scharlatanerie. Um ein persönliches Interesse für Steine zu nähren, studieren Sie die Bücher von anerkannten Mineralogen und nicht von Mystikern von eigenen Gnaden, die mittelalterliche Irrtümer fortbestehen lassen.

Mit gebührender Berücksichtigung derartiger Einsprüche können Mineralien bei vielen Ritualen erfolgreich eingesetzt werden. Natürliche Kristalle sind offensichtlich Symbole der Mutter Erde dadurch, daß sie aus ihrem »Blut« heraus feste Gestalt angenommen haben – aus dem geschmolzenen Magma unseres Planeten. Selbst patriarchale Mythen aus dem alten Griechenland postulierten die Urgeburt des Menschen aus Mutter-Steinen. In gewisser Hinsicht erkannten die Griechen sogar, daß Kristalle »eingefrorene« oder feste Formen von chthonischen Flüssigkeiten sind. Das griechische Wort *krystallos* bedeutet Eis. In der Tat handelt es sich beim Gefrieren von Wasser und der Entstehung von Kristallen aus Steinschmelze um ein und denselben Vorgang. Genaugenommen ist auch Wasser ein Mineral.

Durchsichtige Kristalle eignen sich hervorragend als Werkzeuge für persönliche Meditationsrituale. Um auf diese Weise einen Kristall von einem beliebigen durchsichtigen Mineral zu verwenden, suchen Sie sich eine ruhige Zeit aus, in der Sie allein und ungestört sein können. Setzen oder legen Sie sich bequem so, daß helles Licht hinter Ihnen auf den Gegenstand in Ihrer Hand scheinen kann. Am besten ist Sonnenlicht, aber Kunstlicht erfüllt auch den Zweck.

Drehen Sie den Kristall ganz langsam in Ihren Händen und achten Sie auf seine inneren Strukturen, Spalten, reflektierenden Flächen, Glanzpunkte, Schatten, Verschleierungen, Einschlüsse, inneren Brechungen (Regenbogen) und andere individuelle Merkmale. Während Sie den Kristall studieren, werden diese Besonderheiten anfangen, wie Miniaturszenen oder -figuren auszusehen.

Man kann mühelos Meer- und Schneelandschaften, Strände, Klippen, Gletscher, Tunnel, Mauern, Burgen, Stalaktiten, Türen, Schiffe, Statuen, Gesichter und so weiter entdecken. Stellen Sie sich selbst auf mikroskopische Größe reduziert vor und gehen Sie in den Kristall hinein wie Alice hinter den Spiegel. Sie können horizontale Flächen sehen, die Sie begehen können. Wenn Sie den Kristall drehen, können diese Flächen zu Wänden oder Decken werden. Eine weiße Landschaft mag sich in einen schwarzen, gestirnten Himmel verwandeln. Eine mit einem Mantel eingehüllte Figur verwandelt sich vielleicht in ein Raumschiff oder verschwindet ganz. Wenn das Licht direkt auf innere Risse fällt, sehen Sie möglicherweise einen Sprühnebel aus schillernden Regenbogenfarben oder einen Feuervorhang.

Nehmen Sie eine Lupe und studieren Sie den Kristall noch intensiver. Welche neuen Merkmale fallen Ihnen in der Vergrößerung auf? Was erkennen Sie jetzt, das vorher nicht klar ersichtlich war?

Wenn Sie sich auf diese Art der Kristallkontemplation einlassen, können Sie überraschend viel Zeit in dieser Miniaturwelt verbringen. Eine Stunde kann wie zehn Minuten vergehen. Eine solche spirituelle Reise kann erfrischend und energetisierend sein. Was Sie in Wirklichkeit erleben, ist ein Eintauchen in die zeitlose Welt Ihres eigenen Unbewußten – die Welt der Imagination, Träume und Kreativität – mit Hilfe einiger visueller Anhaltspunkte.

Sie kehren von diesem Ort mit neuen Ideen und Symbolen, neuen geistigen Verbindungen zurück. In dieser Hinsicht kann ein Kristall als ein Yantra (Meditationszeichen) dienen. Aus diesem Grund haben Generationen von »Hellsehern« behauptet, sich andere Welten oder zukünftige Zeiten mit Hilfe von Mineralien vorzustellen.

Manche Kristallarten eignen sich besser als andere für derartige kontemplative Rituale. Durchsichtige, aber »unruhige«

Kristalle mit vielen interessanten Sprüngen, Verschleierungen und anderen inneren Merkmalen können sich für manche Menschen als höchst angenehm erweisen. Andere ziehen vielleicht undurchsichtige Mineralien mit faszinierenden äußeren Zeichnungen, Farbmustern oder Schrammen vor. Verschiedene Mineralien finden Anklang bei verschiedenen Menschen aus den verschiedensten Gründen oder bei ein und derselben Person zu verschiedenen Zeiten. Wenn Sie Exemplare sammeln, möchten Sie möglicherweise eine ziemlich große Auswahl an Mineralarten haben. Es geschieht oft, daß an einem Tag Ihre Hand ohne ersichtlichen Grund automatisch nach einem bestimmten Stück greift und an einem anderen Tag nach einem anderen. Manchmal haben Sie vielleicht vergessen, was Sie vorher in einem bestimmten Kristall gesehen haben, und finden ganz andere Bilder in ihm, wenn Sie ihn ein anderes Mal in die Hand nehmen. Veränderungen im Lichteinfall und in den Lichtverhältnissen wirken sich ebenfalls auf Kristallmerkmale aus. Ihr eigener ästhetische Sinn ist der einzige wahre Führer durch eine Kristallmeditation. Machen Sie zu jeder Zeit Gebrauch davon, was auch immer zu Ihnen zu »sprechen« scheint. Dieses merkwürdige Gefühl der Affinität kann so stark sein, daß Sammler manchmal das Gefühl äußern, ein bestimmter Kristall »möchte« gerade jetzt berührt werden. Das Gefühl ist natürlich durchaus subjektiv, aber ganz genauso überzeugend wie das eines kleinen Mädchens, das uns erzählt, was seine Puppe will. Sie *weiß* es.

Man kann einen Kristall auf die gleiche Weise und aus den gleichen Gründen betrachten, wie jemand ein großartiges Gemälde oder eine großartige Skulptur betrachtet. Dies ist die künstlerische Gestaltung der Natur, in vielerlei Hinsicht schöner und geheimnisvoller als alles, was je durch menschliche Kunstfertigkeit hervorgebracht wurde. Darüber hinaus kann sie, im Gegensatz zu einem Rembrandt oder einem Renoir, zu einem vergleichsweise bescheidenen Preis erworben oder sogar umsonst mit den eigenen Händen aus den Felsen ans Tageslicht gebracht werden. Der Körper der Erde ist voller Überraschungen. Die Mutter ist großzügig mit ihren Geschenken.

Für eine Kristallzeremonie in der Gruppe bringt jedes Mitglied ein oder mehrere Exemplare zum Treffen mit. Fast jeder besitzt zumindest einen Kristall oder Edelstein, der den Zweck erfüllt. Manche Leute glauben, daß mit »Kristall« nur ein durchsichtiger Stein wie zum Beispiel klarer Quarz gemeint ist; aber rufen Sie sich ins Gedächtnis zurück, daß praktisch alle Steine und Mineralien in ihrer Struktur kristallin sind, ob undurchsichtig oder transparent, farbenprächtig oder matt, glatt oder unpoliert. Von den Materialien, die gewöhnlich zu dekorativen Zwecken verwendet werden, sind nur Opal und Obsidian nichtkristallin. Es gibt ferner Edelsteine organischen Ursprungs, wie etwa Bernstein, Perle, Koralle, Gagat und Elfenbein.

Wenn zwei oder drei Mitglieder der Gruppe Sammler sind und die anderen nicht, dann ist es an den Sammlerinnen, genügend Exemplare mitzubringen, die herumgereicht werden, damit sich jede einen Stein für die Zeremonie aussuchen kann. Es sollten mehr Kristalle als Personen vorhanden sein, so daß jede Teilnehmerin die freie Wahl hat.

Die Kristalle werden alle zusammen auf den Altar gelegt, auf eine spezielle Decke, eine Bank, einen Tisch oder eine andere Fläche, wo alle zugleich gezeigt werden können. Die Frauen können die Kristalle mit einer Ansprache oder einem Begrüßungslied, einem gesprochenen Segen oder einem Gedicht, wie etwa dem am Ende dieses Kapitels, würdigen. Es geht darum, sie zu Zwecken der Zeremonie so zu behandeln, als wären sie empfindungsfähige Wesen. Sie können mit Wasser aus dem Altarkelch besprengt werden. Man kann mit einer Kerze oder einem Athame in der Hand um sie herumgehen, während die Frauen ihre Hände auf sie richten und Aufmerksamkeit auf sie lenken.

Nachdem die zusammengestellten Kristalle eine Zeitlang betrachtet wurden, sucht sich jede Frau einen Kristall aus, den sie in der Hand halten und eingehender untersuchen möchte. Sie sollte *nicht* einen ihrer eigenen Kristalle wählen, sondern einen fremden. Dann verbringt sie eine Weile damit, still über den Kristall in ihrer Hand zu meditieren, ihre Imagination in ihn hineinfließen zu lassen und seine Merkmale zu studieren, wie weiter oben beschrieben.

Bei einem undurchsichtigen Stein befaßt sie sich mit seinen Oberflächenmustern, Farben und seiner allgemeinen Form und dreht ihn in verschiedene Richtungen, um ihn bei unterschiedlichem Licht und Schatten zu betrachten. Sie achtet auf sein Gewicht und sein Gleichgewicht in der Hand, seine Textur, seine Temperatur, seinen Glanz (matt, gläsern, metallisch, seidig, ölig, glitzernd). Dann sollte sie dem Kristall einen Namen geben und sich Gedanken machen, warum sie ihn ausgewählt hat und was er ihr bedeutet. Ähnelt er einem anderen Objekt? Erinnert er sie an etwas oder jemanden? Scheint er einen eigenen Charakter zu haben? »Spricht« er? Wirkt er schön, häßlich, komplex, einfach, kraftvoll, bescheiden, lustig, elegant, grotesk oder niedlich?

Wenn alle Teilnehmerinnen sich mit ihren gewählten Kristallen eingehend beschäftigt haben, setzen sie sich wieder im Kreis zusammen, jede mit ihrem gewählten Kristall vor sich. Eine nach der anderen offenbart den Namen, den sie ihrem Kristall gegeben hat, beschreibt ihre Reise in seine Tiefen und erzählt von den Konnotationen und Bildern, die sie in ihm gefunden hat.

Als interessante Variante dieser Übung kann die eigentliche Besitzerin des Exemplars unmittelbar danach zu Wort kommen und von den eigenen Reaktionen und Gefühlen in bezug auf diesen bestimmten Stein oder seine Geschichte erzählen. Jede Aussage vertieft die andere, und viele faszinierende Punkte sowohl der Differenz als auch der Übereinstimmung können an die Oberfläche kommen. Zum Beispiel:

Benutzerin: »Ich nenne diesen Quarzkristall Strandhaus, weil ich in der Mitte eine Art Blockhaus auf einer dunklen Klippe über dem Meer gesehen habe. Es erinnert mich an das Haus meiner Tante in Kalifornien. Ich war dort glücklich. Wenn ich den Kristall umdrehe, ist das Haus verschwunden, und ich sehe ein Frauengesicht mit einer sehr spitzen Nase, blaß, leichenweiß. Wenn ich ihn zur Kerzenflamme hochhalte, scheint die Frau für einen Augenblick ganz rosig zu werden, aber dann löst sie sich in einen dreieckigen Schatten auf. Der Kristall beeinflußt mich auf seltsame Weise. Er scheint Dinge zu wissen, die ich wissen sollte, aber nicht weiß. Ich spüre, daß er irgendwie weise ist. Als ich ihn in die Hand nahm, war er sehr kalt. Jetzt hat er sich in meiner Hand erwärmt und fühlt sich freundlicher an.«

Besitzerin: »Das ist ja seltsam. Auch mir scheint er eine Quelle des Wissens zu sein. Ich habe in diesem Stein nie ein Haus gesehen, aber oft erkenne ich eine blasse Landschaft gegen einen dunklen, bestirnten Himmel, wie eine Szene auf einem fremden Planeten. Manche Kristalle scheinen stets reserviert zu sein, bis man sie lang genug hält, so daß sie sich erwärmen. Ich habe gelesen, daß kristallisierte Substanzen sich immer kälter anfühlen als Glas, weil die organisierte ionische Gitterstruktur die Wärme schneller von der Hand wegleitet, als nichtkristallines Glas es vermag. Das Gefühl der Kälte ist auch bei mir eine typische Reaktion auf diesen Kristall. Seine Landschaft scheint weit, weit weg von einer Sonne zu sein.«

Bei einer anderen rituellen Anwendung von Kristallen wählt eine »Anführerin« willkürlich verschiedene Steine aus einer geschlossenen Schachtel und verteilt sie unter den Teilnehmerinnen. Abgesehen von der Anführerin halten alle ihre Augen geschlossen und strecken eine Hand mit der Innenfläche nach oben aus. Die Anführerin geht im Kreis herum und legt in jede Hand einen Stein. Dann berührt sie die Empfängerin des ersten Steins. Diese beschreibt darauf mit geschlossenen Augen ihre Empfindungen über den Gegenstand in ihrer Hand. Wenn sie fertig ist, berührt sie die nächste, die daraufhin ihren Stein auf ähnliche Weise beschreibt. Nach einer Runde reicht jede ihren Stein an ihre Nachbarin weiter. Eine weitere »blinde« Runde schließt sich an mit den Reaktionen und Wahrnehmungen verschiedener Menschen auf dieselben taktilen Stimulationen. Teilnehmerinnen mit mineralogischen Kenntnissen können anhand der Form und Textur allein versuchen zu erraten, welches Mineral sie in der Hand halten.

In einer anderen Phase öffnen die Frauen die Augen, sehen sich den Kristall in ihrer Hand an und beschreiben ihn dann erneut mit Ergänzungen oder Berichtigungen, die von der visuellen Erfahrung herrühren. Eine dritte Phase kann hinzukommen, in der jede Frau erklärt, was sie mit dem bestimmten Stein gern tun würde und, falls möglich, auch tut (mit ihm im Raum herumgehen, ihn sich an die Wange drücken, ihn schmecken, ihn sich an Nabel, Brust oder Stirn, das »dritte Auge«, halten, ihn einem anderen geben, ihn auf den Altar legen und so weiter).

Ein anderes Kristallritual ist dem persönlichen Geschenk gleich. Jedes Mitglied bringt zum Treffen einen Stein als Geschenk für jemanden mit. Wenn der Stein überreicht wird, erklärt die Schenkerin, warum er für die Beschenkte passend zu sein scheint. Alternativ können alle Geschenksteine zusammen auf den Altar gelegt werden, und jede wählt sich einen Stein aus, den sie mit nach Hause nehmen möchte, und erklärt ihrerseits, warum sie sich von diesem bestimmten Stein angezogen fühlt. Als weitere Alternative können Geschenksteine blind, nur mittels Berührung aus einer geschlossenen Schachtel oder Tasche gewählt werden. In diesem Fall sollte man sich daran erinnern, daß die Berührung sehr behutsam sein sollte, denn viele Kristalle sind sehr fragil und können leicht abbröckeln oder zerbrechen.

Ein interessantes Ritual ist das Legen eines Kristallmandalas. Dazu wird eine große Auswahl an Kristallen benötigt. Jede Frau wählt sich zuerst einen »Themenstein«, den sie auf den Boden direkt vor sich hinlegt. Dann sucht sie weitere Steine aus, die sie auf beide Seiten, zu ihren Nachbarn hin, und weiter vorn in Richtung Altar anordnet. Dabei denkt sie daran, was jeder Stein ihr bedeutet und warum er für diese Bezugspositionen gewählt wurde. Muster können entwickelt werden und überall um den Kreis herum zusammenlaufen, bis alle verfügbaren Kristalle integriert sind. Dann kann die Gruppe rings um das Mandala, das den ganzen Kreis umfaßt, gehen oder tanzen und es bewundern, in den Kreis hineintreten und wieder hinaus und Eindrücke miteinander teilen. Man kann Lieder oder Sprechgesänge singen, um die Kristalle und die Kreativität der Gruppe zu ehren.

Bei einer anderen Art von Mandala werden Kristalle zu einem langen spiralförmigen Weg ausgelegt, nach innen auf den Altar zu und wieder hinaus. Eine Frau nach der anderen begeht langsam diesen Weg: einwärts, einmal um den Altar herum und wieder hinaus, während sie die Gedanken ausdrückt, die ihr über diese Symbolik kommen.

Kristalliebhaber können sich gemeinsam an ihren Steinen erfreuen. Sie können Informationen über verwandte Aspekte der natürlichen Welt austauschen: Mineralogie, Geologie, Aktivitäten im Zusammenhang mit der Steinliebhaberei, Kenntnisse in Kristallstrukturen oder anorganischer Chemie. Sie können den ästhetischen Sinn ausbilden und durch Visualisierung und Meditation mit tiefen Gefühlen in Berührung kommen. Eine Kristallzeremonie hilft bezeichnenderweise jedem, ein wenig Selbsterkenntnis zu gewinnen. Gemeinsame Freude an schönen Dingen ist gewöhnlich ein Grund für Menschen, alle möglichen Interessengruppen zu bilden. Das Teilen von Kristallen kann dazu beitragen, enge Bande zwischen den Gruppenmitgliedern zu schaffen.

Kristalle können Freunde werden. Man kann ihnen eigene Persönlichkeiten verleihen, sich durch ihre Präsenz getröstet fühlen, eine mystische Affinität spüren, die das Bedürfnis weckt, sie halten, mit sich führen oder sie tragen zu wollen. Kristalle »rufen« ästhetisch aufgeschlossene Menschen. Trotzdem sind die interessantesten Merkmale eines bestimmten Kristalls möglicherweise nicht unbedingt sofort offensichtlich. Je mehr Zeit Sie mit einem speziellen Stein verbringen, um so mehr Besonderheiten und Unterscheidungsmerkmale werden Ihnen auffallen.

Wie faszinierend Kristallmeditationen auch sein mögen, so ist es dennoch wichtig, sich des Unterschiedes bewußt zu bleiben zwischen der Realität der Natur und den machtvollen visualisierenden Funktionen der Imagination. Die Spiritualität der Frauen wird verletzt, wann immer Kritiker sie mit der Sorte von Fanatismus assoziieren, der mit Marsmenschen redet, sich an Atlantis erinnert oder ernsthaft Weltuntergangsbotschaften von Astralwesen weitergibt. Allzu viele Menschen schlachten diese Art von Unwissenheit zu ihrem eigenen Vorteil aus. Den berechtigten Vorstoß der Spiritualitätsbewegung der Frauen mit nachweisbar falschen Theorien über die natürliche Welt in Verbindung zu bringen, kann diese Bewegung leicht in Verruf bringen.

Die Spiritualitätsbewegung der Frauen kann sich als Hoffnung für die Rettung unseres Planeten erweisen. Sie ist zu wichtig, um durch den Spott der Intellektuellen vernichtet zu werden. Frauengruppen müssen sich vor falschen Prämissen hüten. Es ist ratsam, empirische Forschung zu betreiben und den Spaß an der ästhetischen Aufgeschlossenheit durch verifizierbare Tatsachen zu erhöhen. Die weibliche Spiritualitätsbewegung braucht keine Comicheft-Phantasien in einer Welt, deren natürliche Schönheit mehr als wundervoll ist und deren Wirklichkeit unendlich komplexer ist als alles, was der menschliche Geist ersinnen kann.

KRISTALLWEIHE

Klarheit wie von Luft,
Härte wie von Stein,
geboren aus Erdenfeuern
in unterirdischen Kesseln,
als Stein wie Wasser floß
im Dunkeln, vom Auge unbemerkt,
in einer Zeit vor der Zeit:

Kind von der Matrix der Natur,
Edelstein der Krönung der Natur,
komm jetzt in meine Hand,
nimm etwas Wärme vom Fleisch,
laß Augen deine Schönheit sehen.
Weile hier ein wenig,
Erzähl mir von der Ewigkeit.

## Heilung

In einer Welt, die Krankheit und Trauma umfaßt, besteht natürlich ein großes Interesse an Heilung. Wir wünschten, daß unsere medizinische Wissenschaft jedes Leiden kurieren könnte, doch unglücklicherweise vermag sie das nicht. Die etablierte Schulmedizin scheint oft Resultate zu versprechen, die sie nicht liefern kann. Durch manche Behandlungen werden Patienten womöglich sogar noch kränker. Es gibt viele dieser sogenannten iatrogenen Krankheiten, und moderne Krankenhäuser können Brutstätten von Infektionen sein.

Aus der Ernüchterung durch die Grenzen der heutigen Medizin heraus ist eine neue Industrie des holistischen Heilens entstanden. Obwohl zwischen holistischer Heilkunst und weiblicher Spiritualitätsbewegung keine direkte Verbindung besteht, sind sie doch miteinander verflochten – hauptsächlich weil die herkömmliche Ärzteschaft unzulänglich auf die besonderen Bedürfnisse von Frauen achtet.

Holistische Medizin ist nicht neu. Sie ist die älteste Form der Heilkunst. In der vorpatriarchalen Vergangenheit war sie direkt mit spirituellen Anführerinnen verbunden, die gleichfalls Ärztinnen waren: die Priesterinnen-Prophetinnen-Zauberinnen-Hebammen-Medizinfrauen der matriarchalen Zeitalter. Man nahm an, daß ihre Macht von der Göttin herrühre, die das Universum gebar und nährte. Sie spendete sowohl Leben als auch Tod, Krankheit und Gesundheit. Die anfänglichen, auf Versuch und Irrtum basierenden Experimente ihrer Frauen über Tausende von Jahren hinweg brachten die ersten Kräuterheilbücher und viele Techniken des »magischen« Heilens hervor: Massage, Hypnose, Trance, Gebete, Gesänge, Exorzismus, Anrufung, Traumarbeit, Yoga, Akupunktur, Zauberworte, Bäder, Diäten, Geisteskontrolle, Handauflegen, Kristalle, Magneten, Breiumschläge, Tränke, Placebos und schützende Amulette. Einige dieser uralten Heiltechniken sind uns erhalten geblieben. Manchmal wirken sie immer noch.

Primitive Heilungsrituale sind kein adäquater Ersatz für erfolgreichere Techniken der modernen Medizin. Trotzdem haben sie einen Platz in der modernen Welt, in der die seelischen Implikationen von Krankheiten allzuoft gefühllos ignoriert werden und die manchmal entscheidende geistige Haltung des Patienten wenig Beachtung erfährt. Manche Formen von Streßerkrankungen können durch eine aufrichtig menschliche, fürsorgliche Aufmerksamkeit von seiten des Heilers geheilt werden. Allmählich entdecken wir, wie stark der Körper von emotionalen Faktoren beeinflußt wird. In der ganzen Geschichte wurde diese enge Verbindung intuitiv von Gesundbetern jeder Art verwertet. Selbst die offenkundigsten Quacksalber und Scharlatane können treue Anhänger gewinnen, die lauthals deren Erfolge verkünden.

Um jedoch wirksam und nützlich zu sein, sollten sich weibliche Heilungsrituale vor Quacksalberei hüten, indem sie sich auf den Geisteszustand konzentrieren, anstatt ungerechtfertigte Behauptungen über den körperlichen Zustand zu machen. Es ist lobenswert, eine kranke Person zu trösten und zu ermutigen, besonders wenn Angehörige der Heilberufe zu beschäftigt sind, um sich ihrer anzunehmen. Wir begreifen, wie wichtig es ist, daß Familienmitglieder und Freunde die Kranken und Sterbenden im Krankenhaus besuchen. Angehörige der Heilberufe müssen zumindest einen Eindruck von Fürsorge vermitteln, aber ihr persönliches Mitgefühl und ihre Aufmerksamkeit werden nicht unentgeltlich verschenkt. Sie kosten Geld. Im Gegensatz dazu können Frauengruppen ihren Mitgliedern aufrichtige, schwesterliche Fürsorge ohne finanzielle Bedingungen bieten.

Eine der wichtigsten Funktionen beim geistigen oder emotionalen Heilen besteht möglicherweise darin, daß man überhaupt nicht aktiv ist, sondern nur zuhört. Frauen tun dies füreinander bei der Bewußtseinserweiterung oder dem Herumreichen des Sprecherstabs. Viele Rituale bieten Möglichkeiten, persönliche Probleme zur Sprache zu bringen und die Unterstützung der Gruppe zu spüren.

Rituale können nicht unbedingt als heilend an und für sich betrachtet werden. Die Geschichte zeigt uns, daß Magie und Ritual in Tausenden von Jahren dabei versagt haben, Pest, Schwindsucht, Rachitis, Skorbut, Ruhr, Blinddarmentzündung, Krebs, Typhus, Zahnschmerzen, Pocken, Diphtherie, Lungenentzündung, Gelbfieber und Dutzende anderer Leiden zu heilen, Krankheiten, die jetzt durch verbesserte wissenschaftliche Kenntnisse kontrollierbar sind. Wir sind nicht so unrealistisch, zu erwarten, daß ein Heilungsritual alles vermag. Das Ritual ist kein Allheilmittel.

Im Grunde geht es bei einem Heilungsritual darum, den Geisteszustand des Patienten zu verbessern. Inzwischen ist bekannt, daß eine optimistische Haltung den physischen Heilungsprozeß unterstützen kann, während er durch Schwermut und Pessimismus eher gehemmt wird. Heilungsrituale können für emotionale Unterstützung, Vertrauen und eine zuversichtliche Einstellung sorgen und somit zum Erfolg der medizinischen Behandlung beitragen und die körpereigenen regenerativen Kräfte ankurbeln. Selbst wenn sich der Körper nicht erholen wird, wie es bei einer unheilbaren Krankheit der Fall ist, können Rituale, die Fürsorge und Unterstützung (*keine* Leugnung des Sterbeprozesses) zum Ausdruck bringen, dem Patienten Ruhe und Frieden vermitteln.

Allzu viele Menschen betrachten Heilungsrituale mit einem zu stark vereinfachenden Glauben, der nur Enttäuschung bringen kann, wenn die Heilung nicht eintritt. Noch schlimmer, ein übermäßiger Glaube an unwirksame magische Techniken kann eine notwendige medizinische Behandlung verzögern oder verhindern, bis ein leichtes Leiden bedenklich wird. Manche skrupellosen Heiler gehen so weit und geben dem Leidenden die Schuld, wenn ihre Behandlung versagt, und behaupten, der Patient wolle in Wirklichkeit nicht geheilt sein und habe der Behandlung unbewußt Widerstand geleistet. Sowohl religiöse als auch psychiatrische Heiler sind ungestraft mit der Behauptung davongekommen, daß der Patient, der hartnäckig krank geblieben ist, einfach nicht stark genug an die Heilung geglaubt habe. Aufgeklärte Frauen sollten nicht dulden, daß irgendein professioneller oder unprofessioneller Heiler einen derartigen Betrug begeht.

Ohne Täuschungen oder falsche Darstellungen kann ein Heilungsritual psychologisch der Hühnersuppe der jüdischen Mutter oder dem verständnisvollen Ohr eines alten Freundes bei einer beruhigenden Tasse Tee entsprechen. Rituale sollten dem Patienten Raum geben, um seinen Schmerz oder seine Not auszudrücken, um sie anzuerkennen und zu respektieren und um seine Aufmerksamkeit von ihr durch eine Übung der Freundlichkeit abzulenken.

Die Wiege ist ein hilfreiches Ritual für einen Menschen, der sich in unmittelbarer Not befindet. So wie ein Baby getröstet wird, indem es in den Arm genommen und gewiegt wird, kann sich auch ein Erwachsener durch die gleichen, aus der Kindheit unbewußt erinnerten Empfindungen getröstet fühlen. Der Notleidende legt sich hin und wird auf den Armen aller Gruppenmitglieder hochgehoben. Dann wird er ungefähr in Taillenhöhe sanft hin und her geschaukelt, vielleicht zur Begleitung eines leisen Summens. Es hört sich simpel an, aber die beruhigende Wirkung kann tatsächlich bemerkenswert sein.

Ein anderes wohltuendes Ritual ist das allgemein bekannte Handauflegen, das unsere Ahninnen jahrtausendelang praktizierten, bis patriarchale Kirchenväter es als ihre eigene Wundertechnik für sich beanspruchten. Die notleidende Frau sollte sich in einer entspannten Position hinlegen, die Augen schließen und langsam und tief atmen. Die anderen sammeln sich um sie und legen behutsam ihre Hände entweder auf ihren Körper oder dicht zu ihr, so daß sie die von ihren Handflächen ausstrahlende Wärme spüren kann. Wenn sie eine traumatisierte Stelle hat, sollten sich die Hände dort konzentrieren. Schläfen, Stirn, Rippen, Bauch, Oberschenkel, Knie, Finger und Füße sind Bereiche, die besonders gut auf Handberührung ansprechen.

Die Massage ist eine natürliche Entwicklung des Handauflegens. Sie ist als therapeutische Technik anerkannt, aber man muß keine besondere Ausbildung haben, um jemandem ihre Wohltaten zuteil werden zu lassen. Langsames, tiefes Streichen über den Nacken, die Schultern, das Kreuz, die Handflächen oder die Fußsohlen kann wunderbar beruhigend sein. Von vielen Händen zugleich massiert zu werden, ist ein großartiges Gefühl.

Die zu massierende Person liegt auf dem Rücken, während sich eine »Masseurin« an jede Hand und jeden Fuß stellt, zwei weitere streichen über die Arme, zwei weitere über die Beine, eine greift hinter den Nacken und die Schultern, eine streicht über das Haar oder kämmt es. Liegt die Person auf dem Bauch, können noch mehr Hände für den Rücken, die Schultern und die Taille eingesetzt werden. Wenn sie nackt ist oder nur einen Badeanzug oder Unterwäsche trägt, können die streichelnden Hände mit wohlriechendem Massageöl eingerieben werden, wodurch die ganze Erfahrung um eine weitere angenehme Empfindung ergänzt wird.

Die Massage stimuliert den Kreislauf des Blutes, so daß die massierte Person Körperwärme kurz nach der Sitzung abgeben wird. Um das zu verhindern, sollte sie in eine weiche, warme Decke eingehüllt werden und eine Zeitlang ruhig liegenbleiben, bis sich ihr Kreislaufsystem wieder ausgeglichen hat.

Eine andere Art von »Streichelsitzung« ist hilfreich für Menschen, die an emotionalem Schmerz, Depressionen, Verlust von Selbstvertrauen, Schuldgefühlen, einem schlechten Selbstbild, niedrigem Selbstwert oder Gefühlen der Ablehnung leiden. Auf der einen oder anderen Ebene ist die Mehrheit der Frauen in einer männerorientierten, männlich dominierten Gesellschaft von derartigen Problemen betroffen. Wenn ein Gruppenmitglied deutlich und offenkundig bedrückt wirkt, kann der Sprecherstab die Runde machen, um ihm eine Ego-Massage zu verschaffen. Während der Stab herumgereicht wird, spendet jeder dem niedergeschlagenen Mitglied ein Lob, das aufrichtig sein muß. Jede unaufrichtige Schmeichelei ist absolut unpassend.

Hier sind einige Beispiele:

»Ich weiß, du wirst diese Belastung überstehen und wieder in Ordnung kommen. Du bist einer der stärksten Menschen, die ich kenne. Du hast schon soviel durchgemacht. Ich bewundere wirklich die Art, wie du allem mit solch erstaunlichem Mut gegenübertrittst.«

»Ich werde nie vergessen, wie ich dir das erste Mal begegnet bin. Ich hielt dich für so distanziert und reserviert. Und dann hast du dieses Lied gesungen, und ich dachte: ›Sie ist toll.‹ Von dem Augenblick an habe ich dich gemocht.«

»Du erinnerst mich immer an ein anmutiges Tier, das die Natur schuf, um frei zu sein, aber du lebst in einem Käfig. Ich sehe dich im Geiste vor mir, wie du springst und läufst, einfach das bist, wozu du bestimmt bist. Du hast die Kraft zu fliegen.«

»Ich kenne dich nicht gut, weil ich neu in der Gruppe bin. Aber ich bin dir bereits dankbar für deine Güte und Freundlichkeit. Du weißt nicht, wie leicht es für andere ist, dich gern zu haben.«

»Jeden Morgen, wenn du in den Spiegel schaust, solltest du sagen: ›Ich bin ein schöner Mensch‹, und es glauben. Es stimmt nämlich.«

»Du bist eine wunderbare Mutter und kochst die beste Zwiebelsuppe in der ganzen Stadt.«

»Ich wünschte, meine eigene Schwester könnte dir mehr ähneln.«

»Ich weiß, wie stark du bist. Andere hängen von dir ab. Ich weiß, du hast nie jemanden im Stich gelassen, und es ist einzigartig und wunderbar, wenn man das von einem Menschen sagen kann.«

»Du hast soviel erreicht. Ich habe gewaltigen Respekt vor dir wegen der vielen Dinge, die du in deinem Leben getan hast.«

»Wir lieben dich und möchten, daß es dir gutgeht.«

Verbale Streicheleinheiten können von physischen Handlungen begleitet werden. Die betreffende Person kann im Kreis herumgehen und von jedem anderen Mitglied umarmt werden; sie kann in die Mitte gesetzt und in eine Gruppenumarmung eingeschlossen werden oder sie kann still dasitzen, während ein Mitglied nach dem anderen zu ihr geht, ihr Lob spendet und sie dabei streichelt.

Einfache beschwörende Worte können Wünsche der Genesung ausdrücken, etwa so, als würde man jemandem eine Karte schicken und ihm gute Besserung wünschen.

Hier sind einige Beispiele:

»Ich sehe dich heimkehren und dein Haus betreten. Du gehst mit energischen Schritten und fühlst dich gut. Deine Wangen sind rosig. Deine Augen funkeln. Ich weiß, du bist von der Krankheit genesen.«

»Ich sehe, wie deine Knochenzellen wachsen, sich verbinden, Brücken bauen und sie verstärken. Ich sehe, wie deine weißen Blutzellen die Infektion verschlingen. Ich sehe, wie sich dein Körper regeneriert.«

»Bald wirst du wieder aufstehen. Du wirst gehen und laufen und tanzen.«

»Die Göttin wird dir das natürliche Geschenk der Ganzheit machen.«

»Wir alle richten unsere Gedanken auf die Heilung deines Körpers. Werde gesund.«

»Du verdienst es bestimmt nicht, so geplagt zu werden. Wir hoffen, daß deine Qualen bald nichts weiter sind als eine Erinnerung.«

Viele verschiedene Objekte können bei Heilungsritualen nützlich sein – nicht wegen einer besonderen medizinischen Eigenschaft im Objekt selbst, sondern wegen der mit ihm verbundenen Assoziationen und Gefühle, weil es eine Erinnerung an eine angenehme Zeit, eine geliebte Person oder einen bedeutsamen Platz birgt; oder einfach weil es wie viele andere traditionelle Objekte auch als Amulett dient: so zum Beispiel Sorgenpüppchen, Rosenkränze, geweihte Medaillen, Geburtssteine, Glücksmünzen, magische Edelsteine, Bischofsringe, Medizinbeutel, Zauberanhänger und dergleichen mehr. Menschliche Hände haben eine Affinität zu kleinen, harten Objekten. Die ersten Spielsachen, Werkzeuge und Waffen des Menschen waren Steine. In China werden Schmeichelsteine aus Jade und anderen Mineralien seit langem zur Beruhigung der Nerven benutzt. Natürliche Quarzkristalle und ähnliche Steine sind in westlichen Ländern als spannungslindernd hochgeschätzt. Es ist tröstlich, einen Stein oder Edelstein in der Hand zu halten, und zudem hilfreich, um die Aufmerksamkeit zu konzentrieren.

Auch das Auflegen von Steinen auf den Körper kann nützlich sein. Manchmal können Kopfschmerzen gelindert werden, indem man sich einfach hinlegt und einen kleinen Stein auf die Stirn zwischen die Augenbrauen plaziert, eine Stelle, die im östlichen Sprachgebrauch als das Dritte Auge bezeichnet wird. Das Gewicht und die Kühle des Steins lassen den Geist sich auf diesen Bereich konzentrieren, während Entspannung und ruhiges Atmen die Verspannungen, die die Kopfschmerzen hervorgerufen haben, beseitigen. Das intensive Betrachten eines durchsichtigen Kristalls ist eine ähnliche fokussierende Technik, die körperlichen Schmerz lindern kann. Sollte es sich bei dem Gegenstand um ein Geschenk eines fürsorglichen Freundes oder einer geliebten Person handeln, dient er außerdem als Erinnerung an die emotionale Unterstützung dieser Person. Die Grenze zwischen Schmuckstück und Amulett war schon immer schwimmend, weil Schmuck- oder Edelsteingeschenke fast immer eine emotionale Dynamik zu eigen haben und eng mit Beziehung assoziiert sind. Der diamantene Verlobungsring ist ein bekanntes Beispiel dafür. Gleichermaßen kann ein schöner Stein, der einem Kranken geschenkt wird, ein Trost sein, besonders wenn er auf dem Altar eines Frauenkreises gesegnet wurde. Es sind kein pseudowissenschaftlicher Unsinn über Emanationen, Schwingungen, imaginäre Elektrizität, nichtexistierenden Magnetismus oder andere unbegründete Hypothesen notwendig, um subtile, aber reale Wirkungen durch den Geist hervorzurufen.

## Das Zoo-Spiel

Beziehungen zwischen Menschen und Tieren hatten schon immer komplexe seelisch-geistige Implikationen. Tiere werden geliebt, gefürchtet, verabscheut, bewundert, ignoriert, verehrt oder sind unentbehrlich für den Lebensunterhalt ganzer Kulturen. Manche Tiere liefern menschliche Nahrung, andere zerstören sie. Manche Tiere helfen bei der Jagd, andere werden gejagt. Manche Tiere gehen Bindungen mit Menschen ein, die zu den engsten emotionalen zählen können, die beide je erfahren haben. Andere Tiere töten Menschen oder werden von ihnen getötet. Tiere unterliegen fortwährend menschlichen Beurteilungen über ihre Schönheit, Häßlichkeit und ihren materiellen Wert. Sie werden edle Kreaturen, stumme Geschöpfe oder Ungeziefer genannt. Sie sind Schoßtiere, Maskottchen, Ersatzmütter, wandelnde Nahrung, Sklaven, Freunde, Schädlinge, Beute, Symbole oder als Ahnengottheiten betrachtete Stammestotems. Manchmal sind sie außerdem unsere eigenen unbewußten Vorstellungen vom Alter ego.

Die Tradition des Vertrauten der Hexe – ein spirituelles Alter ego in Tiergestalt – entstand aus der echten Liebe, die sich zwischen Frauen und ihren Heimtieren entwickeln kann. Männliche Eifersucht auf diese Liebe war kein geringer Faktor bei den bösartigen Hexenverfolgungen zur Zeit der Renaissance, als Frauen häufig hingerichtet wurden wegen des »Vergehens« der Zuneigung zu einem Tier.

Es fällt dem Menschen leicht, sich mit bestimmten Tieren zu identifizieren. Wir alle haben feste Vorstellungen von tierischen Persönlichkeiten und Verhaltensmustern, die unsere eigenen repräsentieren können. Ein Tier kann für das Selbstbild stehen so, wie es ist, wie es unseren Wünschen gemäß sein sollte oder wie es unseren Ängsten gemäß sein könnte. Das Ritual Zoo-Spiel macht Gebrauch von der archetypischen Kraft der Tiersymbolik, um ein tieferes Verständnis für das Selbst zu ermöglichen.

Dieses Ritual kann spontan durchgeführt oder im voraus geplant werden. Im letztgenannten Fall möchten die Teilnehmerinnen vielleicht einige Gegenstände, die ihr gewähltes Tier symbolisieren, zum Treffen mitbringen. Eine Frau, die einen Hund verkörpern will, könnte sich ein Halsband und eine Hundeleine besorgen. Ein »Hase« trägt vielleicht einen Baumwollschwanz oder Häschenohren. Ein »Löwe« könnte sein Haar so zurechtmachen, daß es einer Mähne gleicht. Ein »Vogel« könnte Federn tragen. Ein »Zebra« könnte schwarze und weiße Streifen auf sein Gesicht oder seinen Körper malen. Ein Tierkostüm kann alles sein, von einer einfachen Anspielung bis hin zur vollständigen Maske oder Aufmachung. Man kann Stelzen einsetzen, falls gewünscht. Schiebt man Nägel durch die Finger von alten Handschuhen, hat man Krallen. Befestigt man Papierkegel an einer Kappe, hat man Hörner. Stopft man einen genähten oder gestrickten Schlauch mit Stroh, Baumwolle oder Sägemehl aus und näht ihn hinten an der Hose an, hat man einen Schwanz.

Wenn alle im Kreis sitzen, kann der Sprecherstab die Runde machen und jede erzählt, welches Tier sie verkörpert und warum. Man muß nicht unbedingt Gründe angeben, aber die meisten Menschen erklären gern kurz, warum sie sich zu ihrem bestimmten Tier hingezogen fühlen. Zum Beispiel:

»Ich bin ein Geier. Ich wollte schon immer mühelos am Himmel dahingleiten wie ein großer, breitflügeliger Vogel, aber kein Adler oder Falke, weil sie leben, indem sie töten. Weil ein Geier frißt, was bereits tot ist, fügt er keinen Schmerz zu, und er hält die Umgebung sauber.«

»Ich bin eine Antilope. Ich wollte immer laufen und springen wie diese Tiere, die für mich sehr viel anmutiger aussehen als der besttrainierte menschliche Athlet oder Tänzer.«

»Ich habe mich immer für unscheinbar gehalten, so daß mein Tier eine schöne Erscheinung ist. Ich stelle mir vor, mich in einen Paradiesvogel zu verwandeln. Ich bin überall mit Juwelen, schillernden Locken und Federbüscheln bedeckt. Ich bin prächtig und einfach wunderbar.«

»Ich glaube, es wäre sehr angenehm, ein Nilpferd zu sein. Ich kann die ganze Zeit im Wasser bleiben und mache mir nie Gedanken darüber, dick zu werden.«

»Ich bin eine Spinne. Den ganzen Tag lang spinne ich feine Seide. Ich ersinne wunderschöne Muster. Männchen kommen, um mich behutsam zu umwerben, und versuchen niemals, niemals, mich zu beherrschen.«

»In meinen Kindheitsphantasien stellte ich mir mich als einen schwarzen Panther vor: anmutig, stark, unabhängig, all die Dinge, die ich sein wollte und nicht war. Darum trage ich schwarzen Satin, um so geschmeidig wie ein Panther auszusehen.«

»Ich bin ein Maulwurf, der sich im Boden versteckt, ein verschwiegenes Tier, reich an fundiertem Wissen über Steine und Wurzeln und Erde. Ich trage ein schönes, weiches, graues Samtfell.«

»Ich möchte ein reinrassiges Rennpferd sein, das alle seine Rennen gewinnt.«

»Eine Großmutter von mir war Indianerin und gehörte zum Schildkröten-Klan, darum gebe ich mich ihr zu Ehren als Schildkröte. Ich lebe ruhig und gut beschützt in meinem Panzer.«

»Ich bin eine dieser milchweißen, heiligen Kühe, die in Indien als Verkörperungen der Göttin angebetet werden. Ich trage ein diamantenbesetztes Kollier und Silberringe an meinen Hörnern. Ich gebe Milch, die heilige Nahrung ist.«

Wenn alle Teilnehmerinnen ihre jeweiligen Tiere erklärt haben, gibt eine kurze Meditation Zeit, um sich innerlich mit der Tierseele zu identifizieren und sich vorzustellen, was für ein Gefühl es wäre, in einem solchen Körper und einem solchen Geist zu leben. Dem kann sich ein freies Rollenspiel anschließen. Jede Frau verkörpert ihr Tier so wirklichkeitsgetreu wie möglich in bezug auf Bewegungen, Gebärden, Laute und Umgang mit anderen. Das kann viel Spaß machen und sehr kreativ sein, wenn die Gruppe in Schwung gerät. Es kann auch sehr laut sein.

Wenn die Tierdarsteller mit ihren Improvisationen fertig sind, kann der Kreis erneut gebildet und der Sprecherstab herumgereicht werden, damit alle ihre Empfindungen und Reaktionen austauschen können. Man kann Fragen wie zum Beispiel die folgenden in Erwägung ziehen: Wie habe ich mich als Tier gefühlt? Wie hat das Konzept meine Gefühle für andere verändert? Wenn ich mich für eine Weile wirklich in dieses Tier verwandeln könnte, wie würde sich das auf mein Leben als Mensch auswirken? Habe ich jetzt ein anderes Gefühl für die Tierwelt?

Das Zoo-Spiel kann mit Tiergeschichten abschließen. Fast jede hat eine wahre oder erdachte Geschichte über ein Tier zu erzählen. Es ist eine Gelegenheit, um einzelne Tiere, die wir kennen oder gekannt haben, zu erinnern, zu ehren und zu segnen, um unsere Beziehungen und unsere grundlegende Verwandtschaft mit ihnen anzuerkennen und uns aller Tiere als unserer Mitreisenden auf dem Raumschiff Erde bewußt zu werden. Vielleicht kann die Gruppe die Aufmerksamkeit auf lokale Fälle von Tierquälerei lenken und Schritte dagegen unternehmen.

Im folgenden gebe ich eine Tiergeschichte von mir weiter, einen persönlichen Bericht über meinen Hund Brenda. Weil er schriftlich festgehalten ist, ist er beträchtlich länger als eine Geschichte, die im Kreis erzählt wird, sein sollte, da es die Höflichkeit verbietet, die Zeit der Gruppe übermäßig für sich selbst in Anspruch zu nehmen. Dieser Bericht soll hier als Beispiel dafür dienen, wie man von einem Lieblingstier erzählen kann.

Ich habe mit mehreren Tieren zusammengelebt und jedes einzelne geliebt. Doch mein wahrer Vertrauter scheint meine belgische Schäferhündin Brenda gewesen zu sein. Sie erhielt diesen Namen, weil er »schwarz« bedeutet, was sie auch wirklich war. Mit ihren aufrechten spitzen Ohren, ihrem langen, starken Kiefer, ihren langen Beinen, ihrem glänzenden Fell und federartigen Schwanz ähnelte sie einem geschmeidigen, schwarzen Wolf. Sie war ein schönes Tier, aber noch viel mehr als das eine bemerkenswerte Persönlichkeit.

Brenda ist jetzt seit vielen Jahren tot. Ihre sterblichen Reste ruhen außerhalb des Hauses in der Gartenerde, einige Meter von der Stelle entfernt, wo sie neben meinem Bett zu schlafen pflegte. Die Zeit hat mein Gefühl des Verlustes nicht gelindert. Ich vermisse sie noch immer schrecklich. Gelegentlich sehe ich noch immer ihren Schatten aus den Augenwinkeln heraus hinter einem Stuhl oder einer Tür.

Seitdem sie als schlappohriger, junger Hund in unser Haus kam, war Brenda etwas Besonderes. Obwohl ich andere Hunde aufgezogen und abgerichtet habe, war ich erstaunt über ihre begeisterte Reaktion auf die frühe Gehorsamkeitsdressur. Es war ihr ernst mit dem Lernen. Sie war konzentriert. Man konnte sehen, wie sie sich konzentrierte. Sie freute sich, wenn sie verstehen konnte, was von ihr verlangt wurde. Auch ich lernte von ihr. Wir wurden die engsten Freunde und verständigten uns durch kaum merkliche Nuancen von Lauten, Ausdrucksformen oder Körperkontakt.

Wenn ich dasaß und las oder am Schreibtisch arbeitete, lag Brenda an meinem Bein oder ruhte mit dem Kinn auf meinem Fuß. Wenn ich in ein anderes Zimmer ging, erhob sie sich und folgte mir. Wenn ich badete, lag sie neben der Badewanne. Wenn ich mit dem Auto wegfuhr und sie allein im Haus zurückließ, saß sie aufrecht an einem Fenster, behielt die

Straße im Auge und wartete auf meine Rückkehr. Wenn ich ihr erlaubte, mich auf einem Spaziergang zu begleiten, machte sie ein Fest daraus.

In den Wäldern gab sie mir zu verstehen, wenn Tiere in der Nähe waren. Je nachdem, ob es große oder kleine Tiere waren, bellte sie unterschiedlich. Ihr Gebell, um auf einen Hirsch aufmerksam zu machen, war einmalig: ein hohes Aufjaulen, das sie nur dann von sich gab, wenn sie einen Hirsch aufscheuchte. Vor Aufregung heulend, jagte sie dann eine Weile dem Hirsch nach, obwohl sie wußte, daß er ihr immer entwischen würde.

Eines Tages kamen wir an eine Weide voller Kühe. Brenda, die zuvor noch nie eine Kuh gesehen hatte, sprang über den Zaun und begann sofort, sie zusammenzutreiben, lief spiralförmig um sie herum, bis sie alle in einer Gruppe dastanden. Nachdem sie sie so versammelt hatte, sah sie mich auf Anweisungen wartend an; ihre ganze Haltung drückte aus: Und jetzt, wo möchtest du sie haben? Ich lachte. Ich rief sie zu mir. Sie gehorchte und verließ recht widerstrebend ihre schmollenden Gefangenen, die sich wieder zerstreuten. Sie schien enttäuscht, daß ich keinen Gebrauch für ihre angestammte Begabung hatte.

Doch sie hatte einen Sinn für Humor und einen beiläufigen, aber beständigen Stolz. Mit Minderwertigkeitskomplexen, Identitätskrisen, Sexismusproblemen hatte sie nichts zu tun! Sie kommandierte männliche Hunde mit absolutem Vertrauen auf ihre eigene Macht herum, auch wenn diese größer waren als sie. Ich habe erlebt, wie sie ein wütendes Männchen, das zum Angriff ansetzte, mit einem gebieterischen Zähnefletschen zum Halten und zum Schweigen brachte. Sie nahm ihre Rolle als Wachhund sehr ernst. Ich bin mir sicher, sie hätte bis zum Tod gekämpft, um ein Mitglied ihrer Familie zu beschützen.

Sie verstand Menschen. Sie mochte unsere Freunde, aber wenn sie gegenüber einer neuen Bekanntschaft kühl und reserviert blieb, fanden wir später heraus, daß diese Person irgendwie unverträglich war. Sie konnte Personen mit einer negativen Anlage sofort erkennen. Wir lernten, Menschen aus dem Weg zu gehen, die sie nicht berühren wollte. Ihre Intuition war verläßlicher als die der Menschen.

Bis zu einem gewissen Grade verstand sie auch die menschliche Sprache. Sie ließ eine direkte Reaktion auf ein Vokabular von etwa drei- bis vierhundert Wörtern erkennen. Sie hörte Unterhaltungen aufmerksam zu. Wenn sie ein vertrautes Wort oder einen vertrauten Satz vernahm, schnellten ihre Ohren hoch. Sprach man sie an, richtete sie ihre ganze Aufmerksamkeit auf den Sprecher. Sie hörte genauso gut zu wie die meisten Menschen, die ich kenne, und besser als manch anderer. Oft schien sie zu sprechen zu versuchen. Sie starrte jemandem ernst in die Augen und brachte leise kehlige Laute hervor. Wenn sie die Zeichensprache hätte erlernen können, hätten wir vielleicht Dialoge miteinander führen können. Wie die Dinge lagen, war ihre Körpersprache beredt.

Brenda wurde alt und starb in ihrem vierzehnten Jahr an einer Lebererkrankung. Ihr Tod überwältigte mich derart, daß ich sie nicht durch einen anderen Hund ersetzen und erneut ein solches Trauma durchmachen wollte. Die Rolle des Vertrauten fiel Brendas Freund zu, Cotton, ihr Gegenteil in verschiedener Hinsicht. Sie war weiblich und er männlich. Sie war schwarz und er weiß. Sie war ein Hund und er eine Katze. Er war als junger Kater in den Haushalt gekommen, als sie schon im mittleren Alter war. Sie wurde seine Ersatzmutter, und ich glaube, auch Cotton denkt immer an sie.

Jahre nach Brendas Tod träumte ich von ihr. Es war der erste echte Flugtraum, den ich je hatte. Ich konnte über den Baumwipfeln schweben und gleiten. Um dazu imstande zu sein, mußte ich Brenda in meinen Armen tragen. Es hatte den Anschein, als könnte ich ohne sie nicht fliegen. Brenda war ein schweres Tier. Im wirklichen Leben hätte ich sie nicht weit tragen können, ohne zu ermüden. In meinem Traum jedoch schien sie kein Gewicht zu haben, sondern verströmte nur eine angenehme pelzartige Wärme. Es war gut, sie wieder zurückzuhaben, auch wenn es nur in den flüchtigen Augenblicken eines Traums möglich war. Als ich aufwachte, weinte ich.

Das ist mein Andenken an die unbenannte, fast unerkannte, aber allgegenwärtige Beziehung zu einem Vertrauten: eine wahre Liebe zwischen den Arten, die besonders für Frauen charakteristisch zu sein scheint. Wir lernen durch diese kostbare, persönliche Beziehung zu unseren Haustieren, andere Geschöpfe zu respektieren, die Einzigartigkeit eines jeden Tieres zu ehren. Auch wenn hexenjagende Männer eifersüchtig darauf sein mögen, sollte die Tradition des Vertrauten vielleicht wiedereingeführt werden. Ein anderer Name in der Renaissance für den Vertrauten war *daemon*, der in der Bedeutung eines Dämons in der christlichen Version der Hölle verwendet wurde. Aber ursprünglich beschrieb das griechische Wort *daemon* einen Teil der eigenen Seele.

## Individuelle Rituale

Obgleich sich der größte Teil des Materials in diesem Buch mit Gruppenritualen beschäftigt, sollte der Leser nicht den Eindruck erhalten, daß Ritual gleichbedeutend mit Gruppenarbeit ist. Man kann genausogut von anderen ersonnene oder eigene Rituale allein vollziehen, um seinen Gemütszustand zu verbessern, um Ängste zu beschwichtigen, um sich zentriert und leistungsfähig zu fühlen, um sich nach einer aufreibenden Zeit zu entspannen oder um für ein Mehr an Mut, Kreativität, Wahrnehmungsvermögen und Kraft in das Unbewußte einzutauchen. Manche Menschen finden Trost darin, ein Ritual zur Regel werden zu lassen und ihm wie dem Zähneputzen einen Platz in ihrem Alltagsleben einzuräumen.

Es wurde gesagt, daß die tiefe Versenkung in einen Kristall ein lohnendes individuelles Ritual sein kann. Dieser Vorgang kann mit anderen rituellen Mustern intensiviert werden. Zum Beispiel: Bevor Sie sich dem Kristall zuwenden, waschen Sie ihn und Ihre Hände mit kaltem Wasser; legen Sie ein besonderes Gewand mit einem Amulett als Schmuck an; zünden Sie ein Räucherstäbchen oder eine Kerze an; nehmen Sie eine formale Sitzhaltung ein, beispielsweise den Schneidersitz auf einem Kissen; atmen Sie langsam und tief, bis sich Ihr Körper zentriert und entspannt anfühlt. Vollziehen Sie alle Handlungen mit fließender Bedächtigkeit, als wären sie Teil eines langsamen, ruhigen Solotanzes. Machen Sie Gebrauch von dem objektiven Auge der Imagination, um sich selbst bei der Ausführung jeder Bewegung zu beobachten, und erfahren Sie jeden Augenblick ruhig, ohne jede Hast oder Ungeduld.

Diese allgemeinen Hinweise lassen sich auf jedes Ritual anwenden. Es ist nicht so sehr Ihr Tun, das Sie erfrischt, sondern vielmehr der ruhige, offene Geisteszustand, der durch das Tun genährt wird. Lassen Sie sich nicht auf ein individuelles Ritual ein, wenn die Zeit drängt, Sie sich gehetzt fühlen oder Störungen zu erwarten sind. Für diese Gelegenheiten genügt es, ein paar langsame tiefe Atemzüge zu tun und sich ein beruhigendes geistiges Bild vorzustellen. Ein zu knapp bemessenes Ritual ist wie eine Blume, die abgeschnitten wird, bevor sich ihre Blätter vollständig geöffnet haben. Sie könnten sich hinterher eher unzufrieden als beruhigt fühlen.

Viele Menschen leiten ein persönliches Ritual gern mit einem gemütlichen Bad mit besonderen Öl-, Kräuter- oder Duftzusätzen und Kerzenlicht im Badezimmer ein. Nachdem Sie gebadet und ein Ritualgewand angezogen haben, schmücken Sie Ihren Altar nach eigenem Gutdünken. Vollziehen Sie ruhige, langsame, bedächtige Bewegungen. Beobachten Sie Ihre eigenen Handlungen wie aus der Ferne. Manchmal ist es hilfreich, rituelle Bewegungen vor einem Spiegel auszuführen, so daß man sich beobachten kann. Es ist eine wirksame Metapher, wenn Sie einen Spiegel über den Altar hängen, um sich daran zu erinnern, daß die Göttin Ihres Altars das innere Selbst ist, mit dem Sie durch Ritualhandlungen in Verbindung treten möchten.

Stellen Sie Ihre bevorzugten Kristalle, Bilder, Amulette, Requisiten und andere Artefakte auf oder um den Altar herum auf, als würden auch sie als Zeugen Ihren Aktivitäten beiwohnen. Wenn Sie ein Haustier, einen Tier-Vertrauten haben, lassen Sie das Tier oder etwas, das es symbolisiert, ebenfalls anwesend sein. Schaffen Sie dadurch einen heiligen Raum, daß Sie einen Kreis oder ein Pentagramm um sich und Ihre Materialien ziehen, indem Sie eine lange verknotete Schnur oder einen Satz Tarotkarten auslegen, indem Sie um den Raum mit

Salz, Parfüm, Räucherwerk oder einem Athame herumgehen, indem Sie sich im Kreis herumdrehen und die vier Himmelsrichtungen begrüßen oder indem Sie eine zeremonielle Trommel schlagen, während Sie ein einkreisendes Muster abschreiten.

Verwenden Sie wohlriechende Kräuter, Weihrauch, Räucherwerk oder Salböl, um Ihre ausgewählten Objekte zu weihen. Entzünden Sie Duftkerzen. Sorgen Sie, wenn Sie möchten, für ruhige, unaufdringliche Hintergrundmusik. Setzen Sie sich ruhig vor Ihren Altar und zentrieren Sie sich, atmen Sie langsam, meditieren Sie über den Zweck Ihres Rituals, stellen Sie sich vor, was Sie erreichen wollen. Vielleicht möchten Sie eine zeremonielle Schale oder einen zeremoniellen Kelch mit Wasser, Wein, Brühe, Kräutertee oder einem anderen Lieblingsgetränk bereithalten. Nehmen Sie einen kleinen Schluck zu Beginn des Rituals und trinken Sie den Rest am Ende aus; stellen Sie sich dabei vor, daß die Vision jetzt von Ihrem Körper verinnerlicht wird. Man kann dafür auch Früchte, Brot oder andere Eßwaren verwenden.

Äußern Sie Ihren Wunsch. Drücken Sie ihn in Form eines Gedichts oder Sprechgesangs aus, wenn Sie können. Stellen Sie eine symbolische Imitation von dem, was Sie sich wünschen, dar. Wenn Sie erfolgreicher in finanziellen Angelegenheiten werden wollen, ordnen Sie Münzen auf dem Altar an. Wenn die Liebe Ihr Thema ist, plazieren Sie einen herzförmigen Gegenstand oder ein Symbol der geliebten Person in die Mitte. Wenn Sie Ihre Kreativität steigern möchten, konzentrieren Sie sich auf Materialien, die mit dem schöpferischen Vorgang in Verbindung stehen: Farben, Tinte, Faden, Ton und dergleichen. Wenn Sie Gelehrsamkeit anstreben, benutzen Sie ein aufgeschlagenes Buch, speziell eines, das sich mit dem gewünschten Gebiet befaßt. Denken Sie daran, daß Sie das Buch nicht nur rituell benutzen, sondern auch *lesen*. Rufen Sie sich ins Gedächtnis zurück, daß die alten magischen Vorstellungen, Wissen zu absorbieren, indem man das Papier, auf dem es geschrieben steht, verzehrt, oder damit unter seinem Kissen schläft, völlig nutzlos sind. Wahre Magie bedeutet nicht, etwas einfach nur symbolisch dazustellen, sondern es auch zu tun.

Rituelle Versprechen, die man sich selbst gibt, müssen auch eingehalten werden.

Um einen Gegenstand zu segnen, den Sie verschenken wollen, führen Sie ihn durch den Rauch von Räucherwerk oder einer Kerze, atmen Sie ihn an, waschen Sie ihn, salben Sie ihn und stellen Sie sich das Glück und Wohlbefinden des Empfängers vor. Vergessen Sie nicht, dem Empfänger davon zu erzählen. Durch solche Handlungen werden jene immateriellen Werte von gefühlsmäßiger Bedeutung geschaffen, die selbst alltägliche Gegenstände mit Mana erfüllen können.

Das Wichtigste, woran Sie denken sollten, wenn Sie Ihre eigenen Rituale ersinnen und durchführen, ist, daß Sie niemals das Rezept eines anderen befolgen müssen. Sie müssen sich nicht fragen: Mache ich es richtig? Das Richtige gibt es nicht. Richtig ist für Sie, was auch immer sich angemessen anfühlt. Sie können Rituale imitieren, die Sie gesehen oder von denen Sie gelesen haben, Sie können sie anpassen oder verändern oder Sie können Ihre eigenen von Anfang an erfinden. Es gibt keine maßgebliche Ritualsammlung von einer organisierten geistlichen Einrichtung. Sie brauchen sich nach nichts zu richten. Seien Sie kreativ. Fühlen Sie sich frei.

Wenn Sie sich bereit fühlen, vollziehen Sie eine Abschlußzeremonie Ihrer Wahl. Verneigen Sie sich vor Ihrem Göttinnenbild. Sagen Sie in ein oder zwei Sätzen Lebewohl. Lösen Sie Ihren Kreis auf, indem Sie ihn in die entgegengesetzte Richtung abschreiten, oder danken Sie den »Geistern«, die Sie »gerufen« haben, und entlassen Sie sie. Legen Sie achtsam und behutsam alle Altargegenstände an ihren richtigen Platz zurück. Machen Sie eine bedächtige Zeremonie daraus, Ihre Kerzen zu löschen, Wasser auszugießen, Tücher zusammenzufalten, Schränke zu schließen und aus allen anderen Vorgängen des Wegräumens der Ritualmaterialien. Führen Sie alle Ihre Bewegungen langsam und bedächtig aus. Meditieren Sie über die Bedeutung des Rituals und die Resultate, die Sie erfahren möchten, und was Sie jetzt zu tun beabsichtigen, um sie herbeizuführen.

In der Regel finden Menschen Ritualhandlungen gerade aus dem Grund erfrischend und bestärkend, weil sie die Übernahme von persönlicher Verantwortung repräsentieren. Bestenfalls ist ein individuelles Ritual ein Gebet an die innere Göttlichkeit, ein Weg, um mit sich selbst in Verbindung zu treten. Sie brauchen keine andere Person, die Ihnen Formen und Reihenfolgen vorschreibt. Ein individuelles Ritual gehört ganz und gar Ihnen. Kein anderer darf in es eingreifen. Es schließt einen Raum und eine Zeit ein, in denen Sie Ihre eigene Existenz genießen und ehren.

Es soll sein, wie Sie es wünschen.

## Die Gesetze der Göttin

Weil unsere Zivilisation seit Jahrtausenden patriarchal orientiert ist, hat sie das meiste der Gesetzessammlungen vergessen oder vernichtet, die unsere fernen Ahninnen im Namen der Göttin festlegten. Es heißt, sie habe diese Sammlungen einigen ihrer königlichen Gemahlen wie Minos oder Kingu auf Berggipfeln übergeben; folglich griff sie dem Moses-Mythos um viele Jahrhunderte vor. Gewisse Bestimmungen des Göttinnengesetzes wurden später in patriarchale Gesetzessammlungen übertragen. Andere wurden fallengelassen, weil sie den eher kriegerischen und habsüchtigen Vater-Anbetern nicht gefielen. Der größte Teil der Mutter-Sammlungen ging verloren.

Den wenigen, noch immer existierenden Spuren der vorpatriarchalen Gesetze können wir entnehmen, daß matrifokale Gesellschaften vor langer Zeit einige sehr vernünftige, humane Richtlinien für menschliches Verhalten aufstellten. Selbst in der klassischen Zeit bezeichneten römische Rechtsgelehrte die vorpatriarchale Gesetzessammlung als das *ius naturale*, das »Naturgesetz«, das das Mutterrecht ebenso natürlich widerspiegelt wie die Lehren einer Mutter, die ihre Kinder anleitet und führt. Gesetzessammlungen im alten Asien basierten auf dem karmischen Gesetz, das in Göttinnenfiguren wie Kali Ma verkörpert wurde. Das karmische Gesetz setzte praktisch voraus, daß jede Handlung eine gleiche und entgegengesetzte Reaktion hervorruft, weil das Universum der Mutter Gleichgewicht in allen Dingen verlangt.

Demgemäß zieht man durch böse Taten anderen gegenüber Unheil auf sich selbst. Umgekehrt stellt sich bei einem Menschen, der anderen gegenüber wohltätig ist, Gutes ein. Das Prinzip des karmischen Gesetzes ging in den Buddhismus ein mit dem Lehrsatz: »Was der Mensch sät, wird er ernten.« Fünfhundert Jahre später wurde es von Hillel modifiziert, der sagte: »Füge anderen nicht zu, was sie dir nicht zufügen sollen.« Schließlich wurde dieses Gebot als die Goldene Regel christianisiert, aber es war immer noch eine abgewandelte Version von Kalis Gesetz des Karma.

Eine Version des matriarchalen Gesetzes ist noch in Form des Negativen Bekenntnisses beziehungsweise der Unschuldsbeteuerung vorhanden, wie es von der ägyptischen Göttin Maat gefordert wurde, deren Name sowohl »Wahrheit« als auch »Mutter« bedeutete und deren allsehendes Auge alle Taten erkannte. Offensichtlich basierten die biblischen Zehn Gebote auf einer Gesetzessammlung, die diesem archaischen Gesetz der Maat sehr ähnlich war, und sehr wahrscheinlich hatten sie ihren Ursprung in Ägypten, auch wenn die biblischen Schriftgelehrten einige bedeutende Änderungen durchführten. Ähnliche buddhistische Zehn Gebote scheinen ebenfalls von älteren, von der Göttin gegebenen Verhaltensregeln übernommen worden zu sein.

Nur wenige moderne Frauen haben Kenntnis vom Negativen Bekenntnis. Wenn sie jedoch davon hören, erkennen viele einen Moralkodex, der mit dem weiblichen Geist harmonisiert. Sogar heute, nach einer Zeitspanne von fast viertausend Jahren, können wir in solchen Gesetzen den elementaren Anfang einer Welt spüren, die gerechter und weniger gewalttätig war als jene, die die Männer im Laufe der Jahrhunderte ihrer Herrschaft aufgebaut haben.

Es folgt eine gekürzte, freie Wiedergabe von Teilen des Gesetzes der Maat. Wie das Original ist der vorliegende Text nicht in dem gebieterischen »Du darfst nicht« eines Gottes formuliert, sondern läßt vielmehr die Übernahme von Verantwortung des Sprechers erkennen, der sagt: »Ich habe nicht.«

Ich habe nicht gelogen.
Ich habe nicht betrogen.
Ich brachte niemanden zum Weinen.
Ich tat niemandem Gewalt an.
Ich habe kein Wasser verschmutzt.
Ich habe kein Vieh von den Weiden vertrieben.
Ich habe nicht das Eigentum anderer gestohlen.
Ich habe beim Wiegen des Korns nicht betrogen.
Ich habe niemanden gezwungen, für mich Tag für Tag übermäßig zu arbeiten.
Ich habe mich nicht auf Kosten anderer bereichert.
Ich habe Kindern keine Milch weggenommen.
Ich habe Tieren keinen Schaden zugefügt.
Ich habe die Toten nicht beraubt.
Ich habe die Heiligtümer nicht geschändet.
Ich habe niemanden angestiftet, für mich zu töten.
Ich habe kein Leid verursacht.
Ich habe nicht gegen die heiligen Gesetze der Maat verstoßen.

Jeder Ägypter, der ein gutes Leben nach dem Tod verdienen wollte, mußte vor der Göttin in der Unterwelt stehen und solche Erklärungen wahrheitsgemäß vortragen. In der heutigen Welt könnten wir ferner ergänzen: »Ich habe die Umwelt nicht verschmutzt.« »Ich habe in der Landschaft keinen Abfall herumliegen lassen.« »Ich habe nicht geholfen, Waffen herzustellen.« »Ich habe keine Wälder zerstört.« »Ich habe keine wilden Tiere zum Vergnügen gejagt.« »Ich habe Kinder nicht zu Schlechtem verführt.« »Ich habe niemandem suchterzeugende oder giftige Substanzen verkauft.« »Ich habe mich nicht der Diskrimierung von Mitgliedern anderer ethnischen Gruppen schuldig gemacht« und so weiter.

Im großen und ganzen jedoch machten die Gesetze der Göttin einen guten Anfang. Eine der langfristigen Funktionen der Frauenspiritualität könnte die Wiedereinführung ungefähr solcher humaner Gesetze sein, eines neuen Moralkodexes für eine Welt, die ihn dringend nötig hat, eine Welt, die überall für Frauen und Kinder sicherer gemacht werden muß, was natürlich sicherer für die menschliche Rasse im allgemeinen bedeutet. Die Ethik und Moral ihrer Zivilisation ist ein Thema, das alle Frauen im Auge behalten müssen. Es ist zu wichtig, als daß man es Männern überlassen könnte.

## Das Schlangenessen

Weil die Schlange den Frauen heilig und ursprünglich weiblich war (wie zum Beispiel Uräus, Kundalini, Ananta) und das Wissen der Frauen um ihre heiligen Mysterien symbolisierte, wurde die Schlange in der patriarchalen Kultur verteufelt. Die jüdisch-christliche Tradition behauptete beharrlich, daß Frau und Schlange daran zusammengearbeitet hätten, dem ersten Mann das verbotene Wissen zu bringen, obwohl der genaue Inhalt dieses Wissens selbst bis zum heutigen Tag ein unerklärtes Geheimnis bleibt.

Das Schlangenessen ist ein Ritual, das die Verinnerlichung des uralten weiblichen Wissens symbolisiert; dieses Wissen wird erläutert und bewußt gemacht und nicht geheimgehalten wie im jüdisch-christlichen Märchen vom Apfelessen. Die Schlange ist lebendige Weisheit, im Gegensatz zu der passiven Frucht des Wissens der patriarchalen Tradition. Mit ernsthafter geistiger Konzentration vollzogen und von einer entsprechenden Meditation begleitet, beinhaltet das Schlangenessen eine Art von Wissen, das bei jeder Frau zu einer bleibenden Neuorientierung zu ihrer eigenen Bestärkung führen kann.

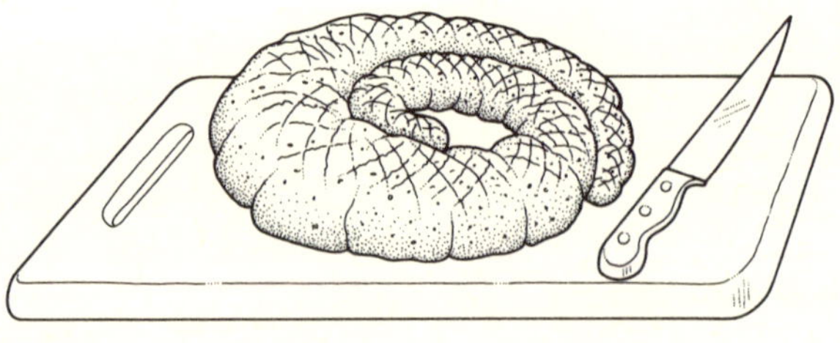

Für die Zubereitung einer Schlange wird ein Teig hergestellt, der zu einem langen, dünnen Zylinder ausgerollt wird. Dieser wird zu einer Spirale geformt und gebacken. Nehmen Sie einen Brot-, Plätzchen-, Früchtekuchen- oder Stollenteig, der fest und dicht ist und nicht locker. Grüne oder rote Lebensmittelfarbe kann hinzugefügt werden. Phantasievolle Bäcker können durch Einkerben oder mit Zuckerguß Schlangenhautmuster erzeugen, damit die Spirale einer gewundenen Schlange so ähnlich wie möglich sieht.

Wenn sich der Frauenkreis versammelt hat, wird die gebackene Schlange feierlich in mundgerechte Stücke geschnitten und herumgereicht. Nach dem Essen wird die folgende Meditation vorgetragen:

Frau, erinnere dich. Die Erinnerung lebt verborgen in deinem Geist, in deinem Blut, in deiner lebenspendenden Dunkelheit. Reiche hinunter zu ihr und bringe sie hervor. Erinnere dich.

Erinnere dich an die Zeit, bevor Männer anfingen, die Zeit zu zählen. Erinnere dich an die Zeit, als Frau die Welt war und die Welt Frau war. Erinnere dich daran, als jede Mutter ihren Klan gründete, ihre Kinder erzog, die Verhaltensrichtlinien für ihre Männer aufstellte und das Heim ihr Besitz war, der an ihre Töchter fiel. Erinnere dich an die Zeit, als die Gesetze der Mutter es jedem Mann verboten, anderen Gewalt anzutun, ganz besonders Frauen und Kindern. Erinnere dich an die Zeit, als Vergewaltigung unbekannt war, weil für jede sexuelle Begegnung zwischen Frau und Mann die Wahl der Frau ausschlaggebend war. Erinnere dich daran, als Männer nicht wagten, das Recht für sich zu beanspruchen, die Frauen zu kontrollieren, sondern alle Frauen dafür ehrten, die menschliche Rasse zu gebären und zu nähren. Erinnere dich daran, als jede Frau ihren Körper und die Nachkommen ihres Körpers besaß.

Erinnere dich daran, daß der Mann eine heilige Scheu vor dem weisen Blut der Frauen hatte, die alle Völker gebaren. Erinnere dich daran, daß die Frau allein das Recht hatte, im Namen des Mannes an die Göttin heranzutreten, und das Recht hatte, weise Gesetze zum Wohle zukünftiger Generationen zu erlassen. Erinnere dich daran, daß die Frau allein um die Mysterien von Leben und Tod, von Heilen und Verfluchen, wußte. Erinnere dich an die Heiligtümer, die von den Urahninnen errichtet wurden. Erinnere dich an die großen Tempel, in denen Priesterinnen in Frieden lebten und ihrem Volk beistanden. Erinnere dich daran, daß in der Welt Frieden herrschte, weil es Männern verboten war zu töten. Es wurde ihnen von Frauen verboten, die verstanden, wie kostbar das Leben ist, das in dieser Welt zu nähren jede Mutter sich die Mühe macht, und wie sündhaft die Verschwendung und das Leid ist, vorzeitig Leben zu zerstören.

Erinnere dich daran, was die heiligen Schlangen lehrten, die im Schoß von Göttin Erde lebten und ihre Geheimnisse kannten. Erinnere dich daran, daß diese Geheimnisse deine Geheimnisse sind, immer deine Geheimnisse gewesen sind, immer deine Geheimnisse sein werden. Beziehe deine Macht aus den Lehren der Schlange. Erkenne, daß die Behauptungen der männlichen Götter meistens leer sind und die wahre Grundlage des menschlichen Lebens Frau ist. Erinnere dich an deine Göttin.

Frau, erinnere dich.

Beenden Sie die Meditation mit der Stimme der Schlange, wie Frauen sie in den uralten Ritualen nachzuahmen pflegten: Sssssssssssssssssss.

## Übergangsriten

Heute sind wir an die männliche Zuständigkeit für Übergangsriten wie Taufe, Hochzeit und Beerdigung, durch die eine neue Lebensphase markiert wird, gewöhnt. Vor einigen tausend Jahren hätten unsere Ahnen eine solche männliche Dominanz möglicherweise als Blasphemie betrachtet. Mit den Lebensphasen verbundene Ereignissse gehörten zu der Göttin und ihren Priesterinnen. Weil sich die natürlichen lebenszeitlichen Abläufe letzten Endes auf den weiblichen Körper konzentrierten, waren Frauen die ersten, die Übergangsriten einführten. Frauen, nicht Männer, zeigten die offenkundigen körperlichen Zeichen des Übergangs durch Geburt, Menarche (erste Menstruation), Defloration, Mutterschaft, Menopause und Tod.

Vor vielen Tausenden von Jahren, als die Menschen noch nicht um die männliche Rolle bei der Fortpflanzung wußten, wurde das Hervorbringen von Leben einzig und allein der göttlichen Mutter zugeschrieben, die das Universum und alles in ihm, einschließlich seiner Götter, gebar. Alle Dinge begannen mit der Geburt, einer Göttinnenmagie, die nur Frauen besaßen. Der Geburtsgeist wohnte in Frauen, besonders in den Priesterinnen der Mutter, von denen gewöhnlich verlangt wurde, selbst Mütter zu sein.

Ihr heiliges Amt hatte seinen Ursprung in grauer Vorzeit als eine natürliche Funktion der Stammesmatriarchinnen, der weisen Frauen, die Verhaltensrichtlinien für die Nachkommen festlegten, welche sie selbst gebaren und nährten. Als matrilineare Familien sich zu Klans erweiterten, fiel die spirituelle Autorität von den Müttern auf die Töchter durch das Band des uterinen Bluts, das man sich als den roten Faden des sich fortsetzenden Lebens vorstellte. Dankbar für das Geschenk des Lebens, das die Frauen ihnen machten, fügten sich die Männer ihren Urteilen, weil die Frauen den heiligen Mysterien der Göttin näher zu sein schienen.

Die Geburt wird noch immer durch die Besuche von Verwandten und Freunden, die das Baby in Augenschein nehmen, ritualisiert, und in der profanen Welt wird ihrer durch Geburtstagsfeiern gedacht. Bezeichnenderweise jedoch nehmen patriarchale religiöse Institutionen keine Notiz von der Geburt *an sich*, abgesehen von dem alljährlichen Fest der Geburt der christlichen Version des Erlösergottes; und selbst dabei wird die Rolle der gebärenden Mutter so weit es geht heruntergespielt. Vergessen ist die alte Tradition, nach der Heiligabend als »die Nacht der Mutter« bezeichnet wird. Das in dieser Nacht geborene Kind ist kein Säugling, sondern ein Gott, unrealistischerweise frühreif, während die Mutter eine bloße Sterbliche ist, überwältigt von der Ehre, ihn hervorzubringen. Kein weibliches Baby erscheint in modernen religiösen Vorstellungen.

Ein elementarer Grund für das Verschwinden von Geburtsritualen war ihr offenkundiger Ausdruck der mütterlichen Schöpferkraft, auf die Männer neidisch waren und die sie oft imitierten, aber tatsächlich nicht wiederholen konnten. Die Geburt gehörte zu den Frauen.

Selbst unter den patriarchalen Göttern des Römischen Reiches galt das Gebären eines Kindes als ein göttliches Ritual der Göttin, bei dem Männer unwichtig und unerwünscht waren. Die alten Geburtspriesterinnen (*obstetrices*) wären völlig entsetzt über einige der heutigen Entbindungspraktiken, wie etwa das unnatürliche Ruhigstellen einer in den Wehen liegenden Mutter in der Rückenlage; das Höherlegen ihres Beckens in bequeme Augenhöhe für einen männlichen Arzt; das künstliche Einleiten oder Verzögern ihrer Wehen, um die Geburt eintreten zu lassen, wenn der männliche Arzt bereit ist; der Einsatz von Medikamenten, um ihre aktive Beteiligung an dem Ereignis zu verhindern; das Aufschneiden ihres Damms, was zu Narben führt, die später die sexuelle Funktion beeinträchtigen können; die rücksichtslose Grobheit, mit der sie und ihr Neugeborenes im allgemeinen behandelt werden; und später wird mit unangemessen hohen Gebühren alles noch viel schlimmer gemacht. Die Übernahme der altehrwürdigen, von Frauen betriebenen Geburtshilfe durch männliche Ärzte zu Beginn des zwanzigsten Jahrhunderts ist eines der schändlicheren Kapiteln in der Geschichte der Medizin.

Die alten Priesterinnen der Juno wachten über jeden Aspekt der Schwangerschaft, Geburt und Stillzeit, während die Göttin noch immer in vielen ihrer Gestalten als die intime Patronin der Mutterschaft erschien. Juno Populonia bestimmte den Fortbestand der menschlichen Rasse als Ganzes. Juno Sospita beschützte schwangere Frauen. Juno Lucina brachte jedes Neugeborene in das Licht hervor. Juno Ossipago stärkte die Knochen des Babys. Juno Rumina stellte einen ausreichenden Vorrat an Muttermilch bereit. Für jede Funktion standen Priesterinnen bereit, die nicht nur die Rituale vollzogen, sondern auch für eine praktische Betreuung der Mütter und ihrer Babys sorgten, als die fundamentale Aufgabe, die Zukunft der Menschheit sicherzustellen, noch als heilig galt.

Die Geburt an sich wurde früh in der christlichen Zeit als unheilig erklärt, als Kirchenväter bestimmten, daß jedes neugeborene Kind aufgrund seiner sexuellen Empfängnis und seines Heraustretens aus dem »verunreinigten« weiblichen Körper dämonisch sei. Der heilige Augustinus stellte die Lehre von der durch »Lüsternheit« (Koitus) weitergegebenen Erbsünde auf, die den Exorzismus eines jeden Babys erforderlich machte – der im Taufritual noch immer erhalten ist –, und eine symbolische Wiedergeburt unter männlicher Kontrolle, bevor der patriarchale Gott das Kleinkind akzeptieren konnte. Auch die Mutter selbst war durch das Gebären unrein geworden und wurde aus der Kirchengemeinde verbannt, bis sie rituell gereinigt werden konnte, ebenfalls unter männlicher Kontrolle. Sie durfte erst vierzig Tage nach ihrer Entbindung wieder die Kirche besuchen, weil Priester fürchteten, sich an ihrer Unreinheit anzustecken, wie es in der Bibel (3. Mose 12,2–6) beschrieben wird. Während dieser Zeit der *Quarantäne* (was »vierzig Tage« bedeutet) war es der Mutter und dem Kind verboten, das Haus Gottes zu betreten, und es hieß, sie würden dem Teufel (oder der Göttin) gehören. Alttestamentarische Bestimmungen gingen so weit, daß die Mutter einer Tochter für doppelt so unrein als die Mutter eines Sohns erklärt wurde, so daß sie dem Tempel doppelt so lang fernbleiben mußte (3. Mose 12,2–5).

Es wurde lange geglaubt, daß eine christliche Frau in den vierzig Tagen, bevor sie wieder in die Kirche gehen durfte, oder ein Baby vor der Taufe im Todesfall direkt in die Hölle kommen würde. Theologen behaupteten, daß Hexen ungetaufte Kinder in ihren Ritualen verwenden würden, weil diese bereits teuflische Kreaturen seien. Dessenungeachtet erklärten aus dem vorchristlichen Matriarchat übriggebliebene Volkssagen, daß solche Geister in das vorchristliche Unterweltreich der Göttin unter verschiedenen ihrer heidnischen Namen wie Hel, Holda, Perchta, Frigga, Hekate oder Persephone kommen würden.

Die offizielle Kirchenliteratur setzte Hebammen mit Hexen gleich und erklärte, daß niemand dem katholischen Glauben mehr schaden würde als die Hebammen. Das englische Wort für Hebamme, *midwife,* bedeutete früher »weise Frau«, was auch gleichbedeutend mit »Hexe« war. Heidnische Geburtspriesterinnen waren die ursprünglichen »Besenstiel-Hexen«, die das Haus einer neuen Mutter mit einem besonderen Besen ausfegten, um böse Geister von Mutter und Kind fernzuhalten. Die Tatsache, daß Frauen die Kontrolle über den tatsächlichen Geburtsvorgang beibehielten – weil Männer ihn fürchteten und ihm auswichen –, führte zu dem Verschwinden von Geburtsritualen aus der westlichen Religion und der zunehmenden rituellen Bedeutung der männlichen Namengebung in Form der Taufe.

Die Namensgebung war einst das Recht der Mutter gewesen und erfolgte gewöhnlich, wenn ihr das Baby zum Stillen an die Brust gelegt wurde. Die Taufe mit einem Namen hatte ihren Ursprung in einem primitiven Ritual, bei dem das Neugeborene mit der Milch seiner Mutter eingerieben wurde, während sie seinen Seelennamen aussprach, um es zum rechtmäßigen Stammesmitglied zu erklären, das Anspruch auf einen Anteil am gemeinsamen Nahrungsmittelvorrat hatte. Wenn die Mutter ihre Annahme des Kindes nicht auf diese Weise zu verstehen geben wollte oder konnte, konnte der Neuankömmling als Unperson betrachtet und dem Tod überlassen werden. In der Regel starben ihrer Mütter beraubte Neugeborene ohnehin, wie es noch immer unter wilden Tieren der Fall ist. Das ist die Bedeutung hinter der alten hinduistischen Geschichte von der neugeborenen Existenz, dem sogenannten »tausendäugigen Gott«, der um einen Namen bat, weil er keine Nahrung zu sich nehmen und überleben konnte, solange er keinen Namen erhielt. Altägyptische Schriften hoben ähnlich hervor, daß jeder Gott eine Mutter brauche, die ihm seinen Namen geben konnte.

Ein Überrest des matriarchalen Brauches findet sich sogar noch in der Bibel. Naëmi gibt ihre Annahme von Ruths Kind durch ein Ritual des Nährens zu verstehen, während Frauen dem Kind den Namen Obed geben (Ruth 4,16–17). Biblische Namensgeber waren Mütter, aber später brachte die männliche Imitation des alten Rituals das bizarre biblische Bild eines »nährenden Vaters« hervor, der das säugende Kind an seiner

Brust trägt (4. Mose 11,12). Im Christentum rissen männliche Priester die heidnische mütterliche Zeremonie des Einreibens und Namengebens an sich, obwohl einige Volkstraditionen den von der Mutter gegebenen »Milchnamen« (im Französischen *nom de lait*) bewahrten. Matrilineare Stammesbeinamen wurden in die Patronymika umgewandelt, die wir heute als selbstverständlich betrachten.

Eine ähnlich verworrene Geschichte charakterisiert die Rituale der Menarche, die ebenfalls mit einer Körperflüssigkeit verbunden ist, die nur Frauen produzieren können. Weil Männer sie nicht erfahren, verschwanden die ursprünglichen Menarchebräuche aus den patriarchalen Gesellschaften. Die Menarche, das erste Auftreten dieses ehrwürdigen »Blutes des Lebens« – des weisen Blutes, das wußte, wie Nachwuchs hervorzubringen war, war mit Tabus beladen, die von männlichen Ängsten herrührten. Steinzeitmänner scheinen vor dem Blut, das Frauen derart geheimnisvoll ohne Schmerzen vergossen, schreckliche Angst gehabt zu haben.

Und trotzdem versuchten Männer, diese angsterregende weibliche Lebensmagie zu imitieren. Primitive Pubertätsriten für Jungen, die im selben Alter durchgeführt wurden, in dem Mädchen normalerweise anfangen zu menstruieren, zeichneten sich durch genitales Blutvergießen mittels Zirkumzision, Subinzision oder andere Verstümmelungen aus. Offenbar sollten sich Jungen in dieser Zeit mit Mädchen identifizieren. Australische Ureinwohner nannten ihre Subinzisionen »Menstruation des Mannes« und dachten sich die Wunde als eine Vagina. In Ägypten und im Osten wurden Jungen für ihre Beschneidungszeremonien zu Beginn der Pubertät wie Mädchen gekleidet. Solche Bräuche hatten ihren Ursprung in männlichen Bemühungen, das den Frauen eigene Mana (spirituelle Macht) für sich in Anspruch zu nehmen. Einige frühe Priesterschaften praktizierten sogar vollständige Kastration und nahmen dann weibliche Kleidung und Identität an, um sich spirituell zu stärken. Noch heute tragen Priester Röcke.

Weil das Vergießen von männlichem Blut an der Schwelle zur Pubertät durch bewußte Verstümmelung künstlich herbeigeführt werden mußte, ergriffen patriarchale Gesellschaften oft die Gelegenheit, junge Knaben einer tatsächlichen Folter zu unterwerfen. Schmerzhafte und demütigende Erfahrungen waren Voraussetzung für die Aufnahme in Männergruppen. Solche Bräuche lassen an die ödipale Feindseligkeit älterer Männer gegenüber jüngeren denken, den Groll der schwindenden Manneskraft gegen jüngere Rivalen. Initiationen in männlichen Gruppen haben fast überall in der Welt Spuren dieser Feindseligkeit bewahrt.

Mittelalterliche Moslems hatten offensichtlich sadistische Freude an der Folterung junger Knaben und übertrugen außerdem solche Mißhandlungen von Männern auf Frauen. So führten sie die noch immer weitverbreiteten Bräuche der Klitoridektomie und Infibulation ein, die die sexuellen Freuden von Frauen dauerhaft zerstören und mit unerträglichen Schmerzen nicht nur in der Pubertät, sondern das ganze Leben hindurch einhergehen. Eine moslemische Frau, der (ohne Betäubung) Klitoris und Genitalien beschnitten und vernäht werden, erleidet neue Verstümmelungen bei der Entjungferung und der Niederkunft. Die Männer werden gelehrt, daß normale, unverstümmelte Frauen böse und gefährlich sind. Mit diesen abscheulichen Methoden, dem chinesischen System des weiblichen Fußbindens ähnlich, das vor nahezu einem Jahrhundert aufgegeben wurde, werden noch immer viele Frauen gequält.

Den die Menarche nachahmenden Ritus der Zirkumzision beziehungsweise Beschneidung übernahmen die biblischen Juden von den Ägyptern und legitimierten ihn dann über Gebote, die Jahwe zugeschrieben wurden. Die jüdischen Gemeinschaften verlegten schließlich die Beschneidung auf die Zeit der Kindheit, um das männliche Kind davor zu bewahren, als Erstgeborener geopfert zu werden, wie Jahwe es ursprünglich verlangt hatte. Statt des ganzen Kindes wurde ein entbehrliches Stück Fleisch geopfert. Damit hörte die Beschneidung auf, eine Imitation der Menarche zu sein. Sie wurde als ein Zeichen für Jahwes Bündnis mit männlichen Stammesangehörigen neu interpretiert.

Seltsamerweise jedoch wurde das Pubertätsritual im Judentum beibehalten, selbst als es in die Zeit der Kindheit verlagert wurde. Es wurde die Bar-Mizwa, die im dreizehnten Jahr eines Jungen gefeiert wird; die Dreizehn ist die alte Mondzahl, die einstmals aufgrund der dreizehn jährlichen Lunationen und Monatszyklen den Menstruationsgeheimnissen geweiht war. Überdies wurde das tatsächliche Übergangsereignis der Mädchen, die Menarche, weiterhin ignoriert, obgleich ihr Menstruationsblut als ein tödliches Gift gefürchtet wurde.

Als Mädchen gezwungen wurden, die voreheliche Jungfräulichkeit zu bewahren, um die patrilineare Nachfolge zu sichern, wurde die Entjungferung notwendigerweise mit Heirat gleichgesetzt. Der biblische Gott befahl, daß Bräute, deren Jungfräulichkeit nicht festgestellt wurde, von den Männern ihres Dorfes zu Tode gesteinigt werden sollten (5. Mose 22,21). Trotzdem blieb der Ritus des »Öffnens der Matrix« ein anderer Grund für die männliche Angst. In vielen Gesellschaften wurde er zeremoniell von einer Person vollzogen, die dem möglichen Blutfluch entrinnen konnte: einem Priester, einem Gott oder einem Fremden.

In Babylonien war es für Mädchen vor der Heirat üblich, im Tempel von Fremden, die ihnen eine Münze anboten, defloriert zu werden. Es ging darum, den künftigen Bräutigam vor der Berührung mit genitalem Blut zu beschützen. Der Brauch entstand während des Übergangs von der Gruppenehe oder allgemeinen Promiskuität – die kennzeichnend war für die alten matriarchalen Gesellschaften, »als die Menschen ihre Mütter kannten, aber nicht ihre Väter«, wie es in den heiligen Schriften hieß – zu einem patrilinearen System.

In Indien und im Römischen Reich sowie in gewissen Kulturen im Mittleren Osten war es üblich, daß sich die Bräute selbst durch die künstlichen Penisse von Götterstatuen oder Tempelphalli wie dem hinduistischen *Lingam* deflorierten. Somit konnte jeder erstgeborene Sohn als ein Sohn Gottes bezeichnet werden, empfangen von einer jungfräulichen Mutter. Frühchristen waren zwar gegen diese Praxis, erklärten jedoch, daß heidnische Römerinnen sie als fromm und unbedingt erforderlich für die Segnung jeder zukünftigen Braut erachteten und darauf beharrten, daß keine Hochzeit ohne sie vollzogen werden könne. Einige der phallischen Statuen überdauerten offenbar den christlichen Bildersturm und wurden weiterhin ritualistisch verwendet. Das Mittelalter ist voller Geschichten über Frauen, die in heidnische Kulte durch Geschlechtsverkehr mit einem »Teufel« aufgenommen wurden, dessen Penis hart und kalt war wie der einer Statue.

Moderne christliche Missionare waren schockiert über die Entdeckung, daß in vorzivilisierten Gesellschaften die Entjungferung der Mädchen langsam und behutsam von Müttern durchgeführt wurde, die die Vulva ihrer Töchter mit ihren Fingern dehnten. Missionare bezeichneten das als eine heidnische Verderbtheit, im Gegensatz zu ihrer eigenen (offenbar akzeptableren) Tradition, daß jungfräuliche Bräute darauf gefaßt sein mußten, in der Hochzeitsnacht vergewaltigt zu werden und am folgenden Tag blutbefleckte Laken als Beweis ihrer jungfräulichen Tugend herzuzeigen.

Die frühchristliche Kirche hatte Hochzeitsrituale aufgrund ihres inhärenten Heidentums für untragbar befunden. Römische Priesterinnen der Juno regelten jeden Schritt der Hochzeitszeremonie bis in die christliche Zeit hinein. Juno Pronuba wurde bei vorehelichen Verhandlungen angerufen. Juno Domiduca führte die Braut zu ihrem neuen Heim. Juno Nuxia parfümierte die Türpfosten, um sie willkommen zu heißen. Juno Cinxia löste den Jungfrauengürtel der Braut. Alle ehelichen Angelegenheiten lagen so fest in den Händen der Priesterinnen, daß die Kirchenväter die Ehe insgesamt als einen ungeistigen und sündigen Zustand verurteilten, ersonnen von der Göttin. Origenes sagte, die Ehe sei unrein und unheilig. Der heilige Ambrosius nannte sie ein Verbrechen gegen Gott. Für Tertullian war die Ehe obszön und ein moralisches Verbrechen. Tatian bezeichnete sie als Verdorbenheit. Folglich wurde für die Ehe kein Platz im christlichen Kirchenrecht geschaffen.

Bis zum sechzehnten Jahrhundert hatte die Kirche keine offizielle Hochzeitszeremonie. Erst im zwölften Jahrhundert war es Priestern erlaubt worden, neuvermählte Paare außerhalb der Kirchentüren zu segnen, um so die »Entweihung durch die Wollust« aus dem Gotteshaus fernzuhalten. Der Segen wurde erst einige Jahrhunderte später innerhalb der Kirche erteilt. Während des größten Teils der christlichen Geschichte war die

Trauung kein christliches Sakrament, sondern eine weltliche Prozedur und fiel unter die Zuständigkeit des Gewohnheitsrechts. Das erklärt, warum sich der traditionelle Ablauf von Hochzeitszeremonien noch immer auf alte heidnische Fruchtbarkeitsmagie bezieht und nichts mit der christlichen Mythologie zu tun hat.

Das Reiswerfen war ein Fruchtbarkeitszauber, desgleichen der Brauch, sich als Braut etwas auszuleihen. Die Besitzerin des geborgten Gegenstandes sollte die Mutter mehrerer gesunder Kinder sein. Der traditionelle Hochzeitsbrauch forderte etwas Blaues, etwas Altes und etwas Neues. Blau war die heilige Farbe der heidnischen Himmelskönigin (Juno, Venus Salacia, Aphrodite Urania, Astarte, Astraia, Isis etc.). Alt und Neu symbolisierten durch die Braut verkörperte vergangene und zukünftige Generationen. Ähnliche Bedeutungen waren einst mit der verheirateten Brautführerin und dem blumenstreuenden Mädchen verbunden: Die ältere Frau und das Kind repräsentierten den Greisinnen- und Jungfrauenaspekt der Göttin wie auch die Lebensphasen jeder Frau.

Ein weiteres durch die Generationen fließendes Hochzeitssymbol des Lebens war der rote Teppich. Als Blutfluß blieb die ursprüngliche Bedeutung in einigen Märchen erhalten, wo er eine Reise in das Paradies der Göttin in ihrer mittelalterlichen Inkarnation als Feenkönigin versinnbildlichte. Nur die Gesellschaft der Braut trifft über den roten Teppich ein, weil nur die Braut das lebendige Blut zu verkörpern pflegte, das durch die Zeit in ihre künftigen Kinder fließen konnte. Sie trug Blumen, vorzugsweise fünfblättrige wie Apfelblüten, und das Pentagramm im Innern des Apfels. Diese standen für ihren zukünftigen Nachwuchs als Vorläufer der Frucht des Schoßes, ihres lebenspendenden Blutes, das die Bibel noch »Blume« nennt (3. Mose 15,24).

Andere Hochzeitstraditionen spielen noch immer auf frühere matriarchale Systeme an. Das englische Wort *bride* für Braut ist mit einem keltischen Namen der Jungfrau-Göttin, Brigit, verwandt, die zur heiligen Brigitta oder heiligen Bridget christianisiert wurde. Das englische Wort für den Bräutigam, *bridegroom,* bedeutet wörtlich der Diener oder Untertan der

Braut, so wie mit dem englischen Wort *husband* (Ehemann) ein »gebundener« Mann gemeint war, der dem Haus (*hus*), das seiner Frau gehörte, diente. Ursprünglich besaßen die Frauen Grund und Boden. Der englische Begriff *husbandship* bedeutete Verwaltung des Grundstücks und seiner Erzeugnisse. Ebenso leitet sich das englische Wort *lady* von *hlaf-dig* ab, Besitzerin und Geberin des Brotes, und *lord* von *hlaf-ward*, Hüter des Brotes.

Eine ähnliche Erinnerung an ehemaligen weiblichen Grundbesitz stellt der jüdische Hochzeitsbaldachin dar, genannt *Huppah*, »Zelt«, nach der Stammesregel, daß Frauen die Besitzer ihrer Zelte waren. Durch die alte Hochzeitszeremonie wurde dem Mann die Erlaubnis erteilt, das Zelt seiner Frau betreten zu dürfen. Bei vorislamischen Arabern konnte sich eine Frau von ihrem Ehemann trennen, indem sie einfach das Zelt in eine andere Richtung drehte, was bedeutete, daß ihm der Eintritt verboten war.

Auf Hochzeiten wurde ebenfalls der festliche Brauch des Tanzens beibehalten, der alle religiösen Zeremonien zu begleiten pflegte, bevor christliche Autoritäten ihn als zu körperzentriert und sinnlich verboten. Weil Geistliche sich so lange kaum um Hochzeitsrituale gekümmert hatten, wurde das Tanzverbot nicht beachtet. Ein anderer heidnischer Überrest ist der Hochzeitskuchen, der Verbreitung bei altrömischen patrizischen Hochzeitszeremonien fand; Neuvermählte teilten sich einen Kuchen aus Mehl und Salz, die für Fleisch und Blut standen, durch die sie Verwandte wurden. Manchen Hochzeitstraditionen gemäß stachen sie sich in den Finger und teilten buchstäblich ihr Blut miteinander oder die beiden Mütter des Paares vermischten einige Tropfen ihres eigenen Blutes und machten das Paar magisch-symbolisch zu Kindern aus einem Schoß.

Rituale für die Menopause sind aus unserer patriarchalen Gesellschaft ganz und gar verschwunden. Doch in der Vorzeit gab es Riten für den Übergang von der Phase der Mutter zu der der Greisin im Leben einer Frau, inbesondere für die älteren Priesterinnen und Klanmütter, die zu den Richterinnen, Heilerinnen und Orakeln ihrer Gruppen wurden. Im Gegensatz zu unseren gegenwärtigen Haltungen betrachteten die Alten das Leben einer Frau als nicht ausschließlich durch ihre Fortpflanzungsfähigkeit definiert. Sie glaubten, daß sich ihr »weises Blut«, wenn es nicht mehr mit den Mondzyklen austrat, in ihrem Körper ansammelte und ihr noch größere Weisheit verlieh. Noch im siebzehnten Jahrhundert behaupteten christliche Autoren, daß das geheime Wissen älterer Hexen von dem »weisen Blut« herrühre, das sie in ihren Adern bewahrten.

Der Tod war der einzige Übergang, den die patriarchale Religion als Ritus übernahm, weil der Tod allen gemeinsam ist und das Patriarchat daran interessiert war, Vorstellungen über den Tod zu lehren, die sich von denen unterschieden, die ehemals von Anbetern der Großen Mutter und der alten Götter vertreten wurden. Geistliche nahmen die Kontrolle über die Belohnungen und Bestrafungen nach dem Tod für sich in Anspruch, verkauften Hoffnungen auf das erstgenannte und untermauerten ihre Autorität durch Drohungen mit dem letztgenannten. Es war das perfekte gewinnbringende System, weil man die Falschheit ihrer Behauptungen nicht im geringsten nachweisen konnte. Überdies brachte die durch ihre sadistischen Höllenvisionen hervorgerufene Angst die Schuldigen und die Hoffnungsvollen gleichermaßen dazu, ihr Geld in ihre Truhen fließen zu lassen.

In früheren Zeiten verkündeten die üblichen Lehren über den Tod keinen permanenten Himmel und keine permanente Hölle, sondern eine Form von Wiedergeburt. Das weibliche Prinzip (Göttin) war damit, so wie mit jeder Geburt, eng verbunden. In vielen Kulturen gab es Todespriesterinnen: ägyptische Muu, indische Dakinis, slawische Vilen, schwedische Volvas, germanische Walküren, die keltische Morrigan, russische Rusalki und so weiter. Ihre Funktionen umfaßten die Einweisung in angemessene geistige und physische Übungen für Sterben und Tröstung der Sterbenden.

Manchmal hieß es, daß der Tod in den Armen einer solchen Frau nicht nur schmerzlos sein könne, sondern sogar ekstatisch, durch eine Art von spirituellem Orgasmus, wodurch die Seele aus dem Körper heraustrat, um sich selbst wieder in einem anderen Körper zu erzeugen. Diese Anschauung über den Fortbestand der Seele durch weibliche Vermittlung bezog sich sogar auf Götter – was die allgegenwärtige Identität von Vater- und Sohnfiguren in fast allen mythologischen und religiösen Vorstellungen erklärt. Sie wurden durch die Göttin vereinigt, die sowohl jungfräuliche Braut als auch Mutter war und zugleich in ihrer Greisinnengestalt dem Gott als Todesbegleiterin zur Seite stand. Das Christentum behielt ebendiese Vorstellungen bei, unterdrückte jedoch bewußt jede klare Aussage über die weibliche Schlüsselrolle bei der Vereinigung der beiden männlichen Geister.

Dennoch blieben sogar im Christentum die Frauen die traditionellen Begleiterinnen der Sterbenden, auch wenn sie ihrer früheren zeremoniellen Autorität beraubt waren. Praktische, niedere Arbeiten wie Pflegen, Füttern, Waschen, Anziehen, Beseitigung der Abfälle und stundenlanges Sitzen am Krankenbett wurden den Frauen überlassen, während männliche Priester nur kurze unpersönliche Rituale der Letzten Ölung abhielten. Nicht die Priester hielten die Sterbenden in den Armen, sondern die Frauen. Es gab sogar den Glauben an den »Seelenkuß«, der früher bedeutete, daß eine heilige Frau die Seele eines Mannes mit seinem letzten Atemzug in ihren Mund nehmen und später dieselbe Seele in einen neuen Körper hauchen konnte. Als die Todespriesterinnen in Hexen umgestaltet wurden, wurde dieser gütige Kuß in den Kuß des Todes umgewandelt.

Am Ende werden Frauen ihre Übergangsriten vom männlichen Establishment, das sie an sich gerissen oder ausgelöscht hat, zurückfordern müssen. Es ist für Frauen notwendig, ihre Lebensphasen zu ritualisieren, so daß jede einzelne ihren angemessenen Wert und ihre angemessene Bedeutung erhält. Besonders die Übergänge der Menarche und der Menopause, die zu Anlässen für Verlegenheit, Scham oder Verzweiflung herabgesetzt wurden, als wären sie Verbrechen, bedürfen in höchstem Maße der Aufmerksamkeit. Diese wichtigen Wendepunkte der weiblichen Erfahrung müssen der schmachvollen Dunkelheit entrissen und wieder der bewußten, kollektiven Anerkennung zugänglich gemacht werden.

Rituale für die Menarche finden sich noch immer in primitiven Gesellschaften. Oft sind sie jedoch von patriarchalen Angst- und Tabuvorstellungen überschattet. Junge Mädchen können vorübergehend von ihrem Stamm ausgeschlossen und als spirituell gefährlich für andere betrachtet werden.

Das war nicht der Fall bei matriarchal organisierten Völkern wie den Nagas in Indien, wo es von Mädchen bei der ersten Menstruation hieß, sie hätten die rote Kula-Blume geboren, Vorläufer der heiligen Frucht des zukünftigen Lebens: Die rote Blume ist ein symbolhafter Ausdruck für das Blutband, das alle Generationen miteinander vereint. Daher galt das erste Menstruationsblut eines Mädchens als seine mystische Verbindung mit dem Leben seines Klans, das es ermächtigte, dieses kollektive Leben weiterzuführen. Zweifellos ermöglicht eine solche positive Haltung es dem Mädchen, das zum ersten Mal menstruiert, ein in höherem Maße natürliches, selbstbewußtes Gefühl für seinen Körper und seinen allgemeinen Wert zu entwickeln, als es die westliche Anschauung über die Menstruation als ein unvermeidliches Ärgernis, eine Krankheit oder »den Fluch« tut.

Eine moderne Mutter könnte ein Menarche-Fest abhalten, um das physische Mündigwerden ihrer Tochter zu feiern, vorausgesetzt, das Mädchen ist ausreichend aufgeklärt, um eine solche Party zu genießen, ohne daß es ihr peinlich wird. Zu einem Menarche-Fest werden keine Männer oder Jungen eingeladen. Es ist – und war immer – eine ausgesprochen weibliche Angelegenheit. Das Mädchen kann mit Geschenken wie bei einer Geburtstagsparty bedacht werden. Die dominierende Farbe der Dekorationen, Speisen und Kostüme sollte Rot sein: die weibliche Farbe des Lebens gemäß der östlichen Tradition. Rote Rosen sind besonders geeignet.

Dann wieder könnte die erwachsene Tochter ein Menopause-Fest geben, mit dem das Erreichen des Alters der Weisheit ihrer Mutter gefeiert wird. Eine alte Weise zu werden findet in unserer Gesellschaft keine so große Anerkennung wie in vergangenen Gesellschaften. Zweifellos findet es nicht die Anerkennung, die es verdient hätte. Aber eine Ritualisierung des Ereignisses kann einer Frau helfen, zu einer positiven Auffassung über ihr eigenes Altwerden zu gelangen. Gäste können Ritualspiele spielen, wie etwa eine Runde abhalten über die Vorteile der Zeit nach der Mutterschaft, bei denen jede Teilnehmerin ihren Kommentar hinzufügt. Ältere Frauen in der Gruppe können amüsante Geschichten über klimakterische Erfahrungen zum besten geben. Geschenke können sich nach neuen Interessen, Studien oder Hobbys richten. Eine Atmosphäre der Erwartung und des erweiterten Horizonts kann einer älteren Frau helfen, sich nicht in ihrer Welt an Bedeutung verlieren, sondern sich selbst zu einer volleren Reife entwickeln zu sehen.

Auch Hochzeits- und Todesriten müssen sich Frauen in Anerkennung ihrer ursprünglichen Herkunft von Frauen wieder aneignen. Heutzutage ist es für ein Paar gesetzlich möglich, ohne konventionelle kirchliche Trauung zu heiraten, indem es einfach in Gegenwart von Zeugen seine Gelübde austauscht und die entsprechenden Dokumente unterschreibt. Paare können ihre eigenen Liebesgedichte vortragen und ihre eigenen Hochzeitszeremonien planen, so wie sie es als passend empfinden. Eine Priesterin oder Mutter kann die Trauung vornehmen. Die letzten Jahre haben die Entwicklung einiger ungemein schöner und denkwürdiger weltlicher oder heidnischer Hochzeitsbräuche erlebt, die keine Zuflucht zur konventionellen Gestaltung nehmen müssen. Schließlich ist ein Ritual, dem eine persönliche Note verliehen wird und das auf die Vorlieben des individuellen Paares abgestimmt ist, für dieses Paar bei weitem bedeutsamer als ein starres Ritual, das für Millionen anderer anonymer Menschen verwendet wurde.

Bestattungen werden seit langem von einer halbkirchlichen Industrie angeboten, die die Hinterbliebenen und Trauernden schröpft. Gesetze wurden erlassen, um dieses System zu unterstützen. Es ist nicht mehr legal, als Privatperson einen Verwandten auf dem eigenen Grundstück zu beerdigen. Es ist nicht »ordnungsgemäß«, die formalen Trauerfeierlichkeiten der patriarchalen Religion zu ignorieren. Gerade Menschen, die nicht an die ewige Qual in der Hölle oder die ewige Glückseligkeit im Himmel glauben, fühlen sich gezwungen, den Tod auf traditionelle Weise zu feiern.

Überdies ist das Recht, den Zeitpunkt des eigenen Todes selbst zu bestimmen, dem einzelnen entzogen worden, dank eines alten Inquisitionsgesetzes, das den Selbstmord sowohl zu einer kirchlichen Sünde als auch zu einem weltlichen Verbrechen erklärte. Die ursprüngliche Erklärung für dieses Gesetz war, daß man verhindern wollte, daß Ketzer sich der Folter durch den Freitod entzogen, bevor sie verhaftet werden konnten und man ihren Besitz beschlagnahmen und zugunsten der Kirche einziehen konnte. Durch solche Bestimmungen wurde die Kirche immer reicher und das Volk immer ärmer.

Heute werden die Wünsche von Menschen, die sterben wollen, selten respektiert, weil das System keinen Platz für sie hat. Viele sind gezwungen, an unheilbaren Krankheiten entsetzlich zu leiden, weil die traditionelle Moral ihnen nicht die Kontrolle über ihre Lebensdauer einräumt. Neben Säuglingen sind die Sterbenden die hilflosesten Mitglieder der Gesellschaft, die sie ausnutzt, weil sie keinen so treusorgenden Beschützer haben, wie ihn ein Säugling in der Person seiner Mutter hat.

Das war nicht immer so. Heidnische Religionen akzeptierten im allgemeinen den Tod wie die Geburt als einen integralen Bestandteil des Lebenszyklus und respektierten gewöhnlich das Recht eines Individuums, den Tod selbst zu wählen. In solchen Fällen fand das Ritual für den Verstorbenen vor dem Tod statt und nicht hinterher. Verwandte und Freunde versammelten sich, um den Sterbenden zu feiern, so daß er eine gute Meinung von ihnen in die Nachwelt mitnehmen, sie gegenüber den Gottheiten vorteilhaft erwähnen und nicht als wütender Geist zurückkehren konnte, um sie zu behelligen.

Tatsächlich war es die abergläubische Angst vor Geistern, die zu vielen noch heute praktizierten Beerdigungsbräuchen führte. Grabsteine entstanden aus den Steinhügeln oder schweren Findlingen, die über einem Grab aufgetürmt wurden, um den Verstorbenen niederzudrücken und ihn am »Laufen« zu hindern. Trauerschleier und schwarze Kleidung entstanden aus den Verkleidungen, die man trug, um den Geist zu verwirren und seiner Aufmerksamkeit zu entgehen. Grabreden wurden gehalten, um dem lauschenden Geist zu schmeicheln und ihn zu beschwichtigen, seinen Zorn zu besänftigen.

Blumen auf dem Grab, Weihrauch und balsamierende Gewürze dienten ursprünglich dazu, den Verwesungsgeruch der Leiche zu verdecken, damit er die Seele nicht beleidigt. Unsere ausgeklügelten, kostspieligen Balsamierungspraktiken sind genauso »abergläubisch« motiviert wie die noch komplizierteren Mumifizierungspraktiken im alten Ägypten. Beide beruhen auf der religiösen Vorstellung, daß die Seele ihren Körper im künftigen Leben der »Auferstehung des Fleisches« benötigen würde.

Gegenwärtig besteht die einzige legale Möglichkeit, den Geschäftemachern auszuweichen, die an den Toten (und ihren Überlebenden) verdienen, darin, den Leichnam der ärztlichen Wissenschaft zu spenden. Das ist nützlich und sehr notwendig und dient einem weit besseren Zweck, als die Überreste unter die Erde zu legen, wo sie im Innern einer überteuerten, hermetisch versiegelten Kiste verfaulen. Da diese nutzenorientierte Methode der Beseitigung kein konventionelles Übergangsritual beinhaltet, steht es den Verwandten und Freunden des Verstorbenen frei, ein eigenes Gedenkritual zu schaffen.

Ein solches persönliches, individuell gestaltetes Ritual, ersonnen und durchgeführt von aufrichtig geliebten Personen, ist zweifellos bedeutungsvoller als formale Phrasen, die ein Geistlicher routinemäßig von sich gibt, wobei er den Verstorbenen möglicherweise überhaupt nicht gekannt hat: insbesondere formale Phrasen über eine »ganz sichere« Aussicht auf die Auferstehung, an die weder der Verstorbene noch die Hinterbliebenen wirklich glauben. Als letzter Übergang des Lebens verdient der Tod seine Würde. Heuchelei ist nicht würdevoll.

Mögen dann Trauernde die Gedenkzeremonie ersinnen und durchführen, die sie wirklich für angebracht halten. Die uralte Kreisformation und der Sprecherstab sind für diese Anlässe gut geeignet. Jeder Teilnehmer kann der Reihe nach über den Toten sprechen. Anekdoten, Lebenserinnerungen, persönliche Erinnerungen an die guten Eigenschaften des Verstorbenen können aufgezeigt werden. Statt der unpersönlichen Blumen kann man kleine persönliche Erinnerungen zu der Zeremonie mitbringen und in die Mitte plazieren, damit alle sie sehen und würdigen können. Dekorationen können aus den eigenen Werken des Verstorbenen bestehen: Gemälde, Tonwaren, Fotografien, Handarbeiten, Schnitzereien, Bücher, Lieblingsstücke, Teile einer Sammlung – alles, was das Leben dieses Individuums zum Ausdruck bringt. Lesungen können geschriebene Worte des Individuums einbeziehen. Die Hintergrundmusik sollte seine Geschmacksrichtung und besonderen Vorlieben widerspiegeln.

Die sichtbare Aufbahrung des Leichnams ist unnötig, denn schließlich ist der Leichnam nicht die Person, um die getrauert wird. Diese Person ist tot. Eine wirklich aufrichtige Beerdigung sollte die Einzigartigkeit des Individuums zelebrieren, das war und nicht mehr ist, und nicht die überflüssige verallgemeinerte Erinnerung daran, daß der Tod das Schicksal aller ist.

Da sie sich ihres technologischen Fachwissens so sehr rühmt, sollte unsere Zivilisation denen einen würdevollen und schmerzlosen Tod bieten, die ihn sehr nötig haben. Da sie sich der moralischen Aufklärung so sehr rühmt, sollte unsere Zivilisation zweifellos denen, die auf einer der großen Schwellen des Lebens stehen, bedeutungsvolle Übergangsriten bieten. Wenn Rituale zu bloßer Form ohne Inhalt werden, dann sind selbst die physischen Wahrheiten von Geburt, Sexualität und Tod entwertet. Eine völlig neue Philosophie des Rituals ist notwendig, um einen völlig neuen Sinn für die Bedeutung von Leben und Sterben als menschliches Wesen zu entwickeln.

Feministinnen sagen seit langer Zeit, daß die wirklich entscheidenden neuen Philosophien noch immer in den Seelen der Frauen verborgen sind, deren kollektive Kraft wahrscheinlich die einzige Kraft ist, die unseren Planeten vor der durch Männer verursachten Zerstörung zu retten vermag. Frauenrituale sind notwendig, um diese weibliche Kraft ans Tageslicht zu bringen und zu fokussieren.

Heutzutage finden viele Frauen, daß die alten Rituale, die von Männern erfunden wurden, um ihren eigenen Zwecken zu huldigen, nicht die spirituellen Bedürfnisse der Frauen befriedigen. Manche wenden sich von der traditionellen Religion ab und suchen ihr spirituelles Wohlergehen in Randgruppen und Sekten, nur um herauszufinden, daß diese ebenfalls von Männern beherrscht werden. Folglich ist Kultbegeisterung nicht die Antwort. Am Ende müssen die wahren Antworten von den Frauen selbst gegeben werden.

Sonia Johnson schrieb über ihre bevorzugte feministische Phantasie:

Ich stelle mir vor, daß am nächsten Sonntag oder Feiertag die verantwortlichen Männer, die Pfarrer, Priester, Rabbis, Imams in allen Kirchen, Synagogen und Moscheen, an allen religiösen Versammlungsorten der Welt auf ihre Gemeinden blicken und (o unsägliches Wunder!) ... *keine Frauen* sehen! Überhaupt keine Frauen! Weder an diesem Feiertag noch am folgenden Feiertag oder am Feiertag darauf. Keine Frauen, nie wieder.

Und ich stelle mir vor, daß im nächsten Wahljahr keine Frauen organisieren, Gelder sammeln, Wahlreden halten, Briefe frankieren, sich am Wahlkampf beteiligen oder zur Wahl gehen, daß keine Frauen politischen Versammlungen beiwohnen, Rundschreiben aushängen, Demonstrationen organisieren.

Ich sehe die Männer entsetzt schreien: Wo sind die Sklaven? Ihr ganzes schändliches System läuft Gefahr, zusammenzubrechen. *Weil sie ohne uns kein Patriarchat führen können!**

In der Tat können sie ohne uns kein Patriarchat führen. Aus diesem Grund müssen Frauen religiöse Autoritäten nicht fragen, sondern sie können ihnen *befehlen*, der Göttin die gleiche Zeit einzuräumen, die männliche Dominanz des religiösen Rituals und der Terminologie zu beenden, Männer und Frauen gleichermaßen an der Entscheidung von theologischen Fragen zu beteiligen. Gemeinsam können Frauen eine wahrhaftig weiblich-orientierte Religion verlangen, die das lebenspendende Prinzip in der Natur und im Menschen ehrt und eine weltweite Schwesternschaft unter der Mutter predigt. Frauen können ihre Forderung untermauern, indem sie kollektiven Boykott androhen. Das patriarchale System würde daran zugrunde gehen.

* Sonia Johnson, »Going Out Of Our Minds«, in: *Woman of Power*, Nr. 8, 10.

Frauen sind die fundamentale Stütze des religiösen Systems in der westlichen Zivilisation sowie die Basis ihrer Wirtschaft. Durch die unbezahlte Arbeit von Frauen bleiben alle Kirchen funktionsfähig. Die väterliche Autorität Gottes ist im Grunde eine zerbrechliche Illusion, die durch die Arbeit von Millionen weiblichen Freiwilligen aufrechterhalten wird. Wenn alle diese Freiwilligen ihn gleichzeitig verlassen würden, würde Gott selbst verschwinden.

Nach zweitausend Jahren der Unterdrückung haben Frauen das Recht, die Wiedereinsetzung ihrer geraubten Göttin zu verlangen. Anstatt zu hören, wie ihre Gottheit *Er* in ihren Gotteshäusern genannt wird, können Frauen offen ihre Meinung sagen und darauf dringen, das Wort *Sie* bezüglich der Gottheit zu hören. Statt mit den wenigen und arg entstellten weiblichen Figuren in der jüdisch-christlichen Bibel auszukommen, können Frauen die Wiederherstellung der älteren Schriften und Mythen der Göttin verlangen. Statt für den Ruhm Gottes zu arbeiten, können Frauen daran arbeiten, das Bewußtsein für die Göttin zu erweitern, die einst jeden Gott (einschließlich Jahwe) gebar und unter sich hatte. Statt in Angst davor zu leben, einen Gott zu beleidigen, der ihr ganzes Geschlecht verfluchte, können Frauen über ihn urteilen und ihn ungerecht finden. Statt christliche Soldaten und Armeen Gottes zu verherrlichen, können Frauen den Frieden der universellen Schwesternschaft fordern und der abscheulichen Verschwendung von Militarismus und Krieg Einhalt gebieten. Kurzum, Frauen könnten ein Moralsystem einführen, das auf Taten basiert statt auf nichtssagenden Worten.

Das wäre das größte aller Übergangsrituale: die Umkehrung dieses historischen Übergangs vom Mutterbild zum Vaterbild, vom matriarchalen Frieden zur patriarchalen Kriegsführung und Verfolgung, der vor mehreren Jahrtausenden stattfand und den Lauf der Zivilisation veränderte. Frauen könnten ihre eigene Religion zu Ehren der Erde, der Natur, der Mutterschaft und des friedlichen Fortbestands des biologischen Lebens durch künftige Generationen etablieren – all jene Segnungen, die Frauen respektieren und die männliche Autoritäten herabzusetzen oder zu kontrollieren versucht haben.

Mögen Frauen diese Dinge ernsthaft ins Auge fassen. Mögen die Frauen fordern, was sie wollen und brauchen; und dann, wenn ihren Bedürfnissen nicht entsprochen wird, dann sollten sie ein kollektives Ritual des Austritts aus der Kirche vollziehen, um niemals zurückzukommen.

Die Welt braucht keine Frauen, die sich vor einer männlichen Gottheit (und ihren menschlichen Entsprechungen) erniedrigen. Die Welt braucht Männer, die lernen können, mit den mütterlichen Prinzipien, die die menschliche Gesellschaft unterstützen, zu leben. Etablierte Religionen tun nichts für Frauen, was Frauen nicht besser für sich selbst tun könnten. Religiöse Beratung, Unterricht, wohlttätige Einrichtungen, ärztliche Missionsstationen, Wohltätigkeitsveranstaltungen, gesellschaftliche Ereignisse und andere Freiwilligendienste sind Bereiche, in denen noch heute gewöhnlich Frauen tätig sind. Wir müssen lediglich die ursprünglichen weiblichen Bedeutungen und moralischen Forderungen wiederherstellen. Dann mag das weibliche Prinzip seine wahre Bedeutung in einer Welt wiederentdecken, die dringend einer menschlichen Kraft bedarf, um von unserer Männerkultur heraufbeschworene Jüngste Gericht abzuwenden.

# Taufe

Die Wassertaufe zählt zu den ältesten Methoden der rituellen Wiedergeburt. Das Wasser stand für den früh als die Essenz der Göttin erkannten Meeresschoß, der die Welt aus ihren Urtiefen heraus schuf. Viele alte Gesellschaften gaben ihre Toten dem Wasser oder dem Meer zurück, damit sie wiedergeboren werden konnten. Ähnlich wurde ein Neugeborenes zeremoniell mit Wasser gesegnet, wodurch die Mutter seine Existenz anerkannte. Das galt als erforderlich für das Recht des Kindes auf einen Anteil der Flüssigkeiten, die das Leben nähren.

Ein merkwürdiger Überrest dieser uralten Taufrituale ist unter den mexikanischen Priesterinnen-Hebammen erhalten geblieben, deren traditionelle Bezeichnung *recibidora* lautet.

Obwohl die Hebamme heutzutage vielleicht nominell christlich ist, bleibt sie in ihrem professionell-vertrauten Umgang mit dem höchsten weiblichen Mysterium eine Stellvertreterin der heidnischen Göttin. Ihre rituelle Ansprache an das von ihr entbundene Kind hat möglicherweise seinen Ursprung bei einer präkolumbianischen Kaste von heiligen Frauen, ähnlich den römischen *obstetrices*.*

Die Priesterin-Hebamme benetzt zuerst die Lippen des neugeborenen Kindes mit Wasser und spricht dabei: »Nimm dies; durch dieses mußt du auf der Erde leben, wachsen und gedeihen; durch dieses bekommen wir alle Dinge, die die Existenz auf der Erde ermöglichen; empfange es.«

Als nächstes befeuchtet sie die Brust des Kindes mit Wasser und spricht dabei: »Sieh das reine Wasser, das dein Herz wäscht und reinigt, das allen Schmutz beseitigt; empfange es; möge die Göttin dafür Sorge tragen, dein Herz zu reinigen und zu säubern.«

Drittens begießt sie den Kopf des Kindes mit Wasser und hält eine Ansprache, die an das allgegenwärtige uralte Bild der Priesterin-Hebamme als Ehrengroßmutter in der Rolle der weisen Frau und Greisin erinnert, die gewöhnlich von jedem Kind, das sie zur Welt brachte, als zweite, zeremonielle Mutter verehrt wurde. Sie sagt zu dem Kind: »Mein Enkel, mein Sohn, nimm dieses Wasser von dem Herrn der Welt, das dein Leben ist, belebend und erfrischend, reinwaschend und reinigend. Ich bitte inständig, daß dieses himmlische Wasser, blau und hellblau, in deinen Körper eintreten und dort leben möge. Ich bitte inständig, daß es in dir alle schlechten und nachteiligen Dinge zerstöre und von dir fortnehme, die dir vor dem Anbeginn der Welt gegeben wurden. Wo auch immer du in diesem Kind stecken magst, schädlicher Geist, scher dich weg! Verlasse es, begib dich fort; denn jetzt lebt es aufs neue, und aufs neue ist es geboren, jetzt ist es wieder gereinigt und gesäubert; jetzt wurde es wieder geformt und gezeugt von unserer Mutter, der Göttin des Wassers.«

* Siehe Harold Bayley: *The Lost Language of Symbolism* (2 Bände), New York 1957, Band 1, S. 239–240.

Zweifellos wurde diese Zeremonie von vorchristlichen Glaubensvorstellungen von Reinkarnation und karmischer Schuld inspiriert. Ähnliche mittelalterliche Glaubensvorstellungen von den erlösenden Kräften der Jungfrau Maria führten ihre Anbeter dazu, ihr mit Wasser assoziierte Beinamen wie etwa Quelle lebendigen Wassers, süßer Brunnen, Stern des Meeres zu geben. Sie erbte die Taufmagie der großen Aphrodite Marina mit ihrem blauen Gewand und ihrer Perlenkette; und sie war die verschlossene Quelle der jungfräulichen Braut in der alttestamentarischen Allegorie (Hohes Lied 4,12).

Es ist angemessen, sich heutzutage die Frage zu stellen, was das Taufritual wirklich bedeutet. Wenn wir nicht mehr so naiv sind, um an Dämonen zu glauben, dann können wir es kaum als notwendig erachten, Dämonen aus neugeborenen Babys auszutreiben. Auch die amtliche Registrierung des Namens eines Kindes hängt nicht von seiner Taufe ab. Daher können wir uns die Idee von der Taufe als der Annahme von seiten einer Mutter, irdisches Abbild von der Wohltätigkeit der Göttin, wieder aneignen. Christliche Autoritäten im angelsächsischen Raum pflegten die altehrwürdige Taufe, die Frauen an ihren Neugeborenen mit Wasser und Erde vollzogen, als teuflisches Heidentum zu bezeichnen – aber die Frauen, das Wasser und die Erde waren schon lange vor dem Christentum da, und ihre Rituale haben vielen Generationen gedient.

## Eine Hochzeitszeremonie

Es folgt die ausführliche Beschreibung einer Hochzeitszeremonie, die von allen Beteiligten als sehr schön empfunden wurde, einschließlich derer, die mit der Göttin nicht vertraut sind.

Die Hochzeitsgäste bilden einen Kreis um die drei Hauptpersonen – Braut, Bräutigam und Priesterin –, die in einer Dreiecksformation neben dem zentralen Altar stehen. Auf dem Altar befinden sich ein Pentagramm, brennende Kerzen, ein Kelch mit Wein, eine kleine Silberdose, Trauringe, eine

Schere oder ein Athame, ein roter Schal oder ein rotes Band und der Stab der Priesterin.

Der Kreis wird unter Anrufung der Himmelsrichtungen und Elemente gebildet (siehe S. 31).

*Priesterin:* »Wir sind hier zusammengekommen, um die Liebe zu feiern: und zwar die Liebe, die diese Frau und diesen Mann vereint, und durch sie das größere Prinzip der Liebe, die jeden Menschen mit anderen vereint. Es ist unser Gefühl für das Allumfassende der Liebe, das eine Hochzeit zu einem freudvollen Anlaß macht. Zum Zeichen dessen verwenden wir das uralte Symbol der Göttin der Liebe, um diese Braut und diesen Bräutigam dem großen Prinzip und einander zu übergeben.«

Mit ihrem Stab vollzieht die Priesterin das Zeichen des Pentagramms am Bräutigam; sie berührt leicht seine Stirn, die linke Körperseite, die rechte Schulter, die linke Schulter, die rechte Körperseite und wieder die Stirn.

*Priesterin:* »Ich weihe deinen Geist, dein Herz, dein Handeln, deine Unterstützung und deinen Willen der Großen Göttin.«

Mit ihrem Stab vollzieht die Priesterin das Zeichen des Pentagramms an der Braut; sie berührt leicht ihre Stirn, die linke Körperseite, die rechte Schulter, die linke Schulter, die rechte Körperseite und wieder die Stirn.

*Priesterin:* »Ich weihe deinen Geist, dein Herz, dein Handeln, deine Unterstützung und deinen Willen der Großen Göttin.«

Die Priesterin reicht den Stab der Braut, die dem Bräutigam das Gesicht zuwendet, das Zeichen des Pentagramms an ihm vollzieht und dabei zu ihm spricht:

*Braut:* »Ich weihe dir meinen Geist, mein Herz, mein Handeln, meine Unterstützung und meinen Willen.«

Die Braut reicht den Stab dem Bräutigam, der ihr gegenübersteht. Er vollzieht das Zeichen des Pentagramms an ihr und spricht dabei zu ihr.

*Bräutigam:* »Ich weihe dir meinen Geist, mein Herz, mein Handeln, meine Unterstützung und meinen Willen.«

Der Bräutigam gibt den Stab der Priesterin zurück, die ihn wieder auf den Altar legt. Dann reicht die Priesterin der Braut den Kelch mit Wein. Sie trinkt und reicht dem Bräutigam den Kelch. Er trinkt und hält dann den Kelch an die Lippen der Braut, während sie wieder trinkt. Dann nimmt die Braut den Kelch und hält ihn an die Lippen des Bräutigams, während er wieder trinkt. Die Braut gibt der Priesterin den Kelch zurück, die ihn wieder auf den Altar stellt und sagt: »Seid gesegnet.«

*Priesterin,* einen großen doppelten Kreis in die Luft schreibend: »Was wir heute als das Unendlichkeitszeichen in der Mathematik kennen, die horizontale Ziffer Acht, entwickelte sich zum Symbol der Unendlichkeit, weil es einst das Zeichen der Göttin für die vollkommene Vereinigung war, Frau mit Mann, Göttin mit Gott, durch die unaufhörlich die Welt hervorgebracht wird. Dieser duale Kreis entstand aus dem ältesten Hochzeitsbrauch der Welt, dem zeremoniellen Händereichen, bei dem die Arme des Paares den doppelten Kreis bildeten. In der keltischen Tradition wurde diese Zeremonie als *handfasting* (durch einen Händedruck besiegelte Heirat) bekannt. Bis Mitte des neunzehnten Jahrhunderts blieb sie die bevorzugte Methode der nichtkirchlichen Heirat. Heute wiederbeleben wir diese uralte Zeremonie, durch die diese Braut und dieser Bräutigam in der Tradition der ältesten Gottheit, die den Menschen bekannt ist, vereint sein mögen.«

Unter Anleitung der Priesterin geben sich Braut und Bräutigam die rechte Hand, dann reichen sie sich die linke über die rechte. Die Priesterin bindet ihre gefaßten Hände mit dem Blut symbolisierenden roten Schal oder Band locker zusammen. Das Paar dreht sich langsam einmal im Kreis herum und sieht sich dabei in die Augen. Dann bleiben sie stehen und sagen sich die Worte, die sie für sich persönlich gewählt haben, um ihre Vereinigung feierlich zu besiegeln. Zuerst spricht die Braut und erklärt in Worten ihrer Wahl vor dem versammelten Familien- und Freundeskreis, daß sie den Bräutigam zum Mann nimmt, drückt ihre Liebe für ihn aus, segnet ihn und verkündet ihre Treue. Wenn gewünscht, kann sie ein paar Zeilen aus einem Gedicht oder anderes vortragen, die für beide bedeutsam sind. Wenn die Rede der Braut zu lang ist, um sie auswendig vorzutragen, kann sie sie von einem Blatt ablesen, das eine Helferin (Brautjungfer) während des Händedrucks hält.

Dann spricht der Bräutigam und erklärt in Worten seiner Wahl vor dem versammelten Familien- und Freundeskreis, daß er die Braut zur Frau nimmt, drückt seine Liebe für sie aus, segnet sie und verkündet seine Treue. Gegebenenfalls kann auch er von einem Blatt ablesen, das ein Helfer (ein Freund des Bräutigams) während des Händedrucks hält.

Wenn Braut und Bräutigam mit ihren Reden fertig sind, entfernt die Priesterin das Band von ihren Händen und reicht die Schere (oder das Athame) der Braut, die dem Bräutigam eine kleine Haarlocke abschneidet. Sie legt das Haar in die kleine silberne Dose, die die Priesterin hält. Dann reicht sie die Schere (oder das Athame) dem Bräutigam, der der Braut eine kleine Haarlocke abschneidet und sie ebenfalls in die silberne Dose legt.

*Priesterin,* die Dose hochhaltend, damit alle sie sehen können: »So wie sich die Haare in diesem Gefäß vereinigen, so mögen sich die Seelen dieser Frau und dieses Mannes für immer vereinigen.«

Die Priesterin legt die Dose auf den Altar und hält den jungen Eheleuten die Trauringe hin, entweder auf dem Endstück ihres Stabes oder auf der Spitze eines Athames, auf einem Satinkissen, einem Kristall oder einem flachen Gold- oder Silberteller. Die Braut und der Bräutigam nehmen die Ringe und stecken sie sich gegenseitig an den Finger, dann küssen sie sich.

Zum Abschluß der Zeremonie können die Zeugen um den Kreis nacheinander ihren Segen und ihre guten Wünsche der Braut und dem Bräutigam aussprechen, die Seite an Seite dastehen und einen Arm um den anderen gelegt haben. Wahlweise können Braut und Bräutigam um den Kreis herumgehen, während die Gäste sie der Reihe nach beglückwünschen. In der Zwischenzeit kann die Priesterin den Altar verlassen und sich dem Kreis anschließen. Falls die Gruppe zu groß ist und es zu lange dauern würde, wenn jeder mit der Braut und dem Bräutigam spräche, können nur einige kurze Ansprachen gehalten werden, vielleicht von den engsten Verwandten oder Freunden des Paares.

Die Zeremonie kann mit dem »Feen«-Sprechgesang abschließen, den alle singen, wobei die Priesterin Zeile für Zeile vorsingt (siehe Kapitel »Anrufung«, S. 31).

# Lesungen

Seit den Anfängen der lese- und schreibkundigen Zivilisationen war das Lesen eine rituelle Handlung, da das geschriebene Wort heilig war und diejenigen, die es zu lesen vermochten, es mit Ehrfurcht betrachteten. In der Welt des klassischen Heidentums war die Lese- und Schreibfertigkeit weit verbreitet, was sich jedoch im darauffolgenden finsteren Mittelalter Europas änderte. Die frühchristliche Kirche stellte sich der Laienbildung entgegen und verbot es allen, die nicht dem Klerus angehörten, die Heilige Schrift zu lesen. Dennoch wurde das Lesen zu einem wichtigen christlichen Ritual, auch wenn die Lesung in lateinischer Sprache vor Kirchengemeinden gehalten wurde, die kein einziges Wort verstehen konnten.

Rituelles Lesen ist ebenfalls ein akzeptierter Bestandteil von weiblichen Spiritualitätstreffen. In manchen Gruppen werden die Mitglieder dazu ermuntert, zu jeder Versammlung ein kurzes Zitat, ein Gedicht oder einen Prosatext mitzubringen. Auf diese Weise können der Gruppe viele bedeutsame Gedanken zur Kenntnis gebracht werden. Einige Gruppen bestimmen vielleicht wechselnde Personen dazu, einen längeren Text als Themenvorgabe mitzubringen.

In traditionellen Religionen wird ausnahmslos aus den eigenen Schriften zitiert; deshalb wurde das folgende Material speziell für Frauengruppen aus verschiedenen vorpatriarchalen, mythologischen Quellen zusammengestellt. Weil ein großer Teil der alten göttinnenorientierten Literatur vernichtet wurde, existieren nur noch wenige solcher Quellen. Um so nützlicher ist eine Rückbesinnung auf die traditionellen Geschichten, die selbst vor langer Zeit grundlegend verändert wurden, als das Patriarchat die alten matrifokalen Kulturen verdrängte.

Das pflegten die Mythen zu berichten.

Am Anfang weilte die Göttin in ihrem formlosen Aspekt und vereinigte alle Elemente in ihrer Substanz. Unermeßliche Zeiten lang trieb sie in ihrer geheimnisvollen Dunkelheit. An den tiefen Stellen ihres Schoßes sammelten sich Wasser, die Flüssigkeiten der Geburt. Innerhalb dieser Wasser begann sie Leben aus sich selbst heraus in ihrer Erscheinungsform der Tiefe zu erschaffen, die später bekannt sein sollte unter Namen wie Tehom, Tiamat, Temu, Themis, Thalassa und Terra Mater oder Ma, Mami, Mammetun, Marina, Mari-Anna, Meri-Yam und Maria.

Ihre ersten Kinder waren klein, blind, unbeseelt, treibende Pünktchen in der Tiefe, nur um die einfachsten Formen der Anpassung und Fortpflanzung wissend. Später erlaubte sie ihnen, sich weiterzuentwickeln. Sie gab ihnen bessere Organe des Tastens, des Riechens, des Fühlens, sogar des Sehens. Sie erlaubte ihnen, Fortbewegungsapparate und hartes Stützgewebe auszubilden.

Sie ließ Teile ihrer gestaltenden Substanz sich über die Wasser erheben. Sie forderte ihre Geschöpfe auf, an der Luft zu leben. So wurde die Erde nach dem Wasser die zweite Urmasse zur Aufrechterhaltung des Lebens und die Luft die dritte. Wasser, Erde und Luft wurden zusammen Materie oder Mater: die Mutter.

Die Göttin erfreute sich an Mannigfaltigkeit. Im ganzen Universum schuf sie nie etwas, das irgend etwas anderem genau glich, was es auch immer sein mochte. Um ihre lebendigen Kinder noch verschiedenartiger zu gestalten, ließ sie einige Rassen von ihnen in primäre, fortpflanzungsfähige Frauen und sekundäre Männer teilen, wobei die letztgenannten miteinander konkurrieren sollten, so daß nur die besten von ihnen das Recht erhielten, Gene zur Nachkommenschaft beizutragen. Damit die beiden Geschlechter die Vereinigung suchten, machte sie sie zu den passenden Zeiten paarungsbereit und ließ sie ihr Vergnügen daran haben.

Das System funktionierte gut, bis eine Spezies lernte, aufrecht auf zwei Beinen zu stehen, zu sprechen, Werkzeuge herzustellen und zu benutzen, und sich allen anderen Spezies überlegen fühlte, weil sie diese Dinge tun konnte. Das war die erste Hybris des Menschen.

Die Menschen lebten in Frieden, solange die Frauen die Zivilisation zur besseren Pflege und zum besseren Unterhalt ihrer Nachkommen hervorbrachten, sogar als die Göttin Welten für ihre Kinder schuf; und die Männer wirkten an diesen Bemühungen mit, so gut sie konnten. Beide Geschlechter ehrten die Mutter als die wahre Quelle der Lebenskraft für alle Geschöpfe, denn sie alle wurden von Müttern geboren. Trotzdem waren die Männer neidisch, denn die Frauen waren mit Schöpferkraft ausgestattet. Auch sie wollten gebären und eigene Nachkommen hervorbringen können, so daß sie den alten Klanmüttern gleich nach dem Tode als göttliche Ahnen angebetet wurden. Das war die zweite Hybris des Menschen. Es war die Hybris des Mannes. In ihrer Eifersucht vergaßen die Männer die natürliche Verantwortung des Mannes gegenüber der Frau und wagten es, eine Art von Führerschaft zu erstreben, für die sie nicht mütterlich genug waren.

In Gesprächen untereinander begannen die Männer, Wege zu ersinnen, auf denen sie eine Rolle bei der Fortpflanzung spielen konnten. Einige versuchten es damit, daß sie genau das zu sich nahmen, was Frauen aßen, in dem Glauben, daß Babys mit Hilfe bestimmter Nahrungsmittel erzeugt würden. Manche aßen Nachgeburten, wenn sie ihrer habhaft werden konnten. Andere setzten sich über machtvolle Tabus hinweg und kosteten das verbotene magische Mondblut der Frauen, das offenbar die Essenz des Lebens war. Wieder andere gaben vor zu gebären, weil sie glaubten, daß die Darstellung zur Tatsache führen könnte. Manche zogen Frauenkleider an und bildeten Vereinigungen, um einander zu gebären, wobei sie ihr eigenes Blut über männliche Initianten tropfen ließen und sie für wiedergeboren erklärten.

Manche Männer dachten, es könnten ihre eigenen sexuellen Bewegungen sein, die das magische Mondblut der Frauen heftig schüttelten und so ein Baby zeugten, so wie Butter durch das Aufschäumen von Milch hergestellt wird. Einige Männer wiesen darauf hin, daß ihre eigenen sexuellen Flüssigkeiten für die Ernährung eines Babys notwendig seien, während es im Schoß vor der Geburt wuchs, so wie die Milch seiner Mutter danach notwendig sei. Einige Männer dachten, daß Frauen den Geschlechtsverkehr brauchten, um sich irgendwie auf die Heimsuchung des Geburtsgeistes vorzubereiten, der von der

Göttin, von Ahnengeistern, göttlichen Tieren, Pflanzen oder Plazentas von früheren Geburten geschickt wurde oder was auch immer. Diese Theorie fand jedoch wenig Anklang. Oft wurde darauf aufmerksam gemacht, daß Frauen auch Geschlechtsverkehr hatten, ohne Kinder hervorzubringen, und viele geheime eigene Zauber zum Kindermachen besaßen. Niemand, nicht einmal die Frauen, war ganz sicher, wie lange eine Mutter brauchte, um ihr Baby wachsen zu lassen. Man glaubte, daß Babys den Pflanzen gleich größer wurden, wenn sie mehr Zeit brauchten, und daß die lokalen Klimabedingungen, Regen und Wohnorte eng mit dem Vorgang verbunden waren.

Es gab einen unglücklichen Mann, der viel Zeit damit verbrachte, allein dazusitzen. Eines Tages stieß er auf eine Gruppe von anderen Männern und sagte zu ihnen: »Ich werde die Mutter für viele Generationen von Nachkommen sein. Ich werde göttliche Lebenskraft werden, wenn ihr mich als Ahn und Erlöser von Männern anbetet, so wie die Klanmütter angebetet werden. Ich werde ein Teil der Göttin werden und für immer leben, weil ich eine Frau werde.«

Die anderen Männer lachten über ihn und sagten: »Wie kannst du eine Frau werden, Erlöser? Du bist ein Mann. Dein Körper besitzt kein magisches Mondblut, kein Schoßgefäß, keine Milch. Du kannst kein Ahn im Blutband sein.«

»Ich habe Blut«, antwortete Erlöser. »Ich habe Blut in meinem Körper wie jede Frau, nur daß ich es nicht ohne Schmerzen vergießen kann, wie Frauen es tun. Nun gut, ich werde es mit Schmerzen vergießen. Ich werde die erste männliche Klanmutter werden. Ihr werdet mich anbeten für das Opfer meines Blutes, und ich werde euer Gott sein, weil ich euch das überschüssige männliche Fleisch abschneiden lasse und ihr mich zu einer Frau mit einem blutenden Tor des Lebens machen werdet.«

Die Männer hielten Erlöser für verrückt, aber seine Kühnheit flößte ihnen Ehrfurcht ein. Ein weiser, alter Mann sagte ihm: »Du wirst sterben.« Aber Erlöser antwortete: »Selbst wenn ich sterbe, werde ich für immer in der Göttin leben, so wie die Frauen, die bei der Geburt sterben. Durch mein Opfer wird allen Männern spirituelle Wiedergeburt zuteil werden.«

Sie erkannten, daß er fest entschlossen war. Als Männer, die keineswegs abgeneigt waren, Fleisch zu verletzen und Schmerz zu verursachen, schnitten sie ihm die Genitalien ab und sahen zu, wie er blutete, sich in seinem Blut wälzte und behauptete, es habe so viel mystisches Mana wie das Blut der Frauen. Als er starb, errichteten sie ein besonderes Grab zu Ehren seines Opfers und sagten dem Stamm, daß er eigens für ein Opfer an den Allmächtigen im Namen aller auserwählt worden sei.

Erlösers Opferung inspirierte andere, besonders die emotional Labilen, die sich genügend Aufmerksamkeit ersehnten, um dafür zu sterben. Die Männer entwickelten die Tradition, daß zu bestimmten Zeiten, insbesondere zu Pflanzzeiten, ein Mann gewählt werden sollte, der den Geist von Erlöser verkörperte und zeremoniell kastriert und getötet wurde, um heiliges Blut für die Nahrung aller bereitzustellen.

Männer, die zu Erlösern wurden, waren nicht immer willig. Es wurde notwendig, sie mit einem Vorgeschmack auf das gottesähnliche Leben vor der Opferung zu bestechen. Sie wurden heilige Könige, die für eine Weile auf Erden angebetet und mit dem Besten von allem versorgt wurden: mit erlesensten Speisen, feinsten Kleidern und sexueller Glückseligkeit im Überfluß, in der Götter, wie man glaubte, immer lebten, weil sie in den lebenspendenden Körper der Göttin gebettet waren.

Frauen wurden in die Wahl der heiligen Könige einbezogen, weil sie ihre eigenen künftigen Kinder von Göttlichkeit ernähren wollten und weil Frauen allen heiligen Vorgängen beiwohnten. Klanmütterräte bestanden darauf, daß die Kandidaten jung, gesund, attraktiv und zeugungsfähig sein müßten. Sie führten einen Brauch ein, bei dem jeder Kandidat mit einer nackten Frau konfrontiert wurde, um festzustellen, wie schnell sich sein Phallus aufrichten würde. Schwand die Manneskraft eines Königs, wurde er schnell getötet und gegen einen kräftigeren Kandidaten ausgetauscht, bevor sein Seelenverlust dem Land Schaden zufügen konnte.

Als Generationen vergingen und die Traditionen des heiligen Königtums immer vielschichtiger wurden, wurde jeder

Gott-König zum Sohn des vorherigen Gott-Königs erklärt. Diese »Söhne« waren es auch, die ihre Vorgänger kastrierten und hinrichteten. Das heilige Königtum belebte also männliche Rivalität und steigerte die ödipale Eifersucht mit einer sehr realen Angst vor dem jungen Herausforderer.

Manche Könige, die machthungriger und überzeugender waren als die übrigen, fanden Wege, um an dem heiligen Amt festzuhalten, sobald sie es innehatten. Einige erklärten, daß die Göttin keine anderen begünstigte. Sie sagten: »In meiner Allmacht als Gott kann ich für die Dauer des Opfers den göttlichen Geist auf einen anderen Körper übertragen.« So nahmen sie stellvertretende Opfer, um sich selbst zu erlösen: Gefangene, Verbrecher, Kinder, selbst Tiere sollten den Gott, ihren »Vater«, verkörpern.

Das jährliche Erlöser-Opfer wurde zu einem der wichtigsten Lebensrituale, besonders bei den Menschen, die den Boden bestellten. Männer stellten es als so wichtig dar, daß man glaubte, ohne dieses Ritual würden keine Feldfrüchte wachsen. Jedes Jahr wurde es ungeduldig erwartet und diskutiert. Omen für die Jahreszeit wurden aus allen seinen Einzelheiten gelesen.

Vornehmlich Männer legten Wert auf die Opfer, die vollzogen wurden, um das kostbare Fleisch der Mutter Erde mit kostbarem Blut zu bewässern. Sie betonten nachdrücklich, daß ihr Gott dies bestimmt habe. Wenn das Land seine Früchte nicht ohne männlichen Beistand tragen konnte, dann war das männliche Prinzip wichtig. Vielleicht konnten auch Frauen ihre Frucht nicht ohne männliche Unterstützung tragen. Die Idee begann Form anzunehmen: Vielleicht waren männliche sexuelle Flüssigkeiten nicht einfach nur Nahrung für künftige Kinder, sondern der vollständige Same selbst, der der Mutter außer ihrem Körper als »Nährboden« nichts abverlangte. Einige wagten sogar zu behaupten, daß die wahren Erzeuger künftiger Generationen nicht Frauen, sondern Männer waren. Das war eine wahrhaft revolutionäre Idee. Sie revolutionierte den Verlauf der Menschheitsgeschichte und wirkte sich auf jeden Lebensaspekt bis zum heutigen Tag aus – auch wenn sie schon immer falsch war.

In einigen Gegenden zogen die Männer, die die Kastration überlebten und offiziell zu Frauen erklärt wurden, Frauenkleider an und durften in den Göttinnentempeln bei den heiligen Frauen dienen. Sie waren die ersten Priester. Gewöhnlich standen sie den heiligen Königen bei und erlaubten sogar unverstümmelten Männern, sich ihrer Gemeinschaft anzuschließen, nachdem sie erkannten, daß die Einweihungsbedingungen neue Mitglieder abschreckten.

Dadurch, daß immer mehr Männer Zugang zu den Priesterschaften und Armeen des Königs hatten, begann sich das Gleichgewicht der Macht zugunsten der Männer zu verschieben. Gesellschaften waren weniger altruistisch, weniger friedlich und weniger um das Wohlbefinden der Nachkommenschaft besorgt, sondern aggressiver, egozentrischer, gieriger, kriegerischer und grausamer. Die Männer vernichteten benachbarte Stämme und rissen die Ländereien anderer an sich, um ihre Macht zu festigen.

Einigen Priestern und sogar einigen Königen gelang es, die weibliche Magie der Alphabete zu lernen, und sie begannen, die in den Göttinnentempeln aufbewahrten heiligen Schriften zu studieren. Als die Priesterschaften an Macht gewannen, wagten sie es, Änderungen in den heiligen Schriften vorzunehmen, um eine neue männerzentrierte Geschichtsanschauung zu begründen. Sie fügten männliche Namen in die Aufzeichnungen der Klanmütter ein. Sie verzeichneten Generationen von Königen anstelle der die Göttin personifizierenden Königinnen aus älteren Zeiten. Sie schrieben Mythen um, um aus der Göttin eine Dämonin, eine unbedeutende Nymphe oder eine untergeordnete Gattin ihres Gottes zu machen.

In ihrer wachsenden Arroganz wagten es einige sogar zu behaupten, daß die Frau vom Mann geboren würde anstatt umgekehrt, und vorzugeben, daß ihr Gott dieses unnatürliche Ereignis als eines seiner frühen Wunder arrangiert habe (denn Götter, so meinten sie, können die Naturgesetze ungestraft brechen). Als diese Geschichte zum erstenmal erzählt wurde, spotteten die älteren Priester und sagten, daß niemand einen solchen Unsinn glauben würde. War Gott nicht selbst von der Großen Göttin zu Beginn geboren worden? Die Militanten antworteten, daß sie, auch wenn sie vor dem Gott existiert haben sollte, nur eine Manifestation seines Geistes, die Quelle seiner Ideen sei. Sie sagten, daß Frauen den Männern Gehorsam schuldeten, wie das Kind der Mutter, weil die erste Frau das Kind des ersten Mannes gewesen sei; ihr Gott sei imstande, eine männliche Mutter zu erschaffen.

In einer Geschichte trug der erste Mann den Namen Adam, der »blutiger Lehm« bedeutet, weil es lange Zeit ein Brauch bei Frauen gewesen war, Kinder magisch-rituell zu empfangen, indem sie Lehmpuppen mit ihrem Menstruationsblut einrieben und über ihnen lebenspendende Zaubersprüche sangen. Sie hielten das für eine Imitation der ersten Schöpfungsmagie der Göttin. Der Name Adam wurde den männlichen Puppen gegeben und Adamah den weiblichen. Also benutzten die Revisionisten auch den Namen Adam und behaupteten, ihr Gott habe den Trick des Lebenspendens von seiner Mutter gelernt. Obwohl er kein belebendes Mondblut habe, sei er imstande, statt dessen den Atem zu benutzen, denn oft hieß es, der Atem sei eine Seelenessenz.

Die Revisionisten wagten nicht, die Schriften zu vernichten, in denen es hieß, daß männliche und weibliche Menschen zusammen erschaffen wurden, da es seit Tausenden von Jahren schriftlich niedergelegt war, daß beide Geschlechter gleichzeitig von der Göttin Mammetun oder Mami oder Ninhursag oder Pyrrha oder Belit geformt wurden. Trotzdem fügten Männer eine neue widersprüchliche Schrift in die alten Schriften ein, in der die Rede war von der Geburt der ersten Frau aus dem Körper des ersten Mannes und dem emporgekommenen neuen Gott, der als Hebamme auftrat. Dieser ersten Frau gaben sie den Namen der Erde als Mutter aller Lebewesen, Hawwa oder Heva, weil Mutter Erde als die Gemahlin von Vater Himmel galt.

Es war allgemein bekannt, daß die Göttin als Mutter Erde die universale Lebenspenderin und zugleich die Todesbringerin war. Alle ihre Kinder kamen schließlich wieder in ihren Körper zurück, um neuem Leben Nahrung zu bieten. Männern gefiel dieses zyklische System nicht. Sie, die sich weniger fest in der Zukunft verankert fühlten als Frauen, sahen der

Aussicht auf ihre unvermeidliche Zerstörung mit Entsetzen entgegen. Vor allen Dingen wünschten sie sich, ihr Leben auf unbegrenzte Zeit zu verlängern, den Göttern gleich. Manche Männer konvertierten zur Vater-Religion, einfach weil die Priester des Vaters ihnen sieben Lebensjahre mehr in Aussicht stellten, als die Priesterinnen der Mutter für normal hielten.

Somit lag es für die Männer in den Vorgängen der Natur begründet, den zerstörenden Aspekt der Göttin zu hassen. Sie waren nicht imstande zu erkennen, daß Schöpfung und Zerstörung für alle Zeiten nebeneinander existieren müssen; so wie es den Tod nicht ohne das Leben geben kann, kann es auch kein Leben ohne den Tod geben. Das war die Lehre der Mutter. Aber die Militanten sagten: »Es war die Mutter aller Lebewesen, es war die Frau, es war die Göttin, die uns den Tod gab. Unser Gott hätte uns für immer leben lassen.« Das sagten sie, obwohl sie wußten, daß es eine Lüge war, unvereinbar mit ihren eigenen Schriften, die belegten, daß es der Wunsch ihres Gottes war, die Menschen vom ewigen Leben fernzuhalten.

Die Schriftgelehrten begannen, Geschichten über die Sündhaftigkeit der ersten Frau, die den Tod in die Welt brachte, zu schreiben. Obwohl es der Gott war, der dies geschehen ließ, wurde der Frau von unnatürlicher Geburt die Schuld gegeben – die, wie es schien, tatsächlich mächtig genug war, die Pläne des angeblich allgewaltigen Himmlischen Vaters aufzuheben.

Die Askese, die wie ein Miasma aus Generationen priesterlicher *castrati* entstand, konzentrierte sich bald auf die Sexualität als Ursache und Ausdruck von Sünde. Priester machten darauf aufmerksam, daß es die Sexualität sei, durch die sich der Mann mit dem lebenspendenden weiblichen Fleisch verbände, jedoch dabei seine »Kraft« verlöre. Durch die Sexualität würden Frauen die Essenz der Männer rauben, um zum Wachstum ihrer Kinder beizutragen, die sie mehr liebten. Durch die Sexualität werde Generation für Generation begrenztes Leben gezeugt, nur um am Ende wieder von Mutter Erde verschlungen zu werden. Die Sexualität hielt den Mann an die Frau gebunden, an das Land, das ihr Besitz war, und an die Kinder, die sie gebar. Sexualität sei die Magie, wodurch sie sein bloßes Fleisch sogar gegen seinen Willen beherrsche. Sexualität brächte den heiligen Königen und den Göttern den Tod. Überdies hätten selbst die Gottheiten eingeräumt, daß Frauen die Sexualität mehr genießen könnten als Männer.

Auf der anderen Seite gab es einige, die die Meinung vertraten, daß gemäß sehr alter Traditionen die Menschen durch die Sexualität die einzige Möglichkeit erhielten, die Glückseligkeit des Götterlebens zu erfahren. Wenn die Göttin ihrem Sohn, dem Gott, erlaubte, ihr Gemahl zu werden, gingen sie eine ewige hermaphroditische Verbindung ein. Alle Schöpfungsenergien gingen aus ihrem unaufhörlichen göttlichen Vergnügen hervor. Das war der Prototyp des Paradieses, wo die Existenz immerwährend ekstatisch war: eine Vorstellung, die sich mit menschlichen Erinnerungen an die vollkommene Behaglichkeit des Lebens im Schoß verband. Daher waren alle Freuden im weiblichen Körper zu finden. Zweifellos könnte dann, so sagten sie, eine Rückkehr zum Schoß der Erde gar nicht so schrecklich sein. Es gab sogar ganze Tempel, in denen Todespriesterinnen lebten, deren Aufgabe es war, sterbende Männer in ihre Arme zu nehmen, sie mit sexuellen Aufmerksamkeiten zu trösten, ihnen zu versprechen, ihnen die Seelen mit einem letzten Kuß zu nehmen, um sie zu erneuern, wenn sie als Kinder wiedergeboren würden.

Todespriesterinnen hielten oft die heiligen Schlangen, die als Träger des sich ewig erneuernden Lebens geehrt wurden, weil sie ihre alten, runzelig gewordenen Häute abwarfen und verjüngt wiedergeboren wurden. Viele Menschen waren überzeugt, daß Schlangen nicht sterben konnten, sofern man sie nicht vorsätzlich tötete. Dem Erlöser selbst wurden Schlangeninkarnationen zugeschrieben, die Unsterblichkeit zu erkennen gaben, weil er viele »Häute« trug und mit jeder neuen Jahreszeit wiedergeboren wurde. Um ihre sexuellen Energien zu erhalten, spielten Priesterinnen oft mit den heiligen Schlangen und erlaubten ihnen, die Göttinnenstelle zwischen ihren Beinen zu streicheln. Die Frauen hofften, auf diese Weise die machtvolle Lebenskraft der Schlange in sich aufzunehmen, so wie Männer hofften, durch Geschlechtsverkehr die Lebenskraft der Frauen in sich aufzunehmen.

Aus dieser Praxis entstand das heilige Bild des Omphalos oder des von der Schlange umschlungenen yonischen Gefäßes. Viele Traditionen behaupteten, die Schlange im Urparadies sei der erste Gemahl von Mutter Erde gewesen; und viele glaubten, daß Frauen erst dann empfangen können, wenn eine heilige Schlange ihnen »die Matrix geöffnet« hätte. Männer waren eifersüchtig auf die offensichtliche Weisheit der Schlange. Allmählich gaben sie ihre Anbetung des Schlangengottes auf und begannen ihn zu diabolisieren. Sie erklärten, daß der Tod sowohl durch die Göttin als auch durch ihre Schlange in die Welt gekommen sei.

Aber zugleich gab es Geschichten, die einen anderen Standpunkt vertraten, in denen dem Gott und nicht den Menschen die Schuld an ihrem Verlust des langen Lebens gegeben wurde. Es hieß, daß die Menschen im verlorenen Goldenen Zeitalter lange lebten, weil sie von der Göttin als Hermaphroditen, Mann und Frau in ein und demselben Körper, erschaffen wurden. Folglich waren sie immer miteinander verbunden und immer erfüllt mit der Glückseligkeit der sexuellen Vereinigung. Gott jedoch mißgönnte ihnen ihr Glück. Er »nahm die Frau aus dem Mann«, indem er die zwei Geschlechter auseinanderriß. In seiner Eile und Nachlässigkeit riß er der Frau ein Stück Fleisch heraus, das eigentlich ihr gehörte, so daß ein Loch zurückblieb, dem in der Folge immer Blut entwich. Ihr Fleischstück blieb am Körper des Mannes haften, aber es sehnt sich noch immer danach, an seinen rechtmäßigen Platz in dem Loch der Frau zurückzukehren. Daß es kein echter Bestandteil des männlichen Körpers sei, so sagten sie, sei durch die Tatsache bewiesen, daß der Mann keine Gewalt über es habe wie über seine anderen Gliedmaßen, sondern daß es vielmehr von der Frau beherrscht würde. Sogar aus der Ferne könne sie es beeinflussen, besonders dann, wenn sie ihm das Loch in ihrem Körper zeige, wo es hingehörte.

Die Gegner zogen Geschichten vor, in denen der Phallus des Mannes mit der diabolisierten Schlange, die mit der ersten vom Mann geborenen Frau zusammenarbeitete, gleichgesetzt wurde. Aber die weisen, alten Priesterinnen, die selbst schrieben und die alten Schriften kannten, spotteten über solche Geschichten. »Natürlich konnte diese Frau nicht vom Mann geboren werden«, sagten sie. »Keine Frau wird vom Mann geboren. Der Mann wird immer von der Frau geboren. Überdies heißt es in unseren ältesten Büchern, daß der erste Mann von der Mutter geschaffen wurde, gleichzeitig oder kurz nachdem sie die erste Frau schuf. Der Name dieser Frau lautete nicht Heva, sondern Lilith, der Lotos, was Blume der Vulva bedeutet.«

Neue Geschichten über Lilith, den Lotos, wurden erfunden, um sich über die radikale Priesterschaft lustig zu machen. Es hieß, daß Liliths Gemahl sie dazu zu bringen versuchte, beim Geschlechtsverkehr wie ein festgenagelter Ringkämpfer unter ihm zu liegen. Sie weigerte sich und lachte ihn aus. Er rief seinen Gott an, und der Gott versuchte, Lilith dazu zu bringen, ihrem Gemahl zu gehorchen. Sie lachte auch den Gott aus und beraubte ihn seiner Macht, indem sie seinen geheimen Namen aussprach. Dann verließ sie sowohl ihren Gemahl als auch seinen Gott und ging fort, um am Meer zu leben, wo sie mit Schlangen spielte und sich selbst befruchtete, um viele Klans von Nachkommen zu gebären.

Die neuen Priester wollten den Anfang der Menschheit nicht zu dieser ursprünglichen Göttin-Frau, die sich ohne Hilfe des Mannes fortpflanzte, zurückverfolgt wissen. Die Priester behaupteten, daß ihr Gott dem ersten Mann eine andere Gattin schickte, geboren aus seinem eigenen Körper und daher gezwungen, ihm zu gehorchen. Sie war es, die auf den Rat der weisen Schlange hörte und eine Frucht vom Baum der Erkenntnis des Gottes stahl, wodurch sie und alle ihre Nachkommen für alle Zeiten mit dem Tod bestraft wurden (denn der Gott war sehr nachtragend). Lilith, so sagten die Priester, wurde eine Dämonin, die den Männern das Sperma in ihren erotischen Träumen stahl, um sich Fruchtbarkeit zu bewahren. Somit wurde sie für dreitausend Jahre der geheime Schrekken/Wunsch der Männer, die Mutter aller nachfolgenden imaginären *succubae* – die Priester behaupteten, daß diese Kreaturen real seien, und daß alle Männer an sie glauben müßten. Ferner wurde versichert, daß Lilith Kinder verschlingen würde, wie alle anderen Varianten der alten Erdgöttin.

Andere Erscheinungsformen der Göttin wurden auf ungefähr die gleiche Weise wie Lilith verleumdet. Die Große Mutter Medea der Meder, die Himmelskönigin, wurde in einem spätgriechischen Mythos als kindermordende sterbliche Hexe dargestellt. Athene oder Athenna, Dreifache Göttin der libyschen Amazonen, wurde zur ewig-jungfräulichen Tochter, die nur einen Vater und keine Mutter hatte. Ihr weiser, Tod zumessender Greisin-Aspekt – genannt Medusa, Metis oder Gorgo – wurde zu einem diabolischen Ungeheuer gemacht. Astarte-Ashtoreth, eine weitere, seit langem verehrte Himmelskönigin, fand in patriarchalen Schriften nur noch Erwähnung als »Gegenstand des Abscheus«. Mari oder Mari-Anath, einst angebetet als Gemahlin und Kraftquelle von Israels Gott, wurde zur farblosen sterblichen jungfräulichen Mutter seines einzigen Kindes sterilisiert.

Sogar die alten Erlöser wurden als falsche, dämonische Götter verteufelt, weil sie offensichtlich mit der Göttin verkehrten. Nur ein als Asket neu interpretierter Erlöser wurde beibehalten, der sogar seine jungfräuliche Mutter zurückwies, während die Erinnerungen an seine früheren Verbindungen mit Marienpriesterinnen und verschiedene Akte des heiligen Dramas fast gänzlich aus seiner Geschichte verschwanden. Er wurde noch immer als Bräutigam bezeichnet, weil das der alte Titel war, aber er war ein Bräutigam ohne Braut.

Als die alten Priesterinnen von den neuen Schöpfungsgeschichten und Überarbeitungen der Männer hörten, lachten sie und sagten: »Diese Narren haben sich Märchen ausgedacht, nachdem sie sich die heiligen Bilder angesehen haben, die die Göttin zeigen, wie sie dem ersten Mann eine Frucht vom Baum des Lebens anbietet, während sich ihre heilige Schlange in den Zweigen windet. Es sind dumme Männer, die die heiligen Mysterien nicht verstehen. Jeder weiß doch, daß die Frau nicht vom Mann geboren wird, und daß die Frucht des Lebens das Geschenk der Göttin ist, und daß kein Mann ein Bräutigam ohne Braut sein kann. Niemand wird ihren Geschichten Glauben schenken.«

Aber die Priesterinnen begriffen nicht, wie gefährlich die neuen Geschichten für ihre Töchter und die Töchter deren

Töchter durch die Generationen hindurch sein würden. Die Männer lernten, daß selbst die dümmste Geschichte geglaubt wird, wenn man sie nur oft genug wiederholt und zugleich andere Geschichten unterdrückt. Anstatt die unwahrscheinlich klingenden Wunder des Gottes zu hinterfragen, versuchten Generationen von Männern, ihren gesunden Menschenverstand umzukrempeln, um Wege zu ersinnen, wie man diese Wunder erklären könnte. Dieser Prozeß führt früher oder später dazu, daß das Unwahrscheinliche zur Wahrheit wird – und sie anzuzweifeln, ist eine Sünde, weshalb Zweifler im Schnellverfahren beseitigt werden können. Viele Generationen können in Unwissenheit aufgezogen werden, indem ihnen verwehrt wird, etwaige tatsächliche Wahrheiten zu entdecken, die möglicherweise die propagierte eine Wahrheit untergraben. Danach kann nichts außer einer großen gesellschaftlichen Revolution die Fiktion vertreiben.

So geschah es, daß Frauen, die vormals heilige Gefäße der Lebenskraft und mystischen Macht zu sein pflegten, zusammen mit der Göttin, die diese Qualitäten verkörperte, entwürdigt wurden. Anstatt Männern beizubringen, die Mutter, die ihnen Leben gab, zu verehren, brachten die neuen Gesellschaften Frauen hervor, denen beigebracht wurde, einen Vater zu verehren, der ihre Ahnin verfluchte und sie alle sich unterordnete. In solchen Gesellschaften wurden Männer fähig, sich Klannamen, Besitztümer, Kinder, Geld, Regierungsgewalt und Priesterschaften anzueignen. Bildungswesen, Gesetzgebung und andere einträgliche Berufe wurden ausschließlich in männlicher Hand gehalten. Obwohl Frauen weiterhin die gleichen Arbeiten verrichteten, durch die alte Klanmütter ihre Familien ernährt hatten, verloren solche Arbeiten an Würde und Ansehen. Statt ein freiwilliges Geschenk der Liebe und des Wohlwollens zu sein, wurde Frauenarbeit zu unfreiwilliger Sklavenarbeit; keine Frau hatte die Wahl, sie zu verweigern, und sie wurde auch wie ein Sklave behandelt.

So geschah es, daß die Männer glaubten, sie hätten gewonnen. In Wirklichkeit hatten sie verloren. Sie schufen sich eine Welt voller Gewalt, Krieg, Ungerechtigkeit, Irrationalität und nackter Gier. Nicht zufrieden damit, Frauen und Kinder zu unterdrücken, unterdrückten sie sich auch gegenseitig. Sie errichteten Hierarchien der Unterdrückung, so daß die in der Rangordnung höher Stehenden die unteren mißhandeln konnten. Ihre unsicheren Regierungen vertraten einen paranoiden Militarismus, und ihre unsicheren Religionen unterstützten die bösartige Verfolgung von Andersdenkenden. In der Zivilisation, die sich aus dem augenscheinlichen Sieg der Männer über die Göttin entwickelte, wurden Fanatismus, Sadismus, Anti-Intellektualismus, Vergewaltigung, Raub, Betrug, sexuelles Trauma und Folter alltäglich.

In den Jahrhunderten des Wandels sah einmal eine Priesterin mit ihrem weisen Verständnis der menschlichen Natur in die Zukunft. Sie schrieb ihre Vision auf und nannte sie die »Prophezeihung der Priesterin«. Sie sagte, daß das Endergebnis der neuen gottzentrierten Gesellschaft ein schrecklicher Holocaust sein würde, der äußerste Ausdruck der Zerstörungswut der Männer – das Gegengewicht zur Leidenschaft der Frauen für das Nährende. Die Priesterin sagte, daß die Eifersucht der Götter auf die schöpferischen Kräfte der Göttin kein Ende haben würde. Eine solche Eifersucht könne nicht eher gestillt werden, als bis selbst die Grundlagen für das Weiterleben zerstört wären. Folglich würde eine Welt sterben müssen, bevor der Zorn solcher Götter besänftigt wäre; und dann würden die Götter selbst sterben, sich in ihrem Wahnsinn gegenseitig zerstörend, weil es ohne Anbeter auch keine Götter geben kann.

Die Priesterin sah viele Zeichen des Anfangs vom Ende voraus. Sie sagte, daß die wertvollen Blutsbande der Klans, die die menschlichen Gruppen durch die Mutter seit ungezählten Jahrtausenden zusammengehalten hatten, sich auflösen würden. Familien würden sich trennen und zerstreut werden, weil Männer ihre Frauen von ihren Verwandten isolieren wollten. Kinder würden aufwachsen, ohne etwas von dem heiligen Klan zu wissen, und nur die Entfremdung zwischen den Eltern kennend. Das würden sie ihren eigenen Kindern weitergeben, und so würde der Sinn für den Zusammenhalt des Klans aus dem menschlichen Bewußtsein verschwinden.

Der Respekt vor Älteren würde in Vergessenheit geraten. Die heiligen Wege der Mütter würden entehrt sein. Kinder würden von Vätern mißbraucht werden, und man würde sie lehren, ihren Müttern die Schuld daran zu geben. Sexuelle Bindungen wären der Zärtlichkeit beraubt. Männer würden sich gegenseitig nur als Kämpfer schätzen. Sie würden Krieger zu Helden machen und keine Liebenden, Künstler oder Philosophen. Sie würden sich eine Welt der Selbstsucht schaffen und nicht nur Menschen und Tiere unbarmherzig versklaven, sondern sogar die Heilige Mutter Erde selbst. Sie würden ihren Boden, ihr Wasser und ihre Luft verschmutzen, ihre Knochen ausgraben und sie ihrer grünen Kleider entledigen, bis ihre Kraft erschöpft sei, um ihre Geschöpfe am Leben erhalten zu können.

Sie würden wild um die schwindenden lebensnotwendigen Ressourcen kämpfen, bis sie schließlich in ihrem Wahnsinn die ganze Welt in einem gewaltigen Holocaust zerstört hätten. Und dann würde Mutter Erde, krank und sterbend, alle ihre Spuren mit einer großen Dunkelheit umhüllen. Für unsägliche Zeitalter würde in der Welt Winter herrschen. Nichts würde sich mehr rühren an den Orten, wo die Göttin einst solch eine Mannigfaltigkeit schuf – als wolle sie all dem, was der menschliche Geist ersinnt, entgehen.

Dann allmählich, nachdem lange Zeitalter verstrichen wären, könnte sie wieder erschaffen. Aber an diesem Ort und zu dieser Zeit, einen langen Zyklus hindurch, wird die Göttin gezeigt haben, daß es keiner Spezies erlaubt ist, sich anderen überlegen zu fühlen. Sie wird auch gezeigt haben, daß Männer meistens wie Teufel sind, wenn sie glauben, sie seien wie Götter.

# Göttinnennamen

Die folgenden Göttinennamen stammen von Kulturen aus aller Welt. Sie alle können zur Anrufung verwendet werden.

Abkürzungen

A: *Altnordisch*
Äg: *Ägäisch*
ÄG: *Ägyptisch*
Af: *Afrikanisch*
Ak: *Akkadisch*
An: *Angelsächsisch*
Ar: *Arabisch*
As: *Assyrisch*
Aw: *Awestisch*
Az: *Aztekisch*
Ba: *Babylonisch*
Br: *Bretonisch*
Bu: *Buddhistisch*
Ch: *Chinesisch*
D: *Dänisch*
D: *Deutsch*
Et: *Etruskisch*
F: *Finno-ugrisch*
Gä: *Gälisch*
Gn: *Gnostisch*
Gr: *Griechisch*
Ha: *Hawaiisch*
He: *Hebräisch*
Hi: *Hindu*
Ho: *Hopi*
Is: *Isländisch*
Ig: *Indogermanisch*
In: *Inka*
Ir: *Irisch*
It: *Italienisch*
Ja: *Jakutisch*
J: *Japanisch*
Ka: *Karthagisch*
Ke: *Keltisch*
L: *Lateinisch*
Ma: *Maya*
Mo: *Mojave*
Pa: *Pawnee*
Pe: *Persisch*
Ph: *Phönizisch*
Po: *Polynesisch*
Pu: *Punisch*
Rö: *Römisch*
Ru: *Russisch*
Schw: *Schwedisch*
Se: *Seneca*
Sl: *Slawisch*
Su: *Sumerisch*
Sy: *Syrisch*
Ti: *Tibetisch*
U: *Ugandisch*
W: *Walisisch*
We: *Wedisch*
Z: *Zuni*

A (Su)
Abundia (L)
Achamoth (Gn)
Acuecueyotl (Az)
Aditi (Hi)
Adrasteia (Gr)
Aello (Gr)
Agatha (L)
Aglaia (Gr)
Agna (L)
Agwe (Af)
Ahat (ÄG)
Aigina (Gr)
Aigle (Gr)
Aithra (Gr)
Akewa (Af)
Akka (F)
Akka (L)
Akko (Gr)
al-Lat (Ar)
al-Uzza (Ar)
Alekto (Gr)
Alkyone (Gr)
Allatu (Ba)
Alphito (Gr)
Amaltheia (Gr)
Ama-no-uzume (J)
Amaterasu (J)
Ambika (Hi)
Amentet (ÄG)
Amphitrite (Gr)
Amunet (ÄG)
Amymone (Gr)
Ana (Su)
Anahita (Pe)
Ananke (Gr)
Anansi (Af)
Anastasia (Gr)
Anath (Kanaanäisch)
Anatu (Su)
Andraste (Br)
Andromeda (Gr)
Angerona (Rö)
Angitia (Gr)
Angrboda (A)
Anna Perenna (Rö)
Anna-Nin (Su)
Annis (An)
Anthea (Gr)
Anuket (ÄG)
Anumati (Hi)
Aoide (Gr)
Aphaia (Gr)
Aphrodite (Gr)
Apoconallotl (Az)
Arachne (Gr)
Aradia (Gn)
Aramaiti (Pe)
Arche (Gr)
Arethusa (Gr)
Ariadne (Gr)
Arianrhod (Ke)
Arinna (Ar)
Armat (Armenisch)
Armathr (Is)
Artemis (Gr)

Artio (Ke)
Aruru (Ba)
Aryajangulitara (Hi)
Asherah (Kanaanäisch)
Ashima-Bethel (He)
Ashnan (Su)
Ashtart (Ph)
Ashtoreth (He)
Asia (Gr)
Astarte (Sy)
Asterodeia (Gr)
Astraea (Gn)
Astronoe (Ph)
Asuniti (We)
Ata (Aramäisch)
Ataensic (Irokesisch)
Atanua (Po)
Atargatis (Ph)
Atet (ÄG)
Athene (Gr)
Athyr (ÄG)
Atira (Pa)
Atropos (Gr)
Au Set (ÄG)
Audumla (A)
Aurora (Rö)
Auxo (Gr)
Awitelin Tsita (Z)
Baalat (He)
Baba Jaga (Ru)
Bachue (Chibcha)
Badb (Ke)
Baduhenna (Ig)
Bahet (ÄG)
Banba (Ir)
Bastet (ÄG)
Bau (Su)
Bebind (Ir)
Befana (It)
Belili (Su)
Belit (Ba)
Bellona (Rö)
Beltis (Ba)
Bendis (Thrakisch)
Benten (J)
Benthesikyme (Gr)
Berchta (D)
Berecynthia (Gr)
Beset (ÄG)
Bestla (A)
Beyla (A)
Bhadrakali (Hi)
Bhagavati (Hi)
Bhawani (Hi)
Bhrkuti (Bu)
Bhumidevi (Hi)
Biducht (Pe)
Bindumati (Hi)
Blanaid (Ir)
Blodeuwedd (W)
Boann (Ke)
Bona Dea (Rö)
Bona Fides (Rö)
Braciaca (Gä)
Branwen (Ke)
Brigantia (Ke)
Brigit (Ke)
Brimo (Gr)
Brisaya (We)
Britomartis (Äg)
Brizo (Äg)
Buana (Ir)
Budeia (Gr)
Buto (ÄG)
Caillech Bheur (Ke)
Calafia (Gn)
Car (Ig)
Cardea (Rö)
Carmenta (L)
Carna (L)
Cathena (Mo)
Ceacht (Ir)
Ceres (Rö)
Cerridwen (Ke)
Cessair (Ir)
Chaabu (Aramäisch)
Chalchihuitlicue (Az)
Chamunda (Hi)
Chang-O (Ch)
Chantico (Ma)
Chao-san-niang (Ch)
Charis (Gr)
Chasca (In)
Chicomecoatl (Az)
Chih-nu (Ch)
Chikisanti (Ainu)
Chimalman (Az)
Chloe (Gr)
Chloris (Gr)
Chthonia (Gr)
Chuang-mu (Ch)
Cinxia (Rö)
Circe (Gr)
Citlalinicue (Az)
Ciuateotl (Az)
Clothru (Ir)
Coatlicue (Az)
Comizahual (Honduranisch)
Concordia (Rö)
Coventina (An)
Coyolxauhqui (Az)
Creidyllad (Br)
Cuba (Rö)
Cunti (Hi)
Curitis (L)
Cynthia (Gr)
Cypria (Gr)
Cytherea (Gr)
Daeira (Gr)
Damgalnunna (Su)
Damkina (Su)
Damona (Gä)
Danaë (Gr)
Danu (Ig)
Daphne (Gr)
Dasse (Buschmänner)
Dea Caelestis (Ka)
Dea Syria (L)
Dechtire (Ir)
Dee (Ke)
Deino (Gr)
Delia (Gr)
Delphyne (Gr)
Demeter (Gr)
Deohaka (Se)
Derketo (Ba)
Despoina (Gr)
Devaki (Hi)
Devana (Tschechisch)
Devi (Hi)
Devorgilla (Ir)
Dharti Mai (Hi)
Dhisana (We)
Dhupa (Bu)
Dia (Ig)
Diana (Rö)
Dido-Anna (Ka)
Diiwica (Serbisch)

Hermione (Gr)
Herse (Gr)
Hertha (D)
Hesione (Gr)
Hesperia (Gr)
Hestia (Gr)
Hetpet (ÄG)
Hi-Asa (Po)
Hina (Po)
Hine-Ahu-One (Maori)
Hine-maki-moe (Po)
Hippona (Gr)
Hlodyn (A)
Ho Hsien-ku (Ch)
Hokmah (He)
Holda (D)
Holle (D)
Hope (Gn)
Horsel (An)
Hotu-papa (Po)
Hsi Ho (Ch)
Hsi Wang Mu (Ch)
Hua Hsien (Ch)
Hueytonantzin (Az)
Huitaca (Chibcha)
Huruing Wuhti (Ho)
Husbishag (As)
Huzruwauqti (Pueblo)
Hvov (Pe)
Hygieia (Gr)
Hyndla (A)
Hyrrokin (A)
Iamanja (Af)
Iambe (Gr)
Ida (Gr)
Idun (A)
Iha-no-hime (J)
Ila (We)
Ilamatecutli (Az)
Ilithyia (Gr)
Ilmatar (F)
Inada-hime (J)
Inanna (Su)
Indrani (Hi)
Innini (Su)
Ino (Gr)
Inoshishi (J)
Io (Gr)
Iodama (Gr)
Iole (Gr)
Iowahine (Ha)
Irene (Gr)
Iris (Gr)
Irkalla (As)
Ishi-kori-do-me (J)
Ishtar (Ba)
Isis (ÄG)
Itzcuinan (Az)
Itzpapalotl (Az)
Iuturna (L)
Iweridd (Br)
Ixchel (Ma)
Ixcuina (Az)
Izanami (J)
Jael (He)
Jagadamba (Hi)
Jahi (Pe)
Jana (L)
Jarnsaxa (A)
Jezanna (Af)
Jörd (A)
Jokwa (J)
Jordegumma (Schw)
Juksakka (Lappisch)
Jumna (Hi)
Juno (L)
Justitia (Rö)
Juventas (L)
Kabiria (Gr)
Kadesh-barnea (Hethitisch)
Kadi (Ba)
Kadru (Hi)
Kaiwan (Äthiopisch)
Kala-Nath (Hi)
Kali Ma (Hi)
Kalliope (Gr)
Kallisto (Gr)
Kalypso (Gr)
Kamadhenu (Hi)
Kamanari (J)
Kara (A)
Karali (Hi)
Karmadakini (Hi)
Karpo (Gr)
Karpophoros (Gr)
Karyatis (Gr)
Kasenko (J)
Kaukabta (Sy)
Kauri (Hi)
Kel-Mari (Hi)
Kelaino (Gr)
Keraunia (Gr)
Kerdo (Gr)
Keroessa (Gr)
Keu Woo (Ch)
Khi-dimme-azaga (Ba)
Khon-Ma (Ti)
Khotun (Ja)
Ki (Su)
Kicva (Br)
Kilili (As)
Kishar (Ba)
Kishibojin (J)
Kleia (Gr)
Kleta (Spartanisch)
Klio (Gr)
Klotho (Gr)
Klymene (Gr)
Klytie (Gr)
Kokyanwuqti (Pueblo)
Kore (Gr)
Koronis (Gr)
Kotys (Phrygisch)
Kotytto (Thrakisch)
Kuan-yin (Ch)
Kunapipi (Australisch)
Kunda (Hi)
Kundalini (Hi)
Kunhild (D)
Kupala (Sl)
Kurukulla (Hi)
Kushi-nada-hime (J)
Kwai-Yin (Ch)
Kwannon (J)
Kybai (Ja)
Kybele (Phrygisch)
Kyohime (J)
La Balianne (Haitianisch)
Labartu (As)
Lachesis (Gr)
Lada (Sl)
Lahar (Su)
Laka (Ha)
Lakshmi (Hi)
Lamasthu (Su)
Lamia (Gr)
Lampetia (Gr)
Lara (L)

Moneta (Rö)
Morana (Sl)
Morgan le Fay (Ke)
Morgana (Ke)
Morrigan (Ke)
Mu Kwa (Ch)
Mut (ÄG)
Muyinewumana (Pueblo)
Mylitta (Ka)
Myrina (Gr)
Myrrha (Gr)
Myrte (Gr)
Naith (Ir)
Nambi (U)
Nammu (Su)
Nana (Ba)
Nanda Devi (Hi)
Nang Pyek-Kha (Birmanisch)
Nanna (A)
Nanshe (Ba)
Nari Mariama (Hi)
Nat (A)
Natura (L)
Nechbet (ÄG)
Neheb-kau (ÄG)
Nehellenia (Ge)
Neith (ÄG)
Nemea (Gr)
Nemesis (Gr)
Nemetona (Br)
Nemhain (Ir)
Nephele (Gr)
Nephthys (ÄG)
Nereis (Gr)
Nerrivik (Eskimo)
Nerthus (Ge)
Neskeper-Ava (F)
Nessa (Ir)
Ngalalbal (Australisch)
Niamh (Ke)
Nidaba (Su)
Nifl (A)
Nike (Gr)
Nimue (Ke)
Nin-ki (Ba)
Nin-ti (Su)
Nin-Ur (Ba)
Nina (Su)
Ninella (Ba)
Ningal (As)
Ningyo (J)
Ninhursag (Ba)
Ninkarraka (Ba)
Ninkasi (Su)
Ninlil (Su)
Ninmach (Ba)
Ninsun (Ba)
Nintud (Ba)
Niobe (Gr)
Nipa (Algonkin)
Niritu (Ph)
Nirriti (We)
Nokomis (Algonkin)
Nonakris (Gr)
Nortia (Et)
Nott (H)
Nü-kua (Ch)
Nun (ÄG)
Nut (ÄG)
Nyx (Gr)
Odatis (Pe)
Odsmaer (A)
Oinone (Gr)
Okypete (Gr)
Olla (In)
Olympia (Gr)
Omecihuatl (Az)
Omphale (Gr)
Onatah (Irokesisch)
Oneaia (Gr)
Ops (L)
Oshun (Af)
Otafuku (J)
Oto Hime (J)
Oxomuco (Ma)
Oya (Af)
Pachiamama (In)
Padma (Bu)
Paivatar (F)
Pajan Yan (Kambodschanisch)
Palatia (Rö)
Pallas (Gr)
Pandara (Bu)
Pandora (Gr)
Pangaia (Gr)
Panquetzalitzli (Az)
Parendi (Pe)
Parjanya (Hi)
Parnasabari (Bu)
Parthenia (Gr)
Parvati (Hi)
Pasht (ÄG)
Pasithea (Gr)
Pasowee (Kiowa)
Peitho (Gr)
Pelagia (Gr)
Pele (Po)
Penardun (Br)
Penelope (Gr)
Perchta (Ke)
Perkuna Tete (F)
Persephone (Gr)
Phaenna (Spartanisch)
Phaëthusa (Gr)
Philomela (Gr)
Philyra (Gr)
Phoebe (Gr)
Phorkys (Gr)
Phyto (Gr)
Pitys (Gr)
Pleione (Gr)
Pluto (Gr)
Podarge (Gr)
Poine (Gr)
Poludnica (Ru)
Polyhymnia (Gr)
Pomona (L)
Prajna (Hi)
Prakriti (Hi)
Praxidike (Gr)
Praxithea (Gr)
Primigenia (L)
Prisni (Hi)
Prithivi (We)
Prokne (Gr)
Pronoia (Gn)
Pronuba (Rö)
Prorsa (L)
Proserpina (L)
Protogenia (L)
Providentia (Gn)
Psyche (Gr)
Purandhi (Hi)
Pyatnitsa Prascovia (Ru)
Pyrrha (Gr)

Qadeshet (Sy)
Queskapenek (Okanagon)
Quetzalpetlatl (Az)
Quoots-Hooi (Chinook)
Ra-ti (ÄG)
Rachel (He)
Radha (Hi)
Rafusen (J)
Raka (Hi)
Ran (A)
Rana Neida (Lappisch)
Ratnadakini (Bu)
Rauni (F)
Rebekah (He)
Regina (L)
Rehtia (L)
Renenet (ÄG)
Rhamnusia (Gr)
Rhea (Gr)
Rhiannon (Ke)
Rhode (Gr)
Rhodope (Gr)
Rigatona (Ke)
Rinda (A)
Rohini (Hi)
Roma (Rö)
Rosalia (L)
Rudrani (Hi)
Rusa (Ar)
Sabaga (Ja)
Sabia (Ir)
Saci (ÄG)
Sadb (Ke)
Saga (A)
Saho-yama-hime (J)
Sakuntala (Hi)
Sakuya-hime (J)
Salacia (L)
Salma (Sy)
Salmakis (Karisch)
Saltu (Ba)
Salus Publica (Rö)
Samjna (Hi)
Santa (L)
Sao-tsing Niang (Ch)
Sapientia (Gn)
Saradevi (Bu)
Sarai (He)
Sarakali (Zigeuner)
Sarakka (F)
Sarama (Hi)
Saramama (In)
Saranyu (Hi)
Sarasvati (Hi)
Sarpanitum (Ba)
Sasthi (Hi)
Satet (ÄG)
Savitri (Hi)
Scatha (Ke)
Schekina (He)
Schiwanokia (Z)
Scotia (Gr)
Scylla (Gr)
Sechmet (ÄG)
Sedna (Eskimo)
Seewa (Sl)
Seimia (Sy)
Seiobo (J)
Selene (Gr)
Semele (Gr)
Sengen-sama (J)
Seoritsu-hime (J)
Seschat (ÄG)
Shakti (Hi)
Shala (Kanaanäisch)
Shamshu (Ar)
Shannon (Ir)
Shapash (Ar)
Sharis (Urartäisch)
Shaushka (Ak)
Shayba (Ar)
Shesemtet (ÄG)
Shimti (As)
Shin-Mu (Ch)
Shuhiji-no-kame (J)
Shuki (Hi)
Siduri Sabatu (Ba)
Sif (A)
Sigdrifa (A)
Sige (Rö)
Signy (A)
Sigrun (A)
Sik Sawp (Birmanisch)
Siris (Ba)
Sirtu (Ba)
Sita (We)
Sitatara (Bu)
Sith (A)
Sjofn (A)
Skadi (H)
Skuld (A)
Smyrna (Gr)
Snorta (A)
Somagalags (Bellacoola)
Songi (Af)
Sophia (Gn)
Sophrosyne (Gr)
Soteira (Gr)
Spenta-Aramaiti (Aw)
Spes (Rö)
Spinnenfrau (Pueblo)
Sraddha (Hi)
Sreca (Serbisch)
Sridevi (Hi)
Steingud (A)
Stella Maris (L)
Sterope (Gr)
Stheino (Gr)
Strenia (Rö)
Styx (Gr)
Subhadra (Hi)
Suedela (Rö)
Sukkamielli (F)
Sulis (Br)
Sunna (A)
Surabhi (Hi)
Syamatara (Bu)
Sybilla (L)
Sylvia (Rö)
Syr (A)
Syrinx (Gr)
Ta-uret (ÄG)
Tai Shan (Ch)
Tai Yuan (Ch)
Tailtiu (Ir)
Tait (ÄG)
Talatumsi (Pueblo)
Tamar (He)
Tanit (Ka)
Tannetis (Gn)
Tara (Hi)
Taranis (Gä)
Tashitsheringma (Ti)
Tashmetu (Su)
Tatsuta-hime (J)
Tefnut (ÄG)
Teleia (Gr)

Tellus Mater (Rö)
Temazcalteci (Az)
Temu (ÄG)
Tenemet (ÄG)
Tensho (J)
Terpsichore (Gr)
Terra Mater (Rö)
Teteo innan (Az)
Tethys (Gr)
Thalassa (Gr)
Thalia (Gr)
Thallo (Gr)
Thea (Gr)
Thelxepeia (Gr)
Themis (Gr)
Thetis (Gr)
Thinggishalsangma (Ti)
Thrud (A)
Thyone (Gr)
Tiamat (Ba)
Tien Hou (Ch)
Tihkuyi Wuht (Ho)
Tisiphone (Gr)
Titaea (Äg)
Titania (Rö)
Tlalteutli (Az)
Tlazolteotl (Az)
Toci (Az)
Tonacacihuatl (Az)
Tonacajohua (Az)
Tonantzin (Az)
Tou-mu (Ch)
Toyo-tama-hime (J)
Trevia (Rö)
Triduana (Ke)
Triformis (L)
Tritone (Gr)
Tsan-nu (Ch)
Tuag (Ir)
Tursa (L)
Tutela (L)
Tyche (Gr)
Tyro (Gr)
Tzinteotl (Toltekisch)
Uaset (ÄG)
Uathach (Ke)
Uchtdelbh (Ir)
Uka-no-kami (J)
Ukemochi (J)
Uksakka (F)
Ulfrun (A)
Uma (Hi)
Unelanuhi (Cherokee)
Uni (Et)
Untar (F)
Urania (Gr)
Urd (Ge)
Ursel (D)
Urth (A)
Urvasi (Hi)
Ushas (Hi)
Ushnishavijaya (Hi)
Ut Set (ÄG)
Va-Kul (F)
Vac (Hi)
Vajradakini (Bu)
Valetudo (It)
Vanadis (A)
Varunani (Hi)
Vasa (F)
Vasantadevi (Bu)
Vasilissa (Sl)
Vasundhara (Bu)
Venus (Rö)
Verdandi (A)
Vesna (Sl)
Vesta (Rö)
Vidyahara (Hi)
Vijayashakti (Bu)
Virava (F)
Virginal (Ig)
Virgo (Gn)
Viviane (Ke)
Vjofr (A)
Volla (A)
Vor (A)
Walpurga (D)
Weiwobo (J)
Wellamo (F)
Whaitari (Maori)
Wyrd (An)
Xixiquiphilihui (Az)
Xmukane (Ma)
Xochiquetzal (Az)
Yabmeakka (Lappisch)
Yahsang Khasi (Ch)
Yami (Hi)
Yamuna (Hi)
Yansa (Af)
Yemaja (Af)
Yimak (Pe)
Yngvi (A)
Yokai Estsan (Navaho)
Yuki-onne (J)
Zamin (Pe)
Zarbanit (Ba)
Zerpanitum (Su)
Zikum (Ak)
Ziva (Sl)
Zlota Baba (F)
Zoe (Gr)
Zora (Sl)
Zorja (Sl)
Zurvan (Aw)

# Literatur

Adler, Margot: *Drawing Down the Moon. Witches, Druids, Goddess-Worshippers, and Other Pagans in America Today*, Boston: Beacon 1986

Briffault, Robert: *The Mothers*, 3 Bde., New York: Macmillan 1927

Christ, Carol P.: *Laughter of Aphrodite. Reflections on a Journey to the Goddess*, San Francisco: Harper & Row 1987

Daly, Mary: *Jenseits von Gottvater, Sohn & Co. Aufbruch zu einer Philosophie der Frauenbefreiung*, München: Frauenoffensive 1988

Eisler, Riane: *Kelch und Schwert. Von der Herrschaft zur Partnerschaft. Weibliches und männliches Prinzip in der Geschichte*, München: Goldmann 1993

Fisher, Elizabeth: *Women's Creation. Sexual Evolution and the Shaping of Society*, New York: Doubleday 1979

French, Marilyn: *Jenseits der Macht. Frauen, Männer und Moral*. Reinbek: Rowohlt 1988

Johnson, Buffie: *Die Große Mutter in ihren Tieren. Göttinnen alter Kulturen*, Olten: Walter 1990

Morton, Nelle: *The Journey is Home*, Boston: Beacon 1985

Sjöö, Monica und Barbara Mor: *The Great Cosmic Mother. Rediscovering the Religion of the Earth*, San Francisco: Harper & Row 1987

Spretnak, Charlene (Hrsg.): *The Politics of Women's Spirituality. Essays on the Rise of Spiritual Power Within the Feminist Movement*, New York: Doubleday 1982

Starhawk: *Der Hexenkult als Ur-Religion der Großen Göttin. Magische Übungen, Rituale und Anrufungen*, München: Goldmann 1992

Starhawk: *Wilde Kräfte. Sex und Magie für eine erfüllte Welt*, München: Goldmann 1993

Stone, Merlin: *Als Gott eine Frau war. Die Geschichte der Ur-Religionen unserer Kulturen*, München: Goldmann 1989

Stone, Merlin: *Ancient Mirrors of Womanhood. Our Goddess and Heroine Heritage*, 2 Bde., New York: New Sibylline Books 1979

Walker, Barbara G.: *Das geheime Wissen der Frauen. Ein Lexikon*, München: Deutscher Taschenbuch Verlag 1995

Walker, Barbara G.: *Die Geheimnisse des Tarot. Mythen, Geschichte und Symbolik*, Bindlach: Gondrom 1994

Walker, Barbara G.: *Die weise Alte. Kulturgeschichte – Symbolik – Archetypus*, München: Frauenoffensive 1986

Walker, Barbara G.: *The I Ching of the Goddess*, San Francisco: Harper & Row 1986

Walker, Barbara G.: *The Skeptical Feminist: Discovering the Virgin, Mother, and Crone*. San Francisco: Harper & Row, 1987

Walker, Barbara G.: *Die geheimen Symbole der Frauen*, München: Hugendubel 1997

Walker, Barbara G.: *The Book of Sacred Stones. Fact and Fallacy in the Crystal World*, San Francisco: Harper & Row 1989

Wynne, Patrice: *The Womanspirit Sourcebook*, San Francisco: Harper & Row 1988

# Ritualkatalog

## Systematische Kapitelliste

# Register

# Ritualkatalog

**Systematische Kapitelliste**

# Register